# 핵심 C++ 표준 라이브러리
## The C++ Standard Library

# The C++ Standard Library
by Rainer Grimm

## 핵심 C++ 표준 라이브러리: C++11, C++14 표준 반영

초판 1쇄 발행 2017년 6월 15일 지은이 라이너 그림 옮긴이 류광 펴낸이 한기성 펴낸곳 인사이트 편집 이지연 제작 · 관리 박미경 표지출력 소다미디어 용지 월드페이퍼 인쇄 현문인쇄 후가공 이지앤비 제본 자현제책 등록번호 제10-2313호 등록일자 2002년 2월 19일 주소 서울시 마포구 잔다리로 119 석우빌딩 3층 전화 02-322-5143 팩스 02-3143-5579 블로그 http://www.insightbook.co.kr 이메일 insight@insightbook.co.kr ISBN 978-89-6626-309-7 책값은 뒤표지에 있습니다. 잘못 만들어진 책은 바꾸어 드립니다. 이 책의 정오표는 http://www.insightbook.co.kr에서 확인하실 수 있습니다. 이 도서의 국립중앙도서관 출판예정도서목록(CIP)은 서지정보유통지원시스템 홈페이지(http://seoji.nl.go.kr)와 국가자료공동목록시스템(http://www.nl.go.kr/kolisnet)에서 이용하실 수 있습니다.(CIP제어번호: CIP2017012356)

부록 Copyright ⓒ 2017 류광, 인사이트

프로그래밍언어

# 핵심 C++

## 표준 라이브러리

### C++11, C++14 표준 반영

라이너 그림 지음 | 류광 옮김

인사이트
insight

# 차례

C++11·C++14 일람 —————————————————— viii

옮긴이의 글 ——————————————————————— xii

서문 ——————————————————————————— xv

1장  C++ 표준 라이브러리 소개 ———————————— 1

역사 ——————————————————————————— 1

개요 ——————————————————————————— 3

라이브러리 사용 방법 ——————————————————— 9

2장  편의 수단 라이브러리 ——————————————— 15

유용한 함수들 —————————————————————— 15

함수 적응자 ——————————————————————— 19

쌍 ———————————————————————————— 21

튜플 ——————————————————————————— 23

참조 래퍼 ———————————————————————— 25

똑똑한 포인터 —————————————————————— 26

형식 특질 ———————————————————————— 36

시간 라이브러리 ————————————————————— 42

3장  모든 컨테이너에 공통인 인터페이스 ——————— 47

컨테이너의 생성과 삭제 ————————————————— 48

컨테이너의 크기 ————————————————————— 49

컨테이너 요소 접근 ——————————————————— 50

배정과 교환 ——————————————————————— 52

컨테이너 비교 —————————————————————— 53

4장  순차 컨테이너———————————————55
    배열                                    56
    벡터                                    58
    데크                                    61
    목록                                    62
    전진 목록                                63

5장  연관 컨테이너———————————————67
    개요                                    67
    순서 있는 연관 컨테이너                   70
    순서 없는 연관 컨테이너                   75

6장  컨테이너 적응자———————————————81
    스택                                    82
    대기열                                  83
    우선순위 대기열                          84

7장  반복자————————————————————87
    범주                                    88
    반복자 생성                              89
    유용한 함수들                            90
    반복자 적응자                            92

8장  호출 가능 단위———————————————97
    함수                                    98
    함수 객체                                98
    람다 함수                               100

9장  알고리즘————————————————————101
    관례                                   102
    접착제로서의 반복자                      104
    for_each 알고리즘                       104

요소를 수정하지 않은 알고리즘 ......................................... 105

요소를 수정하는 알고리즘 ............................................. 111

분할 ................................................................. 122

정렬 ................................................................. 124

이진 검색 ............................................................ 126

병합 연산 ............................................................ 128

힙 ................................................................... 131

최대 최소 ............................................................ 133

순열 ................................................................. 134

수치 ................................................................. 135


10장 수치 라이브러리 ————————————————————— 139

난수 ................................................................. 139

C에서 물려받은 수치 함수들 .......................................... 143


11장 문자열 라이브러리 ———————————————————— 145

생성과 파괴 .......................................................... 146

C++ 문자열과 C 문자열 사이의 변환 ................................. 148

크기 대 용량 ......................................................... 149

문자열 비교 .......................................................... 150

문자열 연결 .......................................................... 151

요소 접근 ............................................................ 151

입력과 출력 .......................................................... 152

검색 ................................................................. 153

문자열 수정 .......................................................... 156

문자열과 수치 사이의 변환 ........................................... 158


12장 정규 표현식 라이브러리 ———————————————— 161

텍스트 문자 형식 ..................................................... 162

정규 표현식 객체 ..................................................... 163

부합 결과를 담는 match_results 객체 ................................ 164

부합 ................................................................. 168

검색 ································································· 169

대체 ································································· 170

서식화 ······························································ 171

반복 검색 ·························································· 172

13장  입출력 스트림 라이브러리 ························· 177

클래스 계통구조 ················································ 178

입출력 함수 ······················································ 179

스트림 ······························································ 186

사용자 정의 자료 형식의 스트림 입출력 ················ 194

14장  스레드 지원 라이브러리 ··························· 197

메모리 모형 ······················································ 197

원자적 자료 형식 ··············································· 198

스레드 적용 ······················································ 199

공유 변수 ·························································· 204

스레드 지역 자료 ··············································· 214

조건 변수 ·························································· 215

과제 ································································· 218

부록  C++17 표준 라이브러리 소개 ··················· 227

문자열에 대한 비소유 참조, std::string_view ·········· 228

없을 수도 있는 값을 나타내는 std::optional ············ 230

아무 형식이나 담을 수 있는 std::any ···················· 232

형식에 안전한 공용체, std::variant ······················ 234

파일 시스템 라이브러리 ······································ 236

알고리즘의 병렬화 ············································· 238

새로 추가된 알고리즘 ········································· 241

기타 변경 사항 ·················································· 243

참고자료 ··························································· 245

찾아보기 ··························································· 247

# C++11·C++14 일람

## C++11

TR1과 C++11 ·········································· 2

std::function과 std::bind 소개 ················· 3

std::pair와 std::tuple 소개 ···················· 3

std::ref와 std::cref 소개 ······················· 3

std::unique_ptr와 std::shared_ptr 소개 ······· 4

std::forward_list 소개 ·························· 5

순서 없는 연관 컨테이너 소개 ··················· 5

난수 라이브러리 소개 ··························· 7

정규 표현식 소개 ······························· 7

스레드 지원 라이브러리 소개 ···················· 8

std::minmax ···································· 16

초기치 목록을 받는 std::min ···················· 16

초기치 목록을 받는 std::max ···················· 17

std::move ······································ 17

std::forward ··································· 18

std::bind ······································ 20

std::function ·································· 20

std::pair::swap ································ 22

튜플 ··········································· 23

참조 래퍼 ······································ 25

std::unique_ptr ································ 28

std::shared_ptr ································ 31

std::weak_ptr ·································· 33

형식 특질 ······································ 36

시간 라이브러리 ⸺⸺⸺⸺⸺⸺⸺⸺⸺⸺⸺⸺⸺⸺ 42

컨테이너 이동 생성 ⸺⸺⸺⸺⸺⸺⸺⸺⸺⸺⸺⸺⸺⸺ 48

std::array의 생성 ⸺⸺⸺⸺⸺⸺⸺⸺⸺⸺⸺⸺⸺⸺ 49

컨테이너 이동 배정 ⸺⸺⸺⸺⸺⸺⸺⸺⸺⸺⸺⸺⸺⸺ 52

std::array의 분류 ⸺⸺⸺⸺⸺⸺⸺⸺⸺⸺⸺⸺⸺⸺ 55

std::forward_list ⸺⸺⸺⸺⸺⸺⸺⸺⸺⸺⸺⸺⸺⸺ 55

순차 컨테이너의 메모리 해제와 shrink_to_fit ⸺⸺⸺⸺⸺⸺ 55

std::array 설명 ⸺⸺⸺⸺⸺⸺⸺⸺⸺⸺⸺⸺⸺⸺⸺ 57

순차 컨테이너 메모리 관리 메서드 shrink_to_fit ⸺⸺⸺⸺⸺ 59

초기치 목록을 벡터에 배정 ⸺⸺⸺⸺⸺⸺⸺⸺⸺⸺⸺⸺ 60

벡터의 emplace 메서드 ⸺⸺⸺⸺⸺⸺⸺⸺⸺⸺⸺⸺⸺ 60

벡터의 emplace_back 메서드 ⸺⸺⸺⸺⸺⸺⸺⸺⸺⸺⸺ 60

초기치 목록을 벡터에 삽입 ⸺⸺⸺⸺⸺⸺⸺⸺⸺⸺⸺⸺ 60

std::forward_list ⸺⸺⸺⸺⸺⸺⸺⸺⸺⸺⸺⸺⸺⸺ 63

std::unordered_set ⸺⸺⸺⸺⸺⸺⸺⸺⸺⸺⸺⸺⸺⸺ 68

std::unordered_map ⸺⸺⸺⸺⸺⸺⸺⸺⸺⸺⸺⸺⸺⸺ 68

std::unordered_multiset ⸺⸺⸺⸺⸺⸺⸺⸺⸺⸺⸺⸺ 68

std::unordered_multimap ⸺⸺⸺⸺⸺⸺⸺⸺⸺⸺⸺⸺ 68

이동 가능(키의 조건) ⸺⸺⸺⸺⸺⸺⸺⸺⸺⸺⸺⸺⸺ 71

이동 가능(값의 조건) ⸺⸺⸺⸺⸺⸺⸺⸺⸺⸺⸺⸺⸺ 71

순서 없는 연관 컨테이너 ⸺⸺⸺⸺⸺⸺⸺⸺⸺⸺⸺⸺ 75

std::unordered_map ⸺⸺⸺⸺⸺⸺⸺⸺⸺⸺⸺⸺⸺⸺ 89

std::map의 crbegin ⸺⸺⸺⸺⸺⸺⸺⸺⸺⸺⸺⸺⸺⸺ 89

std::map의 crend ⸺⸺⸺⸺⸺⸺⸺⸺⸺⸺⸺⸺⸺⸺ 89

반복자 정의 시 auto 활용 ⸺⸺⸺⸺⸺⸺⸺⸺⸺⸺⸺⸺ 90

std::begin ⸺⸺⸺⸺⸺⸺⸺⸺⸺⸺⸺⸺⸺⸺⸺⸺⸺ 91

std::end ⸺⸺⸺⸺⸺⸺⸺⸺⸺⸺⸺⸺⸺⸺⸺⸺⸺ 91

std::prev ⸺⸺⸺⸺⸺⸺⸺⸺⸺⸺⸺⸺⸺⸺⸺⸺⸺ 91

std::next ⸺⸺⸺⸺⸺⸺⸺⸺⸺⸺⸺⸺⸺⸺⸺⸺⸺ 91

반복자 적응자 std::move_iterator ⸺⸺⸺⸺⸺⸺⸺⸺⸺⸺ 92

람다 함수 ⸺⸺⸺⸺⸺⸺⸺⸺⸺⸺⸺⸺⸺⸺⸺⸺⸺ 100

std::make_move_iterator ⸺⸺⸺⸺⸺⸺⸺⸺⸺⸺⸺⸺ 103

호출 가능 단위의 이동 반환 ........................................ 104

std::find_if_not ........................................ 106

std::find_first_of의 입력 반복자 매개변수 ........................................ 106

std::all_of ........................................ 108

std::any_of ........................................ 108

std::none_of ........................................ 108

std::copy_n ........................................ 111

std::copy_if ........................................ 111

범위 이동 알고리즘들 ........................................ 116

std::random_shuffle과 std::shuffle ........................................ 120

std::is_partitioned, std::partition_copy, std::partition_point 123

std::is_sorted ........................................ 125

std::is_sorted_until ........................................ 126

std::is_heap과 std::is_heap_until ........................................ 132

std::is_permutation ........................................ 135

std::iota ........................................ 136

난수 ........................................ 139

std::u16string과 std::u32string ........................................ 146

문자열 이동 생성 ........................................ 147

초기치 목록으로 문자열 생성 ........................................ 147

std::string::data의 널 문자 자동 추가 ........................................ 148

문자열 메모리 관리 메서드 shrink_to_fit ........................................ 149

std::string의 front와 back ........................................ 151

std::string의 pop_backv ........................................ 156

문자열과 수치 사이의 변환 ........................................ 158

std::to_string과 std::to_wstring ........................................ 159

std::stoi, std::stol, std::stoll, std::stoul, std::stoull, std::stof,

std::stod, std::stold ........................................ 159

정규 표현식 ........................................ 161

입출력 스트림 라이브러리 주요 변경 사항 ........................................ 177

std::boolalpha와 std::noboolalpha ........................................ 184

스레드 지원 라이브러리 ........................................ 197

# C++14

C++14 소개 ································································ 2

std::make_unique ··················································· 30

::type 생략 ·························································· 42

기간(time duration) 내장 리터럴 ································ 45

std::make_reverse_iterator ····································· 91

std::rbegin과 std::rend ·········································· 91

std::cbegin과 std::cend ·········································· 91

std::crbegin과 std::crend ········································ 91

std::bit_xor와 std::bit_not ····································· 100

환경 갈무리 시 이동 의미론 적용 ······························· 100

C++ 고유의 문자열 리터럴 ········································ 147

std::shared_timed_mutex의 분류 ······························ 207

std::shared_timed_mutex ········································ 212

# 옮긴이의 글

제목과 두께에서 짐작하듯이, 이 책은 이를테면 조슈티스<sup>Jossutis</sup>의 *The C++ Standard Library: A Tutorial and Reference* 같은 두껍고 자세한 표준 라이브러리 책과는 성격이 다릅니다. 저자 서문에 나오듯이, 이 번역서의 원서는 "C++ 표준 라이브러리의 주요 구성요소를 간결하게 훑어보고 참조할 수 있게 하는" 것을 목표로 합니다. C++을 배운 지 얼마 되지 않은 초보자이든, C++의 문법과 관용구에는 능숙하지만 표준 라이브러리는 string, vector, list 정도만 사용해 본 숙련자이든, 방대하고 복잡한 C++ 표준 라이브러리의 세계에서 길을 잃지 않고 자신에게 필요한 것을 파악하는 데 이 책이 큰 도움이 될 것입니다.

번역서는 원서의 목표를 좀 더 확장해서, 기존 C++ 표준 라이브러리에 익숙한 독자가 C++11과 C++14에서 변한 것만 빠르게 찾아볼 수 있게 하는 데에도 노력을 들였습니다. 원서가 C++11과 C++14에서 표준에 새로 추가된 주요 요소들을 다루긴 하지만, 아쉽게도 그런 요소들이 C++11이나 C++14에서 새로이 추가되었다는 사실 자체는 언급하지 않는 경우가 종종 있습니다. 이를 보완하기 위해 번역서에는 적절한 위치에 [C++11] 아이콘과 [C++14] 아이콘을 배치했고, 그런 아이콘이 있는 페이지들의 목록을 차례 다음에 추가했습니다. 참고로, 버전 표시 아이콘들은 '중첩(cascading)' 방식으로 배치되어 있습니다. 예를 들어 한 장(chapter)의 제목에 [C++11]이 붙어 있으면 기본적으로 그 장 전체가 C++11에서 변한 내용을 다루는 것입니다. 그러나 그 장의 특정 절(section)이나 문단 등에 [C++14]가 있으면 그 부분만큼은 C++14에 해당합니다. 말로 설명하자니 좀 장황하지만, 그냥 C++의 중괄호 범위(scope) 규칙을 연상하면 바로 이해가 될 것입니다.

원서에 비한 번역서의 또 다른 특징 하나는 C++17 표준 라이브러리를 소개하는 부록입니다. 원서는 '현재' 최신 표준 라이브러리를 다루다 보니 조만간 C++ 공식 표준으로 채택될 C++17의 변경 사항을 반영하지 않았는데, 번역하면서 내내 이 점이 아쉬웠습니다. 그래서 제가 없는 지식이나마 끌어모아서 부록을 썼습니다. 아무쪼록 독자 여러분이 부록을 통해서 C++17 표준 라이브러리를 주마간산 격으로라도 파악할 수 있길 바랄 뿐입니다.

본문이나 부록이나 간결함을 중요시하다 보니 좀 더 설명이 필요하다 싶은 부분이 있을 것입니다. 또한, 항상 그렇듯이 오역이나 내용상의 오류도 있을 수 있습니다. 혹시 본문이나 부록에서 좀 더 논의하고 싶거나 뭔가 이상한 점을 발견했다면, 제 홈페이지 occam's Razor(*http://occamsrazr.net/*)를 활용해 주세요. 홈페이지의 '번역서 정보' 페이지를 통해 접근할 수 있는 이 책 페이지에 의견을 나눌 수 있는 공간이 있고, 정오표와 추가적인 참고 자료도 등록될 것입니다.

잘 알려지지 않은 원서의 번역서 출판을 과감하게 결심하고 제게 번역을 맡겨 주신 도서출판 인사이트 한기성 사장님, 저와 출판사 사이의 의사소통을 원활하게 진행해 주신 이지연 편집자님, 그리고 조판과 교정 등 이 책을 지금과 같은 모습으로 만드는 데 노력하신 모든 분께 감사 인사 전합니다. 또한, 원서 내용 확인과 부록 작성에 영문 위키백과와 cppreference.com이 큰 도움이 되었다는 말도 빼먹을 수 없겠습니다. 끝으로, 번역 원고를 꼼꼼히 살피면서 splice를 slice로 착각하는 황당한 실수를 비롯한 여러 오역과 오타를 잡아 준 아내 오현숙에게 사랑과 감사의 마음을 전합니다.

옮긴이 류광

The   C + +   S t a n d a r d   L i b r a r y

# 서문

본서 『핵심 C++ 표준 라이브러리』는 C++의 현재 표준인 C++14 ISO/IEC 14882:2014[1]의 표준 라이브러리를 요약한 참고서이다. C++14는 C++11 을 소폭 수정, 확장했다. 1,300페이지가 넘는 C++11 명세서는 2011년에 나왔는데, 이는 최초의 C++ 표준인 C++98이 나온 지 13년이 지난 때이 다. 물론 그사이에 C++03이 2003년에 발표되었지만, C++03은 그냥 버 그 교정 릴리스로 간주된다.

이 요약 참고서의 목표는 독자가 C++ 표준 라이브러리의 주요 구 성요소를 간결하게 훑어보고 참조할 수 있게 하는 것이다. 이 책은 독자 가 C++ 자체에 익숙하다고 가정한다. 그런 독자라면 이 책의 장점을 최 대로 누릴 수 있을 것이다. C++에 익숙하지 않은 독자라면 먼저 C++ 언 어의 핵심 내용에 관한 책을 읽기 바란다. 핵심 언어[†]에 관한 책을 충분 히 익힌 후라면, 이 책을 통해서 한층 더 높은 수준으로 발돋움할 수 있 을 것이다. 독자의 학습 편의를 위해 이 책은 이론과 실제를 연결해 주 는 짧은 코드 예제들을 많이 제공한다.

---

1  *http://www.iso.org/iso/catalogue_detail.htm?csnumber=64029*

† (옮긴이) 핵심 언어(core language)는 C++ 표준 관련 문헌들에서 자주 등장하는 용어로, 특정 라 이브러리에 의존하지 않는 C++ 언어 자체의 구성요소와 기능을 말한다. 아주 간단히 말해서, 그 어떤 헤더 파일도 포함시키지 않고 사용할 수 있는 것이면 핵심 언어에 속한다.

## 조판 관례

이 책에는 다음과 같이 그리 많지 않은 조판 관례가 쓰였다.

### 특별한 글꼴

돋움 또는 *italic*

> 중요한 용어나 개념은 돋움 또는 *italic* 글꼴로 표시한다.

고정폭

> 코드, 명령어, 키워드, 그리고 변수, 함수, 클래스 이름은 **고정폭** 글꼴로 표시한다.

### 특별한 정보

특별한 정보나 팁, 주의 사항은 다음과 같이 표시한다.

☑ **정보 제목**

> 정보 내용.

💡 **팁 제목**

> 팁 내용.

❗ **주의 사항 제목**

> 주의 사항 내용.

## 예제 코드

원래 필자는 using 지시문이나 using 선언을 좋아하지 않는다. 그런 것을 사용하면 코드에 쓰인 함수나 클래스, 객체의 기원(소속된 이름공간)이 숨겨지기 때문이다. 그러나 지면 제한 때문에 이 책에서는 using 지시문/선언을 사용할 수밖에 없었다. 대신 가능한 한 최소한으로만 사용했다. using 지시문(이를테면 using namespace std;)과 using 선언(이를테면 using std::cout;)에서 기원을 즉시 알아낼 수 있도록 직접적인 형태로만 사용했으므로, 예제 코드를 읽는 데 큰 어려움이 없을 것이다.

각 예제 코드에는 해당 부분이 다루는 기능성과 관련된 헤더들만 나온다. 예제 코드의 출력을 표시할 때 부울 값은 true 또는 false로 표시했지만, 간결함을 위해 std::boolalpha(p.184)를 적용하는 코드는 생략했다.†

## 값과 객체

C에서 물려받은 C++의 기본 자료 형식의 인스턴스는 값(value)이라고 부른다. 좀 더 복잡한 형식(기본 형식들로 이루어진 경우가 많다)의 인스턴스는 객체(objects)라고 부른다. 객체들은 대체로 사용자 정의 형식(user defined type)이나 컨테이너의 인스턴스이다.

## C++과 C++11

C++11의 특징을 가장 잘 말해줄 수 있는 사람은 C++을 만든 비야네 스트롭스트룹Bjarne Stroustrup 자신일 것이다. 그는 이렇게 말했디.

> 놀랍게도 C++11은 새로운 언어처럼 느껴진다. 언어의 구성요소들이 예전보다 더 잘 맞물리며, 고수준 프로그래밍 스타일이 전보다 자연스럽고 전례 없이 효율적이다.
> — 비야네 스트롭스트룹, *http://www.stroustrup.com/C++11FAQ.html*

비야네 스트롭스트룹이 전적으로 옳다. C++11은 새로운 언어처럼 느껴지는데, 이는 고전적인 C++에 비해 수많은 것이 추가되었기 때문이다. 핵심 언어에 대해 옳은 것은 물론이고, 개선되고 확장된 표준 라이브러리에 대해서는 더욱 옳다. 텍스트 조작을 위한 정규 표현식 라이

---

† (옮긴이) 따라서 해당 코드를 실행하면 실제로는 true 또는 false가 아니라 1 또는 0이 출력된다. 실제로 true 또는 false가 출력되게 하려면 std::cout << std::boolalpha << some_bool_val; 형태의 코드를 사용해야 한다.

브러리, 형식의 조회·비교·조작을 위한 형식 특질 라이브러리, 새로운 난수 라이브러리와 시간 관련 라이브러리는 모두 C++11에 새로이 추가 된 것들이다. 그러나 그것이 전부는 아니다. 자동 메모리 관리를 위한 똑똑한 포인터들이 추가되었고 std::array라는 컨테이너와 std::tuple 이라는 편의용 템플릿도 추가되었는데, 이들은 C++14에서 더욱 개선되 었다. 그리고 C++11은 C++ 역사 최초로 다중 스레드를 인식하고[†] 스레 드 지원 라이브러리를 제공한다.

## 감사의 글

우선 독어판 *C++ Standardbibliothek*[2]의 감수(proofreading)를 진행한 O'Reilly의 알렉산드라 폴레니우스[Alexandra Follenius]에게 감사한다. 짐작했 겠지만 이 책(원서)은 그 독어판을 기초로 한 것이다. 알렉산드라 외에 도 카르슈텐 아네르트[Karsten Ahnert], 군트람 베르티[Guntram Berti], 트미트리 가뉘우스힌[Dmitry Ganyushin], 스벤 요한젠[Sven Johannsen], 토르슈텐 로비츠키 [Torsten Robitzki], 바르트 판데뵈스튀네[Bart Vandewoestyne], 펠릭스 빈터[Felix Winter] 가 독어판 *C++ Standardbibliothek*의 아주 훌륭한 감수자로 일해 주었다. 그들 모두 아주 고맙다.

이 책을 영어로 옮기면서 나는 내 영어 블로그 *www.ModernesCpp. com*에서 원고의 감수를 요청했는데[3], 예상보다 훨씬 많은 분이 참여해 주었다. 첫 감수자인 내 아들 마리우스를 포함해서 그들 모두에게 특별 한 감사의 뜻을 표한다.

다음은 감수자들이다(알파벳순): 마헤시 아타르데[Mahesh Attarde], 릭 오뎃[Rick Audet], 피트 배로[Pete Barrow], 마이클 벤-데이비드[Michael Ben-David], 데

---

[†] (옮긴이) 물론 C++ 표준 위원회가 그때까지 스레드의 존재를 모르고 있었다거나 지원 요구를 무 시했던 것은 아니다. 스레드를 비롯한 병렬성/동시성 관련 기능은 아키텍처와 운영체제에 의존 적인 측면이 많은데, C++이 쓰이는 다양한 아키텍처와 운영체제를 널리 아우르는 적절한 다중 스레드 지원 접근방식이 무르익는 데 시간이 걸렸다고 보는 것이 타당할 것이다.

2  *http://shop.oreilly.com/product/9783955619688.do*

3  *http://www.modernescpp.com/index.php/do-you-wan-t-to-proofread-a-book*

이브 번스[Dave Burns], 알바로 페르난데스[Alvaro Fernandez], 조지 하케[George Haake], 클레어 매크레이[Clare Macrae], 아르네 메르츠[Arne Mertz], 제이슨 터너[Jason Turner], 이반 베르길리예프[Ivan Vergiliev].

## 서평

아마도 C++ 표준 라이브러리의 가장 중요한 부분을 가장 빠르고도 쉬운 방식으로 익히는 수단이 바로 이 책일 것이다. 모든 현대적 C++ 프로그래머에게 추천한다.

— 릭 오뎃, Dolby Laboratories의 선임 기술자

# 1장

T h e   **C** **+** **+**   S t a n d a r d   L i b r a r y

# C++ 표준 라이브러리 소개

C++ 표준 라이브러리는 다수의 구성요소로 이루어져 있다. 이번 장의 목적은 두 가지이다. 첫째는 표준 라이브러리의 주요 구성요소를 개괄하는 것이고, 또 하나는 그것들의 기본적인 용도와 용법을 제시하는 것이다.

## 역사

C++은 역사가 긴 언어이고, 따라서 C++ 표준 라이브러리의 역사도 길다. C++은 지난 세기 후반, 좀 더 구체적으로는 1980년대에 처음 등장했으며, 가장 최근의 표준은 2014년에 나왔다. 소프트웨어 개발을 아는 사람이라면 소프트웨어의 영역이 얼마나 빠르게 발전하는지 잘 알고 있을 것이며, 따라서 30년이 얼마나 긴 시간인지도 알 것이다. 그런 만큼, 초창기 C++의 구성요소들, 이를테면 I/O 스트림 같은 것들의 설계에 깔린 사고방식이 현대적인 표준 템플릿 라이브러리(Standard Template Library, STL)의 설계에 깔린 사고방식과 완전히 다른 것도 놀랄 일은 아니다. 지난 30년간 소프트웨어 개발 분야에서 일어난 진화와 발전은 C++ 표준 라이브러리에서도 볼 수 있다. 사실, C++ 표준 라이브러리는 소프트웨어 문제들의 해결 방식에서 발생한 진화의 중요한 사례이기도 하다. 객체 지향적 언어로 시작한 C++은 이후 STL과 함께 일반적 프로

그래밍(generic programming)을 도입했으며, 이제는 함수형 프로그래밍의 여러 개념도 받아들인 상태이다.

| C++98 | TR1 | C++11 | C++14 | C++17과 C++20 |
|---|---|---|---|---|
| 1998 | 2005 | 2011 | 2014 | 2017과 2020 |
| 첫 번째 ISO 표준<br>· 여러 컨테이너와 알고리즘을 포함한 STL<br>· 문자열 클래스<br>· I/O 스트림 | 기술 보고서 1<br>· 정규 표현식<br>· 똑똑한 포인터<br>· 해시 테이블<br>· 난수<br>· 시간 라이브러리 | 두 번째 ISO 표준<br>· 알고리즘<br>· 똑똑한 포인터<br>· 스레드 지원 | 소폭 개정된 ISO 표준<br>· 똑똑한 포인터, 튜플, 형식 특질, 스레드 지원 개선 | 차기 ISO 표준<br>· 파일 시스템<br>· 네트워크<br>· 배열 확장<br>· 트랜잭션 메모리<br>· 동시성과 병렬성 확장<br>· Concepts Lite<br>· 모듈 |

그림 1.1 C++ 연표

1998년에 나온 첫 번째 C++ 표준 라이브러리의 구성요소는 세 가지였다. 하나는 앞에서 언급한 I/O 스트림(주로 파일 처리를 위한)이고 또 하나는 문자열 라이브러리, 나머지 하나는 표준 템플릿 라이브러리(STL)이다. 표준 템플릿 라이브러리를 이용하면 알고리즘을 컨테이너에 투명하게 적용하기가 쉬워진다.

C++ 11

시간이 흘러, 2005년에 TR1(Technical Report 1; 기술 보고서 1)이 나왔다. C++ 표준 라이브러리의 확장을 담은 TR1(구체적인 명칭은 ISO/IEC TR 19768, C++ Library Extensions)은 공식적인 표준은 아니었지만, 구성요소들의 거의 대부분이 C++11의 일부가 되었다. TR1에는 예를 들어 정규 표현식, 똑똑한 포인터(smart pointer), 해시 테이블, 난수, 시간을 위한 라이브러리들이 포함되었는데, 이들은 해당 Boost 라이브러리(*http://www.boost.org/*)에 기초한 것들이었다.

TR1을 공식적으로 표준화한 것 외에, C++11의 표준 라이브러리에는 완전히 새로운 구성요소도 하나 포함되었다. 바로 다중 스레드 적용(multithreading)을 위한 스레드 지원 라이브러리이다.

C++ 14

C++14는 C++11 표준의 작은 개정판일 뿐이었다. 그래서 C++14의 표준 라이브러리는 기존의 똑똑한 포인터, 튜플, 형식 특질(type trait), 스레드 지원 라이브러리를 조금 개선한 정도이다.

이후에는 C++ 표준 라이브러리에 무엇이 더 추가될까? 현재 두 개의 차기 C++ 표준이 준비되고 있는데, 바로 C++17과 C++20이다. C++17은 이미 거의 완성되었다. C++17에는 파일 시스템을 위한, 그리고 새로운 자료 형식 std::any를 위한 라이브러리들이 포함된다. C++20에는 아마도 네트워크 프로그래밍을 위한 라이브러리들이 포함될 것이며, Concepts Lite 제안이 통과된다면 템플릿 매개변수를 위한 형식 시스템이 갖추어질 것이다. 또한, 다중 스레드 적용의 지원도 개선될 것이다.

## 개요

C++ 표준 라이브러리에는 수많은 라이브러리가 있지만, 각각의 용도를 빠르게 살펴볼 수 있는 자료는 별로 없는 것 같다. 그럼 주요 라이브러리들을 범주별로 간략하게 살펴보자.

### 편의 수단 라이브러리

편의 수단(utilities; p.15) 라이브러리는 다양한 맥락에서 응용할 수 있는 범용 기능을 제공한다.

이 라이브러리들이 제공하는 편의 수단의 좋은 예로는 값들의 최솟값, 최댓값을 계산하는 함수들(p.16)과 값들을 교환(p.19) 또는 이동(p.17)하는 함수들을 들 수 있다.

그 외에 std::function(p.20)과 std::bind(p.20)가 있다. C++11 std::bind를 이용하면 기존 함수로 새로운 함수를 손쉽게 생성할 수 있다. std::bind는 기존 함수에 변수를 묶어서 새로운 함수를 만드는 수단이고, std::function은 그런 함수를 저장, 전달하는 수단이다.

C++11 std::pair(p.21)와 그것의 일반화인 std::tuple(p.23)을 이용하면 형식이 다른 두 값의 쌍(pair) 또는 임의의 개수의 값들의 튜플을 만들 수 있다.

C++11 참조 래퍼(p.25)인 std::ref와 std::cref는 아주 편리하다. 둘 다 변수에 대한 참조를 감싸는 데 사용하는데, std::cref는 상수(const) 변수를 위한 것이다.

물론, 가장 중요한 편의 수단은 똑똑한 포인터(p.26)이다. 똑똑한 포인터를 이용하면 C++에서 메모리 관리를 명시적으로 자동화할 수 있다. 명시적 소유권 개념을 따르고 싶다면 std::unique_ptr를, 공유 소유권 개념을 따르고 싶다면 std::shared_ptr를 사용하면 된다. std::shared_ptr는 참조 계수(reference counting)를 이용해서 자원을 관리한다. 또 다른 똑똑한 포인터인 std::weak_ptr는 std::shared_ptr들 사이의 순환 의존 관계를 깨는 데 도움이 된다. 그런 순환 의존 관계는 참조 계수 방식의 고전적인 문제점이다.

형식 특질(type traits) 라이브러리(p.36)는 형식 정보를 컴파일 시점에서 점검, 비교, 조작하는 데 쓰인다.

시간 라이브러리(p.42)는 C++의 새로운 다중 스레드 적용 능력을 위해 추가된 중요한 구성요소이다. 다중 스레드 적용뿐만 아니라 성능 측정에도 상당히 유용하다.

## 표준 템플릿 라이브러리(STL)

그림 1.2 STL의 세 가지 구성요소

표준 템플릿 라이브러리(STL)는 크게 세 가지 구성요소로 이루어진다. 하나는 여러 컨테이너container이고 또 하나는 그 컨테이너들에 대해 실행되는 알고리즘algorithm들, 그리고 나머지 하나는 그 둘을 연결하는 반복자(iterator)들이다. 일반적 프로그래밍의 이러한 추상화 덕분에 알고리즘들과 컨테이너들을 고유한 방식으로 조합할 수 있다. 컨테이너들은 자신이 담는 요소들에 대한 최소한의 요구사항들만 정의한다.

C++ 표준 라이브러리에는 다양한 컨테이너들이 있다. 크게 보면 이들은 순차 컨테이너(sequential container)와 연관 컨테이너(associative container)로 나뉜다. 연관 컨테이너들은 순서 있는(ordered) 연관 컨테이너와 순서 없는(unordered) 연관 컨테이너로 나뉜다.

C++ 11
C++ 11
C++ 11

순차 컨테이너들(p.55)에는 각자 특화된 응용 분야가 있지만, 실제 응용 사례에서 95%는 std::vector가 정답이다. std::vector는 크기가 동적으로 변하고 메모리가 자동으로 관리되며 성능도 뛰어나다. 한편, std::array는 순차 컨테이너 중 실행 시점에서 크기가 조정되지 않는 유일한 컨테이너이다. std::array는 메모리 및 성능상의 추가부담을 최소화하는 데 최적화되어 있다. std::vector는 컨테이너의 끝에 새 요소를 추가하기에는 좋지만, 만일 컨테이너의 앞단에도 요소를 추가해야 한다면 std::deque를 사용하는 것이 바람직하다. 그 외에 컨테이너의 임의의 위치에 대한 연산에 최적화된 두 가지 고성능 순차 컨테이너가 있는데, 바로 이중 연결 목록(doubly-linked list)을 구현한 std::list와 단일 연결 목록(singly-linked list)을 구현한 std::forward_list이다.

C++11

연관 컨테이너(p.67)는 키-값 쌍들을 담는 컨테이너이다. 이들은 키를 지정하면 그에 해당하는 값을 돌려준다. 연관 컨테이너의 전형적인 용례는 전화번호부이다. 이름(키)으로 지정하면 전화번호(값)가 나온다. C++ 표준 라이브러리에는 총 여덟 개의 연관 컨테이너가 있는데, 그 중 std::set, std::map, std::multiset std::multimap은 키들이 특정 순서로 저장되는 순서 있는 연관 컨테이너이고 std::unordered_set, std::unordered_map, std::unordered_multiset std::unordered_multimap은 키들이 순서 없이 저장되는 순서 없는 연관 컨테이너이다.

C++11

순서 있는 연관 컨테이너(p.70)들부터 간단히 살펴보자. std::set과 std::map의 차이는, 전자에는 연관된 값이 없다는 것이다. std::map과 std::multimap의 차이는, 후자는 중복된 키들을 허용한다는 것이다. 이 컨테이너 이름들에 쓰인 관례는 순서 없는 연관 컨테이너(p.75)들에도 쓰인다. 순서 없는 연관 컨테이너들은 해당 순서 있는 연관 컨테이너들과 여러모로 비슷하다. 핵심적인 차이점은 성능이다. 순서 있는 연관 컨테이너의 접근 시간은 크기(요소 개수)의 로그에 비례하지만, 순서 없는 연관 컨테이너는 상수 접근 시간을 허용한다. 즉, 접근 시간이 크기와 무관하다. 연관 컨테이너의 선택과 관련해서는 std::vector에 적용되는 규칙이 std::map에도 적용된다. 즉, 95%의 용례에서 연관 컨테이너로 가장 먼저 고려해야 할 것은 std::map인데, 그 이유는 무엇보다도 키가 정렬된다는 점이다.

컨테이너 적응자(container adapter; p.81)는 순차 컨테이너들에 대한 단순화된 인터페이스를 제공한다. C++ 표준 라이브러리의 컨테이너 적응자로는 std::stack과 std::queue, std::priority_queue가 있다.

반복자(p.87)는 컨테이너와 알고리즘을 연결하는 수단이다. 반복자 객체는 컨테이너가 생성한다. 포인터를 일반화한 것이라 할 수 있는 반복자를 이용하면 컨테이너의 요소들을 앞뒤로 훑거나 임의의 위치에 있는 요소를 참조할 수 있다. 반복자의 구체적인 형식은 컨테이너에 따라 달라진다. 반복자 적응자(iterator adapter)를 이용하면 스트림에 직접 접근할 수 있다.

STL은 100개 이상의 알고리즘(p.101)을 제공한다. 알고리즘은 컨테이너의 모든 요소 또는 특정 범위의 요소들에 작용한다. 범위(range; 또는 구간)는 두 개의 반복자로 정의되는데, 첫 반복자는 범위의 시작을 정의하고 둘째 것(끝 반복자)은 범위의 끝을 정의한다. 여기서 중요한 것은, 끝 반복자(end iterator)는 사실 **범위의 끝을 하나 지나친 원소**를 가리킨다는 점이다.

알고리즘들의 용도는 아주 다양하다. 요소들을 찾거나, 개수를 세거나, 범위를 찾거나, 비교하거나, 변환할 수 있다. 또한, 컨테이너에 요소들을 추가거나, 치환하거나, 제거하는 알고리즘들도 있다. 물론 컨테이너의 정렬, 순열(permutation), 분할을 위한 알고리즘들과 최소, 최대 요소를 결정하는 알고리즘들도 있다. 또한, 함수나 함수 객체, 람다 함수 같은 **호출 가능 단위**(callable unit)를 이용해서 좀 더 커스텀화할 수 있는 알고리즘들도 많다. 일반적으로 호출 가능 단위는 특별한 요소 검색 기준이나 변환 방식을 지정하는 용도로 쓰인다. 이들을 잘 활용하면 알고리즘의 능력이 크게 높아진다.

## 수치 라이브러리

C++ 표준 라이브러리에서 수치(numeric) 관련 라이브러리는 두 가지인
데, 하나는 난수(random number) 라이브러리이고 또 하나는 C에서 물
려받은 C++ 수학 함수들을 담은 라이브러리이다.

C++11   난수 라이브러리(p.139)는 두 부분으로 구성된다. 하나는 난수발생
기들에 관한 것이고 또 하나는 생성된 난수들의 분포에 관한 것이다. 난
수발생기는 주어진 최솟값과 최댓값 사이의 일련의 난수들을 생성(발생)
하며, 난수 분포는 그 난수들을 특정한 이산 분포로 사상(mapping)한다.

C와의 호환성을 위해 C++은 여러 표준 수학 함수들(p.143)을 제
공한다. 예를 들어 다양한 로그 함수와 지수 함수, 삼각 함수가 있다.

## 텍스트 처리

C++에는 강력한 텍스트 처리 라이브러리가 둘 있다. 하나는 표준 문자열
(std::string) 라이브러리이고 또 하나는 정규 표현식 라이브러리이다.

std::string(p.145) 클래스는 텍스트의 분석과 수정을 위한 다양한
메서드를 제공한다. std::string은 문자들을 담는 std::vector와 공통
점이 많기 때문에, std::string에도 STL의 알고리즘들을 적용할 수 있
다. std::string으로 대표되는 C++의 문자열은 C 스타일 문자열의 후
계자에 해당하지만, C 스타일 문자열보다 사용하기가 훨씬 쉽고 안전하
다. 특히, C++ 문자열은 메모리가 자동으로 관리된다.

C++11   정규 표현식(p.161)은 텍스트 패턴을 서술하는 언어이다. 정규 표
현식을 이용하면 예를 들어 특정 텍스트 패턴이 주어진 텍스트에 한 번
이상 출현하는지를 알아낼 수 있다. 그뿐만 아니라, 정규 표현식을 이용
하면 부합한 패턴의 내용을 다른 텍스트로 대체하는 것도 가능하다.

## 입력과 출력

입출력(I/O) 스트림 라이브러리(p.177)는 프로그램이 외부 세계와 소
통할 수 있게 하는 라이브러리로, C++에 처음부터 포함되어 있던 유서
깊은 라이브러리이다.

좀 더 구체적으로 말하자면, '소통'은 추출 연산자(<<)를 이용해서 입력 스트림으로부터 서식화된 또는 서식화되지 않은 자료를 읽어 들이고, 삽입 연산자(>>)를 이용해서 출력 스트림에 자료를 기록하는 방식으로 일어난다. 또한, 조작자(manipulator)라고 하는 객체들을 이용해서 자료를 서식화(formatting)할 수 있다.

이 라이브러리에 속한 스트림 클래스들은 정교하게 설계된 클래스 계통구조(class hierarchy)로 조직화되어 있다. 주목할 만한 두 종류의 스트림 클래스들이 있는데, 하나는 문자열을 스트림으로 조작하기 위한 문자열 스트림 클래스들이고 또 하나는 파일을 읽고 쓰기 위한 파일 스트림 클래스들이다. 스트림의 상태는 플래그들에 저장되며, 입출력 스트림 라이브러리는 그런 플래그들을 읽거나 변경하는 수단들도 제공한다.

입력(추출) 연산자와 출력(삽입) 연산자를 적절히 중복적재(overloading)한다면 사용자 정의 클래스로도 기본 자료 형식과 마찬가지 방식으로 외부 세계와 소통할 수 있다.

## C++11 스레드 지원

2011년 발표된 C++11 표준에 의해 C++에도 드디어 표준 스레드 지원 라이브러리가 생겼다. 이 라이브러리에는 원자적 변수, 스레드, 자물쇠, 조건 변수 같은 기본적인 구축 요소들이 있다. 이후의 표준들은 이들에 기초해서 좀 더 높은 수준의 추상 기능을 구축한다. 그러나 이미 C++11도 과제(task)라는 개념을 지원하는데, 이는 앞에서 언급한 구축 요소들보다 더 높은 수준의 추상을 지원한다.

저수준으로 관심을 돌려서, C++11에서 처음으로 C++에 메모리 모형(p.197)과 원자적 변수가 도입되었다. 두 구성요소 모두 다중 스레드 프로그래밍에서 잘 정의된(well-defined) 행동을 보장하기 위한 토대에 해당한다.

C++11에 새로 도입된 스레드 객체(p.199)는 생성 즉시 작업을 시작한다. 스레드 객체는 배경은 물론 전경에서도 실행할 수 있으며, 스레드 안의 자료를 복사로 전달할 수도 있고 참조로 전달할 수도 있다.

여러 스레드가 같은 변수를 공유하는 경우 그 변수에 대한 접근을 조정해야 한다. 뮤텍스나 자물쇠(lock)를 이용해서 그러한 조정을 다양한 방식으로 수행할 수 있다. 그러나, 그냥 자료의 초기화를 보호하고, 그 자료를 수명 주기 내내 수정할 수 없게 만드는 것으로 충분한 경우도 많다.

변수를 스레드 지역 변수(p.214)로 선언하면 스레드마다 개별적인 복사본이 주어지므로 스레드 간 충돌이 발생하지 않는다.

조건 변수(p.215)는 전송자-수신자 작업 흐름(workflow)을 구현하는 고전적인 해법이다. 핵심 개념은, 전송자가 자신의 작업이 끝났음을 조건 변수를 통해서 수신자에게 알리고, 그러면 비로소 수신자가 자신의 작업을 시작한다는 것이다.

과제(p.218)는 스레드와 공통점이 많다. 차이점은, 스레드는 프로그래머가 명시적으로 생성하지만 과제는 C++ 실행시점 모듈(런타임)이 암묵적으로 생성한다는 것이다. 과제는 자료 채널과 비슷하다. 약속(promise) 객체가 자료 채널에 자료를 집어넣으면 미래(future) 객체가 채널에서 그 자료를 꺼낸다. 여기서 하나의 자료는 하나의 값일 수도 있고 예외일 수도 있으며 그냥 하나의 통지(알림)일 수도 있다.

## 라이브러리 사용 방법

하나의 소스 코드 파일에서 어떤 라이브러리를 사용하려면 세 단계의 과정이 필요하다. 첫째로, #include 지시문을 이용해서 해당 헤더 파일을 소스 코드에 포함해야 한다. 그래야 컴파일러가 라이브러리에 속한 여러 식별자 이름들을 알 수 있다. C++ 표준 라이브러리의 이름들은 std라는 이름공간(namespace)에 들어 있는데, 원한다면 그 이름들을 using 선언 또는 지시문을 이용해서 전역 이름공간으로 도입할 수도 있다. 이것이 둘째 단계이다. 셋째이자 마지막 단계는 실행 파일을 생성하는 링커에게 라이브러리의 존재를 알려 주는 것이다. 이 셋째 단계가 필수가 아닌 경우도 많다. 그럼 세 단계를 좀 더 자세히 살펴보자.

## 헤더 파일 포함

전처리기는 #include 지시문으로 주어진 파일을 해당 위치에 포함한다. 대부분의 경우 그런 파일은 헤더 파일<sup>header file</sup>이다. 표준 라이브러리의 헤더 파일은 다음 예처럼 홑화살괄호들로 감싼다.

```
#include <iostream>
#include <vector>
```

> **!** **필요한 모든 헤더 파일을 지정하라**
>
> 필요하다면 컴파일러는 지정된 헤더 파일 이외의 헤더 파일들도 포함한다. 그래서, 프로그램에 필요한 모든 헤더 파일을 독자가 명시적으로 지정하지 않아도 프로그램이 잘 컴파일되기도 한다. 그러나 그런 기능에 의존하지는 말기를 권한다. 필요한 모든 헤더는 항상 명시적으로 지정하기 바란다. 그렇게 하지 않으면 컴파일러가 업그레이드되거나 코드를 다른 플랫폼으로 이식할 때 컴파일 오류가 발생할 수 있다.

## 이름공간 사용

한정된 이름(qualified name)이란 주어진 식별자가 속한 이름공간들을 명시적으로 지정한 이름을 말한다. 이때 각 이름공간 이름에 범위 해소 연산자(scope resolution operator) ::을 붙인다. C++ 표준 라이브러리에는 내포된(중첩된) 이름공간들을 사용하는 라이브러리들도 많다.

```
#include <iostream>
#include <chrono>
...
std::cout << "Hello world:" << std::endl;
auto timeNow= std::chrono::system_clock::now();
```

## 한정되지 않은 이름 사용

using 선언과 using 지시문을 이용하면 이름공간 이름들을 생략할 수 있다. 그런 이름을 한정되지 않은 이름(unqualified name), 줄여서 비한정 이름이라고 부른다.

## using 선언

using 선언은 이름 하나를 현재의 가시 범위에 추가한다. 다음은 using 선언을 사용하는 예이다.

```
#include <iostream>
#include <chrono>
...
using std::cout;
using std::endl;
using std::chrono::system_clock;
...
cout << "Hello world:" << endl;  // 비한정 이름
auto timeNow= now();             // 비한정 이름
```

그런데 using 선언을 사용하면 다음과 같은 결과가 빚어질 수 있다.

- 같은 가시 범위 안에 같은 이름이 선언되어 있으면, 이름 참조 시 중의성이 생겨서 컴파일 오류가 발생한다.
- 해당 범위를 포함하는 범위에 같은 이름이 있으면, 추가된 이름(현재 범위)이 기존 이름을 가리게(숨기게) 된다.

## using 지시문

using 지시문은 한 이름공간의 모든 이름을 한정 없이 사용할 수 있게 한다.

```
#include <iostream>
#include <chrono>
...
using namespace std;
...
cout << "Hello world:" << endl;                    // 비한정 이름
auto timeNow= chrono::system_clock::now();  // 부분적으로 한정된 이름
```

using 지시문은 현재 가시 범위에 아무런 이름도 추가하지 않는다. 단지 현재 범위에서 해당 이름들이 보이게(가시) 할 뿐이다. using 지시문은 다음과 같은 결과를 빚을 수 있다.

- 현재 가시 범위 안에 같은 이름이 선언되어 있으면, 이름 조회(name lookup) 시 중의성이 생겨서 컴파일 오류가 발생한다.

- 현재 범위를 포함하는 범위에 같은 이름이 있으면, 추가된 이름이 기존 이름을 숨기게 된다.
- 현재 범위에서 보이는/접근할 수 있는 다른 이름공간에 같은 이름이 있거나 이름공간의 이름이 전역 공간에 있는 이름을 가리는 경우 이름 조회 시 중의성이 생겨서 컴파일 오류가 발생한다.

> **!** **소스 파일에서 using 지시문을 사용할 때에는 아주 조심해야 한다**
>
> 소스 파일에서 using 지시문을 사용할 때에는 아주 조심해야 한다. using namespace std라는 지시문을 사용하면 std의 모든 이름이 보이게 된다. 그러면 현재 이름공간 또는 현재 이름공간을 포함하는 이름공간의 이름들이 의도치 않게 가려질 수 있다.
>
> 헤더 파일에서는 using 지시문을 아예 사용하지 않아야 한다. 헤더 파일에 using namespace std 지시문이 있으면 std의 모든 이름이 보이게 된다.

### 이름공간 별칭

이름공간 별칭(namespace alias)은 이름공간의 동의어를 정의한다. 긴 이름공간 또는 중첩된 이름공간의 이름 대신 좀 더 짧은 별칭을 정의하면 사용하기 편한 경우가 많다. 다음이 그러한 예이다.

```
#include <chrono>
...
namespace sysClock= std::chrono::system_clock;
auto nowFirst= sysClock::now();
auto nowSecond= std::chrono::system_clock::now();
```

이 예의 경우 이름공간 별칭 덕분에 now 함수를 좀 더 짧은 이름으로 한정할 수 있다. 이름공간 별칭을 사용할 때에는 별칭이 기존 이름을 가리지 않도록 주의해야 한다.

### 실행 파일 구축

표준 라이브러리의 라이브러리들을 링커에게 명시적으로 알려주어야 하는 경우는 거의 없다. 단, 플랫폼에 따라서는 사정이 다를 수 있다. 예를 들어 *g++* 컴파일러나 *clang++* 컴파일러의 현재 버전들에서 스레드 지원 기능을 사용하려면 pthread 라이브러리를 명시적으로 링크해야 한다.

```
g++ -std=c++14 -lpthread thread.cpp -o thread
```

2장

# 편의 수단 라이브러리

편의 수단(utility)들은 다양한 문맥에서 사용할 수 있는 유용한 도구들이다. 현실의 편의용 도구들처럼, 이번 장에서 말하는 함수들과 라이브러리들은 어떤 특정한 하나의 분야에 속하지 않는다. 이번 장에서는 임의의 값에 적용할 수 있는 함수들과 새로운 함수를 만들어서 변수와 묶는 데 사용할 수 있는 함수들을 소개한다. 또한, 임의의 형식의 임의의 값을 저장할 수 있는 수단인 쌍(pair)과 튜플(tuple)을 설명하며, 임의의 값에 대한 참조를 만드는 수단도 소개한다. C++에서 자동으로 메모리를 관리하기 위한 도구인 똑똑한 포인터와, 형식에 대한 정보를 얻을 수 있는 형식 특질 라이브러리도 살펴본다.

## 유용한 함수들

min, max, minmax 함수에는 값에 적용할 수 있는 버전과 초기치 목록(initializer list)에 적용할 수 있는 버전이 갖추어져 있다. 이 함수들을 사용하려면 <algorithm> 헤더가 필요하다. 함수 std::move, std::forward, std::swap에도 다양한 버전이 존재한다. 이들은 임의의 값에 대해 적용할 수 있다. 이 세 함수는 <utility> 헤더에 정의되어 있다.

## std::min, std::max, std::minmax

<algorithm> 헤더에 정의되어 있는 함수 std::min과 std::max, std::
minmax는 값과 초기치 목록에 대해 작동하며, 요청된 결과(각각 최솟값,
최댓값, 둘 다)를 돌려준다. std::minmax는 하나의 쌍 객체(std::pair 객
체)를 돌려 주는데, 그 객체의 첫 요소는 최솟값이고 둘째 요소는 최댓
값이다. 최대·최소 판정에는 기본적으로 미만 연산자(<)가 쓰이지만,
필요하다면 비교 함수를 직접 지정할 수 있다. 그 비교 함수는 인수 두
개를 받고 하나의 부울 값을 돌려주는 함수이어야 한다. 참(true) 또는
거짓(false)를 돌려주는 함수를 술어(predicate)라고 부른다.

```cpp
#include <algorithm>
...
using std::cout;
...
cout << std::min(2011, 2014);                           // 2011
cout << std::min({3, 1, 2011, 2014, -5});               // -5
cout << std::min(-10, -5, [](int a, int b)
                 { return std::abs(a) < std::abs(b); }); // -5

auto pairInt= std::minmax(2011, 2014);
auto pairSeq= std::minmax({3, 1, 2011, 2014, -5});
auto pairAbs= std::minmax({3, 1, 2011, 2014, -5}, [](int a, int b)
                          { return std::abs(a) < std::abs(b); });

cout << pairInt.first << "," << pairInt.second;  // 2011,2014
cout << pairSeq.first << "," << pairSeq.second;  // -5,2014
cout << pairAbs.first << "," << pairAbs.second;  // 1,2014
```

표 2.1은 함수 std::min과 std::max, std::minmax를 개괄한 것이다.

표 2.1 std::min, std::max, std::minmax의 여러 버전

| 함수 | 설명 |
| --- | --- |
| min(a, b) | a와 b의 최솟값을 돌려준다. |
| min(a, b, comp) | 술어 comp로 결정한, a와 b의 최솟값을 돌려준다. |
| min(초기치_목록) | 주어진 초기치 목록의 최솟값을 돌려준다. |
| min(초기치_목록, comp) | 술어 comp로 결정한, 초기치 목록의 최솟값을 돌려준다. |
| max(a, b) | a와 b의 최댓값을 돌려준다. |

| | | |
|---|---|---|
| | max(a, b, comp) | 술어 comp로 결정한, a와 b의 최댓값을 돌려준다. |
| C++ 11 | max(초기치_목록) | 주어진 초기치 목록의 최댓값을 돌려준다. |
| C++ 11 | max(초기치_목록, comp) | 술어 comp로 결정한, 초기치 목록의 최댓값을 돌려준다. |
| C++ 11 | minmax(a, b) | a와 b의 최솟값과 최댓값을 돌려준다. |
| C++ 11 | minmax(a, b, comp) | 술어 comp로 결정한, a와 b의 최솟값과 최댓값을 돌려준다. |
| C++ 11 | minmax(초기치_목록) | 주어진 초기치 목록의 최솟값과 최댓값을 돌려준다. |
| C++ 11 | minmax(초기치_목록, comp) | 술어 comp로 결정한, 초기치 목록의 최솟값과 최댓값을 돌려준다. |

C++ 11

## std::move

헤더 <utility>에 정의된 함수 std::move는 컴파일러가 프로그램의 자원(resource)을 이동할 수 있게 만드는 수단이다. 소위 **이동 의미론** (move semantics)에서, 원본 객체의 값은 새 객체로 이동된다(복사되는 것이 아니라). 이동이 끝나면 원본은 잘 정의된(well-defined) 상태이긴 하지만 어떤 구체적인 상태는 아닌 상태가 된다. 대부분의 경우 그 상태는 원본 객체의 기본 상태와 같다. std::move를 사용하면 컴파일러는 원본 arg를 오른값 참조(rvalue reference)로 변환하는데, 구체적으로는 static_cast<std::remove_reference<decltype(arg)>::type&&>(arg)라는 변환을 적용한다. 만일 이동 의미론을 적용할 수 없는 상황이면 컴파일러는 **복사 의미론**(copy semantics)을 사용한다.

```
#include <utility>
...
std::vector<int> myBigVec(10000000, 2011);
std::vector<int> myVec;

myVec= myBigVec;                // 복사 의미론
myVec= std::move(myBigVec);     // 이동 의미론
```

> **이동이 복사보다 싸다**
>
> 이동 의미론에는 두 가지 장점이 있다. 첫째로, 값비싼 복사보다는 값싼 이동을 사용하는 것이 바람직한 경우가 많다. 복사 대신 이동을 사용하면 불필요한 메

모리 할당과 해제가 필요하지 않기 때문이다. 둘째로, 복사가 불가능한 객체들도
있다. 이를테면 스레드(std::thread)나 자물쇠(std::lock)가 그러한 예이다.

## std::forward

헤더 <utility>에 정의된 std::forward 함수를 이용하면 주어진 인수를
온전하게 전달하는 함수 템플릿을 작성할 수 있다. std::forward는 흔
히 팩토리 함수나 생성자에 쓰인다. 팩토리 함수(factory function)는 객
체를 생성해주는 함수인데, 그러려면 주어진 인수들을 객체의 실제 생
성자에 온전하게 전달할 수 있어야 한다. 생성자 역시, 주어진 인수들을
그대로 기반 클래스 초기화에 사용하는 경우가 종종 있다. 이 경우에도
인수들을 온전히 전달할 수 있어야 한다. 따라서 std::forward는 일반적
(generic) 라이브러리 작성자에게 이상적인 도구이다.

```
#include <utility>
...
using std::initializer_list;

struct MyData{
  MyData(int, double, char){};
};

template <typename T, typename...  Args>
  T createT(Args&&... args){
  return T(std::forward<Args>(args)... );
}

...

int a= createT<int>();
int b= createT<int>(1);

std::string s= createT<std::string>("시험용 문자열.");
MyData myData2= createT<MyData>(1, 3.19, 'a');

typedef std::vector<int> IntVec;
IntVec intVec= createT<IntVec>(initializer_list<int>({1, 2, 3}));
```

이 예에서 함수 템플릿 createT는 인수들을 보편 참조(universal referece)[1]로서 받는다. Args&&... args가 바로 그것이다. 보편 참조 또는 소위 전달 참조(forwarding reference)[†]는 형식 연역 문맥에서의 오른값 참조를 가리키는 이름이다.

 **std::forward와 가변 인수 템플릿의 조합으로 완전히 일반적인 함수 작성**

std::forward와 가변 인수 템플릿(variadic template)을 함께 사용하면 완전히 일반적인(completely generic) 함수 템플릿을 정의할 수 있다. 그러한 함수 템플릿은 임의의 개수의 인수들을 받아서 그것들을 아무 변경 없이 전달할 수 있다.

## std::swap

헤더 <utility>에 정의된 std::swap 함수를 이용하면 두 객체를 손쉽게 교환(swap)할 수 있다. C++ 표준 라이브러리의 일반적 구현은 내부적으로 std::move 함수를 이용해서 이를 구현한다.

```
#include <utility>
...
template <typename T>
  inline void swap(T& a, T& b){
  T tmp(std::move(a));
  a= std::move(b);
  b= std::move(tmp);
}
```

# 함수 적응자

두 함수 std::bind와 std::function은 서로 아주 잘 맞는다. std::bind를 이용하면 즉석에서 새로운 함수 객체를 만들 수 있고, std::function을 이용하면 그러한 임시 함수 객체를 특정 변수에 묶을(bind) 수 있다. 이 두 함수는 함수형 프로그래밍(functional programming)의 강력한 도구들로, <functional> 헤더에 정의되어 있다.

---

**1** *https://isocpp.org/blog/2012/11/universal-references-in-c11-scott-meyers*

**†** (옮긴이) universal referece(보편 참조)는 스콧 마이어스가 제안한 이름이고, C++ 표준 명세서에 쓰이는 용어는 forwarding reference(전달 참조)이다.

```
#include <functional>
...
// 자리표(placeholder) _1과 _2를 위한 이름공간 선언
using namespace std::placeholders;

using std::bind;
using std::function
...
double divMe(double a, double b){ return a/b; };
function < double(double, double) > myDiv1= bind(divMe, _1, _2);
function < double(double) > myDiv2= bind(divMe, 2000, _1);

divMe(2000, 10) == myDiv1(2000, 10) == myDiv2(10);
```

> 💡 **std::bind와 std::function의 용도는 제한적이다**
>
> std::bind와 std::function은 TR1[2]의 일부였다. C++11에서는 이들이 별로
> 필요하지 않다. std::bind는 람다 함수로 대신할 수 있으며, std::function
> 는 대부분의 경우 자동 형식 연역으로 대신할 수 있다.

C++ 11

## std::bind

std::bind를 이용하면 다음과 같은 다양한 방식으로 함수 객체를 생성
하고 활용할 수 있다.

- 인수들을 임의의 위치에 묶는다.
- 인수들의 순서를 바꾼다.
- 인수를 위한 자리표(placeholder)를 도입한다.
- 함수를 부분적으로 평가한다.
- 새로 생성한 함수 객체를 호출하고, STL 알고리즘에 적용하고,
  std::function에 저장한다.

C++ 11

## std::function

std::function을 이용하면 임의의 호출 가능(callable) 단위를 변수에 저
장할 수 있다. std::function은 일종의 함수 래퍼(wrapper)이다. 여기서 호

---

2  *https://en.wikipedia.org/wiki/C%2B%2B_Technical_Report_1*

출 가능 단위는 람다 함수나 함수 객체, 또는 함수 자체이다. 많은 경우 std::function은 자동 형식 연역으로 대신할 수 있지만, 호출 가능 단위의 형식을 명시적으로 지정해야 하는 문맥에서는 std::function이 꼭 필요하다(auto로는 대신할 수 없다). 다음이 그러한 예이다.

```
#include <functional>
...
using std::make_pair;
using std::map;

map<const char, std::function<double(double, double)>> tab;
tab.insert(make_pair('+', [](double a, double b){ return a + b; }));
tab.insert(make_pair('-', [](double a, double b){ return a - b; }));
tab.insert(make_pair('*', [](double a, double b){ return a * b; }));
tab.insert(make_pair('/', [](double a, double b){ return a / b; }));

std::cout << tab['+'](3.5, 4.5);   // 8
std::cout << tab['-'](3.5, 4.5);   // -1
std::cout << tab['*'](3.5, 4.5);   // 15.75
std::cout << tab['/'](3.5, 4.5);   // 0.777778
```

std::function 함수의 형식 매개변수는 std::function이 받아들이는 호출 가능 단위의 형식을 결정한다.

표 2.2 함수 형식에 따른 반환 형식과 인수 형식의 예

| 함수 형식 | 반환 형식 | 인수 형식 |
|---|---|---|
| double(double, double) | double | double |
| int() | int | |
| double(int, double) | double | int, double |
| void() | | |

## 쌍

std::pair는 임의의 두 형식의 쌍(pair)을 만드는 데 쓰인다. 클래스 템플릿 std::pair를 사용하려면 <utility> 헤더가 필요하다. std::pair는 기본 생성자와 복사 생성자, 이동 생성자를 제공한다. 두 개의 쌍 객체

를 std::swap(pair1, pair2)로 교환할 수 있다.[†]

쌍은 C++ 표준 라이브러리에도 많이 쓰인다. 예를 들어 함수 std::max(p.16)는 그 결과를 하나의 쌍 객체에 담아서 돌려주며, 연관 컨테이너(p.67) std::map, std::unordered_map, std::multimap, std::unordered_multimap은 자신의 키-값 연관들을 쌍 객체들을 이용해서 관리한다.

쌍 p의 첫째, 둘째 요소는 전용 멤버로 얻을 수도 있고 색인을 지정해서 얻을 수도 있다. 구체적으로, p.first와 std::get<0>(p)는 첫째 요소를, p.second와 std::get<1>(p)는 둘째 요소를 돌려준다.

쌍들은 비교 연산자 ==, !=, <, >, <=, >=를 지원한다. 두 쌍의 상등을 비교할 때 상등 비교 연산자는 우선 pair1.first와 pair2.first를 비교하고, 둘이 같으면 pair1.second와 pair2.second를 비교한다. 다른 비교 연산자들도 마찬가지 방식을 사용한다.

## std::make_pair

C++은 요소 형식들을 일일이 지정하지 않아도 쌍 객체를 손쉽게 생성할 수 있는 보조 함수 std::make_pair를 제공한다. std::make_pair는 요소 형식들을 자동으로 연역한다.

```
#include <utility>
...
using namespace std;
...
pair<const char*, double> charDoub("str", 3.14);
pair<const char*, double> charDoub2= make_pair("str", 3.14);
auto charDoub3= make_pair("str", 3.14);

cout << charDoub.first << ", " << charDoub.second;     // str, 3.14
charDoub.first="Str";
get<1>(charDoub)= 4.14;
cout << charDoub.first << ", " << charDoub.second;     // str, 4.14
```

---

C++11  † (옮긴이) C++11에는 pair1.swap(pair2) 식으로 사용하는 멤버 함수 std::pair::swap도 추가되었다.

C++ 11 # 튜플

std::tuple을 이용하면 임의의 형식, 임의의 개수의 요소들을 담은 튜플tuple을 만들 수 있다. 이 클래스 템플릿을 사용하려면 헤더 <tuple>을 소스 코드에 포함해야 한다. std::tuple은 std::pair의 일반화이다. 요소가 두 개인 튜플을 쌍으로 변환할 수 있으며, 그 역도 마찬가지이다. 동생격인 std::pair처럼 std::tuple에도 기본 생성자와 복사 생성자, 이동생성자가 있다. 또한 std::swap 함수로 두 튜플을 교환할 수 있다.

함수 템플릿 std::get은 튜플의 특정 요소를 돌려준다. 튜플 t의 *i*번째 요소는 std::get<i-1>(p)로 얻을 수 있다. 그리고 std::get<type>(p)는 형식이 type인 요소를 돌려준다.†

튜플은 비교 연산자 ==, !=, <, >, <=, >=를 돌려준다. 비교 시 두 튜플의 요소들이 어휘순으로(lexicographically)‡ 비교된다. 비교는 색인 0에서 시작한다.

## std::make_tuple

보조 함수 std::make_tuple을 이용하면 요소들의 형식을 일일이 지정할 필요 없이 손쉽게 튜플을 생성할 수 있다. 요소 형식들은 컴파일러가 자동으로 연역한다.

```
#include <tuple>
...
using std::get;

std::tuple<std::string, int, float> tup1("first", 3, 4.17);
auto tup2= std::make_tuple("second", 4, 1.1);

std::cout << get<0>(tup1) << ", " << get<1>(tup1) << ", "
          << get<2>(tup1) << std::endl; // first, 3, 4.17
```

---

† (옮긴이) 만일 형식이 type인 요소가 여러 개이면 컴파일 오류가 발생한다.

‡ (옮긴이) 여기서 '어휘순'은 간단히 말하면 "나열된 순서" 또는 "저장된 순서"이다. 프로그래밍 언어와 관련해서 어휘순이라는 용어는 소스 코드 번역 과정 중 어휘 분석(lexical analysis) 단계에서 토큰들이 획득된 순서를 뜻하는 경우가 많고, lexicographical의 또 다른 번역어인 '사전순'이 암시하는 가나다순 또는 알파벳순으로 쓰이는 경우는 별로 없다.

```
std::cout << get<0>(tup2) << ", " << get<1>(tup2) << ", "
          << get<2>(tup2) << std::endl; // second, 4, 1.1
std::cout << (tup1 < tup2) << std::endl; // true

get<0>(tup2)= "Second";

std::cout << get<0>(tup2) << "," << get<1>(tup2) << ","
          << get<2>(tup2) << std::endl;  // Second, 4, 1.1
std::cout << (tup1 < tup2) << std::endl; // false

auto pair= std::make_pair(1, true);
std::tuple<int, bool> tup= pair;
```

## std::tie와 std::ignore

std::tie를 이용하면 기존 변수들을 참조하는 요소들로 이루어진 튜플
을 만들 수 있다. std::ignore를 이용하면 튜플의 특정 요소를 무시할
수 있다.

```
#include <tuple>
...
using namespace std;

int first= 1;
int second= 2;
int third= 3;
int fourth= 4;
cout << first << " " << second << " "
    << third << " " << fourth << endl;       // 1 2 3 4

auto tup= tie(first, second, third, fourth)   // 기존 변수들을 묶어서(tie)
        = std::make_tuple(101, 102, 103, 104);  // 튜플을 생성한 후
                                                 // 변수 tup에 배정한다.
cout << get<0>(tup) << " " << get<1>(tup) << " " << get<2>(tup)
    << " " << get<3>(tup) << endl;            // 101 102 103 104
cout << first << " " << second << " " << third << " "
    << fourth << endl;                        // 101 102 103 104

first= 201;
get<1>(tup)= 202;
cout << get<0>(tup) << " " << get<1>(tup) << " " << get<2>(tup)
    << " " << get<3>(tup) << endl;            // 201 202 103 104
cout << first << " " << second << " " << third << " "
    << fourth << endl;                        // 201 202 103 104
```

```
int a, b;
tie(std::ignore, a, std::ignore, b)= tup;
cout << a << " " << b << endl;                    // 202 104
```

C++ 11 # 참조 래퍼

참조 래퍼(reference wrapper) std::reference_wrapper는 참조 형식(T&)
의 객체를 감싸는 래퍼로, <functional> 헤더에 정의되어 있다. 참조 래
퍼는 복사 생성 가능(copy-constructible)[3]이자 복사 배정 가능(copy-
assignable)[4]이다. 즉, 참조 래퍼는 참조처럼 행동하지만 복사가 가능한
객체를 만들어준다. 보통의 참조와는 달리 std::reference_wrapper 객
체는 다음 두 가지 용법을 지원한다.

- 표준 템플릿 라이브러리의 컨테이너들에 사용할 수 있다. 예: std::
  vector<std::reference_wrapper<int>> myIntRefVector
- 복사할 수 있다. 일반적으로 보통의 참조 변수는 복사할 수 없다.

참조 래퍼 객체의 참조에 접근할 때에는 get 메서드를 사용한다. 예
를 들어 std::reference_wrapper<int> myInt(1)의 참조에 접근하려면
myInt.get()을 사용하면 된다. 참조 래퍼의 한 가지 용도는 다음 예처럼
호출 가능 단위를 캡슐화하고 호출하는 것이다.

```
#include <functional>
...
void foo(){
  std::cout << "호출됨" << std::endl;
}

typedef void callableUnit();
std::reference_wrapper<callableUnit> refWrap(foo);

refWrap();                              // 호출됨
```

---

3  http://en.cppreference.com/w/cpp/concept/CopyConstructible
4  http://en.cppreference.com/w/cpp/concept/CopyAssignable

## std::ref와 std::cref

보조 함수 std::ref와 std::cref를 이용하면 변수에 대한 참조 래퍼를 손쉽게 생성할 수 있다. std::ref는 비상수(non-const) 참조 래퍼를, std::cref는 상수 참조 래퍼를 생성한다.

```
#include <functional>
...
void invokeMe(const std::string& s){
  std::cout << s << ": const " << std::endl;
}

template <typename T>
  void doubleMe(T t){
  t*= 2;
}

std::string s{"문자열"};

invokeMe(std::ref(s));        // 문자열: const

int i= 1;
std::cout << i << std::endl;    // 1

doubleMe(i);
std::cout << i << std::endl;    // 1

doubleMe(std::ref(i));
std::cout << i << std::endl;    // 2
```

함수 invokeMe가 원래 std::string에 대한 상수 참조를 받는다는 점을 주목하기 바란다. s는 상수가 아니지만, std::cref(s)로 감싼 덕분에 invokeMe의 호출에 사용할 수 있다. 한편, 변수 i를 보조 함수 std::ref로 감싸서 함수 템플릿 doubleMe를 호출한 경우에는 참조 전달 덕분에 변수 i의 값이 실제로 두 배가 되었음을 주목하기 바란다.

## 똑똑한 포인터

C++에서 명시적 메모리 관리를 구현하는 수단이라는 점에서, 똑똑한 포인터(smart pointer)는 C++에 추가된 가장 중요한 기능 중 하나이다. 폐기가 예정된(deprecated) std::auto_ptr를 제외할 때, C++은 세 종류

의 똑똑한 포인터를 제공한다. 이들은 모두 <memory> 헤더에 정의되어 있다.

우선 std::unique_ptr가 있다. 이 똑똑한 포인터는 독점 소유권(exclusive ownership)을 따른다. 둘째로, 공유 소유권(shared ownership)을 따르는 std::shared_ptr가 있다. 마지막으로, std::weak_ptr라는 것이 있다. std::weak_ptr는 그냥 간단한 인터페이스일 뿐이라서 그리 '똑똑한' 포인터라고는 할 수 없다. std::weak_ptr의 용도는 std::shared_ptr들의 순환 참조 고리를 끊는 것이다. 이 똑똑한 포인터는 임시 소유권(temporary ownership) 개념을 따른다.

똑똑한 포인터들은 RAII 관용구에 따라 자원을 관리한다. 간단히 말하면, 똑똑한 포인터가 범위를 벗어나면 그 포인터가 가지고 있던 자원이 자동으로 해제된다.

✅ **RAII**

RAII는 Resource Acquisition Is Initialization(자원 획득은(이) 초기화이다)를 줄인 것으로, 자원 획득과 해제를 객체의 수명에 연관시키는 유명한 C++ 기법이다. 똑똑한 포인터가 RAII를 따른다는 것은 간단히 말해서 메모리를 생성자에서 할당하고 소멸자에서 해제한다는 뜻이다. C++에서 이런 기법이 가능한 것은 객체가 범위를 벗어날 때 자동으로 소멸자가 호출되기 때문이다.

표 2.3 똑똑한 포인터 개요

| 이름 | 표준 | 설명 |
|------|------|------|
| std::auto_ptr (폐기 예정) | C++98 | 자원을 독점적으로 소유한다. 복사 시 자원이 이동된다. |
| std::unique_ptr | C++11 | 자원을 독점적으로 소유한다. 복사할 수 없다. |
| std::shared_ptr | C++11 | 공유 변수에 대한 참조 횟수가 있다. 참조 횟수를 자동으로 관리한다. 참조 횟수가 0이 되면 자원을 삭제한다. |
| std::weak_ptr | C++11 | std::shared_ptr들의 순환 참조를 깨는 데 도움이 된다. 참조 횟수를 변경하지 않는다. |

# std::unique_ptr

std::unique_ptr는 자신의 자원을 독점적으로 관리한다. std::unique_ptr 객체가 범위 밖으로 나가면 해당 자원이 자동으로 해제된다. 복사 의미론이 요구되지 않는 경우라면 표준 템플릿 라이브러리의 컨테이너들과 알고리즘들에서도 std::unique_ptr를 사용할 수 있다. 특별한 삭제자(deleter)를 사용하지 않는 한, std::unique_ptr는 생(raw) 포인터만큼이나 가볍고 빠르다.

> **!** ### std::auto_ptr는 사용 금지
>
> 고전적인 C++03에는 std::auto_ptr라는 똑똑한 포인터가 있었다. std::auto_ptr는 주어진 자원의 수명을 독점적으로 관리한다. 그런데 std::auto_ptr에는 개념상의 문제점이 있었다. 명시적으로든 암묵적으로든 std::auto_ptr 객체를 복사하면 해당 자원이 이동된다. 즉, 알게모르게 복사 의미론이 아니라 이동 의미론이 적용되며, 결과적으로 종종 정의되지 않은 행동(undefined behavior)이 발생한다. 이 때문에 C++11은 std::auto_ptr를 **폐기 예정**으로 분류했다.[†] 이제는 std::unique_ptr를 사용해야 한다. std::unique_ptr는 암묵적으로든 명시적으로든 복사할 수 없고, 이동만 가능하다.
>
> ```cpp
> #include <memory>
> ...
> std::auto_ptr<int> ap1(new int(2011));
> std::auto_ptr<int> ap2= ap1;                 // OK
>
> std::unique_ptr<int> up1(new int(2011));
> std::unique_ptr<int> up2= up1;               // 오류
> std::unique_ptr<int> up3= std::move(up1);    // OK
> ```

표 2.4는 std::unique_ptr의 메서드들이다.

**표 2.4** std::unique_ptr의 메서드들

| 이름 | 설명 |
| --- | --- |
| get | 자원을 가리키는 포인터를 돌려준다. |
| get_deleter | 삭제자 함수를 돌려준다. |

---

† (옮긴이) 실제 폐기 시점은 C++17이다.

| release | 자원을 가리키는 포인터를 돌려준 후 해당 자원을 해제한다. |
| --- | --- |
| reset | 자원을 재설정(초기화)한다. |
| swap | 자원들을 교환한다. |

다음은 이 메서드들의 용법을 보여주는 예제 코드이다.

```cpp
#include <utility>
...
using namepace std;

struct MyInt{
  MyInt(int i):i_(i){}
  ~MyInt(){
    cout << "퇴장: " << i_ << endl;
  }
  int i_;
};

unique_ptr<MyInt> uniquePtr1{new MyInt(1998)};
cout << uniquePtr1.get() << endl;              // 0x15b5010

unique_ptr<MyInt> uniquePtr2{move(uniquePtr1)};
cout << uniquePtr1.get() << endl;              // 0
cout << uniquePtr2.get() << endl;              // 0x15b5010
{
  unique_ptr<MyInt> localPtr{new MyInt(2003)};
}                                              // 퇴장: 2003
uniquePtr2.reset(new MyInt(2011));             // 퇴장: 1998
MyInt* myInt= uniquePtr2.release();
delete myInt;                                  // 퇴장: 2011

unique_ptr<MyInt> uniquePtr3{new MyInt(2017)};
unique_ptr<MyInt> uniquePtr4{new MyInt(2022)};
cout << uniquePtr3.get() << endl;              // 0x15b5030
cout << uniquePtr4.get() << endl;              // 0x15b5010

swap(uniquePtr3, uniquePtr4);
cout << uniquePtr3.get() << endl;              // 0x15b5010
cout << uniquePtr4.get() << endl;              // 0x15b5030
```

std::unique_ptr에는 배열을 위한 특수화(specialization)가 있다.

```cpp
#include <memory>
...
```

```
using namespace std;

class MyStruct{
public:
  MyStruct():val(count){
    cout << (void*)this << " 진입: " << val << endl;
    MyStruct::count++;
  }
  ~MyStruct(){
    cout << (void*)this << " 퇴장: " << val << endl;
    MyStruct::count--;
  }
private:
  int val;
  static int count;
};

int MyStruct::count= 0;
...
{
  // MyStructs 세 개를 담는 myUniqueArray를 생성한다.
  unique_ptr<MyStruct[]> myUniqueArray{new MyStruct[3]};
}
// 0x1200018 진입: 0
// 0x120001c 진입: 1
// 0x1200020 진입: 2
// 0x1200020 퇴장: 2
// 0x120001c 퇴장: 1
// 0x1200018 퇴장: 0
```

## 삭제자 지정

std::unique_ptr의 형식 매개변수를 통해서 커스텀 삭제자를 지정할 수 있다. std::unique_ptr<int, MyIntDeleter> up(new int(2011), myInt Deleter())가 그러한 예이다. 삭제자를 지정하지 않으면 std::unique_ptr는 자신의 자원의 삭제자를 사용한다.

## <sub>C++ 14</sub> std::make_unique

C++ 14 std::make_unique

사촌격인 std::make_shared(p.31)와는 달리, C++ 표준 위원회는 보조 함수 std::make_unique를 C++11 표준 명세서에 포함시키지 않았다. 그래서 std::make_unique는 C++14에 와서야 표준에 추가되었다. std::make_unique를 이용하면 std::unique_ptr를 좀 더 간결한 코드로 생성할 수 있다. 이를테면 auto up= std::make_unique<int>(2014); 같은 코드가 가능하다.

## std::shared_ptr

std::shared_ptr는 자원의 소유권을 공유한다. std::shared_ptr는 두 개의 핸들을 사용하는데, 하나는 자원에 대한 것이고 또 하나는 참조 횟수에 대한 것이다. std::shared_ptr 객체를 복사하면 참조 횟수가 1 증가하고, std::shared_ptr 객체가 범위를 벗어나면 참조 횟수가 1 감소한다. 참조 횟수가 0이 되면, 다시 말해서 해당 자원을 참조하는 std::shared_ptr 객체가 더 이상 존재하지 않으면, C++ 런타임은 자동으로 자원을 해제한다. 자원 해제는 마지막 std::shared_ptr가 범위를 벗어나는 그 순간에 일어난다. C++ 런타임은 참조 횟수에 대한 호출이 원자적 연산(atomic operation)임을 보장한다. 이러한 관리 작업 때문에, std::shared_ptr는 생 포인터나 std::unique_ptr보다 시간과 메모리를 더 많이 사용한다.

표 2.5는 std::shared_ptr의 메서드들이다.

**표 2.5** std::shared_ptr의 메서드들

| 이름 | 설명 |
|------|------|
| get | 자원을 가리키는 포인터를 돌려준다. |
| get_deleter | 삭제자 함수를 돌려준다. |
| reset | 자원을 재설정(초기화)한다. |
| swap | 자원들을 교환한다. |
| unique | 현재 std::shared_ptr 객체가 자원의 독점적 소유자인지 판정한다. |
| use_count | 참조 횟수를 돌려준다. |

## std::make_shared

보조 함수 std::make_shared는 자원을 생성한 후 그것을 가리키는 std::shared_ptr를 돌려준다. std::shared_ptr 객체를 직접 생성하지 말고 이

std::make_shared를 사용하는 것이 바람직하다. std::make_shared가 훨씬 빠르기 때문이다.

다음 예제 코드는 std::shared_ptr의 전형적인 용법을 보여준다.

```cpp
#include <memory>
...
class MyInt{
public:
  MyInt(int v):val(v){
    std::cout << "진입: " << val << std::endl;
  }
  ~MyInt(){
    std::cout << "퇴장: " << val << std::endl;
  }
private:
  int val;
};

auto sharPtr= std::make_shared<MyInt>(1998);        // 진입: 1998
std::cout << sharPtr.use_count() << std::endl;      // 1

{
  std::shared_ptr<MyInt> locSharPtr(sharPtr);
  std::cout << locSharPtr.use_count() << std::endl; // 2
}
std::cout << sharPtr.use_count() << std::endl;      // 1

std::shared_ptr<MyInt> globSharPtr= sharPtr;
std::cout << sharPtr.use_count() << std::endl;      // 2

globSharPtr.reset();
std::cout << sharPtr.use_count() << std::endl;      // 1
sharPtr= std::shared_ptr<MyInt>(new MyInt(2011));   // 진입: 2011
                                                    // 퇴장: 1998

...
// 퇴장: 2011
```

이 예에서 보듯이, use_count 메서드를 이용하면 해당 자원이 몇 번이나 복사되었는지 알 수 있다.

### this로 std::shared_ptr 생성

클래스 std::enable_shared_from_this를 이용하면 자기 자신에 대한 std::shared_ptr를 돌려주는 객체를 만들 수 있다. 이를 위해서는

std::enable_shared_from_this를 공용(public)으로 상속하는 클래스를 만들고, 상속받은 shared_from_this를 이용해서 std::shared_ptr를 돌려주는 메서드를 정의해야 한다. 다음이 그러한 예이다.

```
#include <memory>
...
class ShareMe: public std::enable_shared_from_this<ShareMe>{
  std::shared_ptr<ShareMe> getShared(){
    return shared_from_this();
  }
};

std::shared_ptr<ShareMe> shareMe(new ShareMe);
std::shared_ptr<ShareMe> shareMe1= shareMe->getShared();

std::cout << (void*)shareMe.get() << std::endl;    // 0x152d010
std::cout << (void*)shareMe1.get() << std::endl;   // 0x152d010
std::cout << shareMe.use_count() << std::endl;     // 2
```

주석에 나온 get 호출 결과들에서 보듯이, 이 예에서 두 std::shared_ptr는 같은 객체를 가리킨다.

C++11
## std::weak_ptr

사실 std::weak_ptr는 똑똑한 포인터가 아니다. std::weak_ptr는 자원에 대한 투명한 접근을 제공하지 않는다. 단지 std::shared_ptr로부터 자원을 빌려올 뿐이다. std::weak_ptr는 참조 횟수를 변경하지 않는다.

```
#include <memory>
...
auto sharedPtr= std::make_shared<int>(2011);
std::weak_ptr<int> weakPtr(sharedPtr);

std::cout << weakPtr.use_count() << std::endl;     // 1
std::cout << sharedPtr.use_count() << std::endl;   // 1

std::cout << weakPtr.expired() << std::endl;       // false
if( std::shared_ptr<int> sharedPtr1= weakPtr.lock() ) {
  std::cout << *sharedPtr << std::endl; // 2011
}
else{
  std::cout << "자원 획득 실패!" << std::endl;
```

```
}

weakPtr.reset();

if( std::shared_ptr<int> sharedPtr1= weakPtr.lock() ) {
  std::cout << *sharedPtr << std::endl;
}
else{
  std::cout << "자원 획득 실패!" << std::endl;          // 자원 획득 실패!
}
```

표 2.6은 std::weak_ptr의 메서드들을 개괄한 것이다.

**표 2.6 std::weak_ptr의 메서드들**

| 이름 | 설명 |
| --- | --- |
| expired | 자원이 삭제되었는지 점검한다. |
| lock | 자원에 대한 std::shared_ptr 객체를 생성한다. |
| reset | 자원을 재설정한다. |
| swap | 자원들을 교환한다. |
| use_count | 참조 횟수를 돌려준다. |

std::weak_ptr의 존재 이유는 단 하나이다. 바로, std::shared_ptr
들의 순환 참조 고리를 끊는 것이다.

## 순환 참조

std::shared_ptr들이 서로를 참조하면 순환 참조가 생긴다. 그러면 참
조 횟수가 결코 0이 되지 않아서 자원이 자동으로 해제되지 않는다. 이
러한 순환 고리를 끊는 한 가지 방법은 고리 안에 std::weak_ptr를 끼워
넣는 것이다. std::weak_ptr는 참조 횟수를 변경하지 않으므로, 결과적
으로 순환 참조 고리가 끊어지게 된다.

다음 예제 코드를 실행하면 딸(Daughter)은 자동으로 해제되지만 아
들(Son)은 해제되지 않는다. 어머니(Mother)는 아들과 std::shared_ptr를
통해서 연결되고, 딸과는 std::weak_ptr를 통해서 연결된다. 코드의 구조
를 도식화한 그림 2.1을 보면 이해에 도움이 될 것이다.

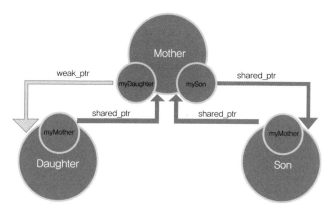

그림 2.1 순환 참조

예제 코드는 다음과 같다.

```
#include <memory>
...
using namespace std;

struct Son, Daughter;

struct Mother{
  ~Mother(){cout << "Mother 해제" << endl;}
    void setSon(const shared_ptr<Son> s ){mySon= s;}
    void setDaughter(const shared_ptr<Daughter> d){myDaughter= d;}
    shared_ptr<const Son> mySon;
    weak_ptr<const Daughter> myDaughter;
};

struct Son{
Son(shared_ptr<Mother> m):myMother(m){}
  ~Son(){cout << "Son 해제" << endl;}
  shared_ptr<const Mother> myMother;
};

struct Daughter{
Daughter(shared_ptr<Mother> m):myMother(m){}
  ~Daughter(){cout << "Daughter 해제" << endl;}
  shared_ptr<const Mother> myMother;
};

...

{
  shared_ptr<Mother> moth= shared_ptr<Mother>(new Mother);
```

```
shared_ptr<Son> son= shared_ptr<Son>(new Son(moth) );
shared_ptr<Daughter> daugh= shared_ptr<Daughter>(new Daughter(mother));
mother->setSon(son);
mother->setDaughter(daugh);
}
                                            // Daughter 해제
```

## 형식 특질

형식 특질(type trait) 라이브러리는 컴파일 시점에 형식을 점검, 비교, 수정하는 수단들을 제공한다. 그런 일들이 모두 컴파일 시점에서 일어나므로, 프로그램의 실행 시점에는 아무런 부담도 추가하지 않는다. 형식 특질 라이브러리를 사용하는 이유는 크게 두 가지로, 하나는 최적화이고 또 하나는 코드의 정확성이다. 형식 특질 라이브러리의 형식 조사 능력을 이용하면 컴파일 시 자동으로 더 빠른 코드가 선택되게 할 수 있으며, 따라서 프로그램이 최적화된다. 그리고 형식 특질 라이브러리를 이용해서 코드의 형식 요구사항을 명시적으로 지정하고 그것을 컴파일 시점에서 점검함으로써 코드의 정확성을 높일 수 있다.

> 💡 **형식 특질 라이브러리와 static_assert의 강력한 조합**
>
> 형식 특질 라이브러리와 static_assert 함수의 조합은 강력하다. 형식 특질 라이브러리의 함수들로는 컴파일 시점에서 형식 정보를 얻을 수 있고, static_assert 함수로는 컴파일 시점에서 그러한 정보를 점검할 수 있다. 이 모든 것은 프로그램의 실행 시점 행동과는 전적으로 투명하게 일어난다.
>
> ```
> #include <type_traits>
> ...
> template <typename T>T fac(T a){
>     static_assert(std::is_integral<T>::value, "T는 정수 형식이 아님");
>     ...
> }
> fac(10);
> fac(10.1); // T는 double이므로 "T는 정수 형식이 아님" 메시지가 출력됨
> ```
>
> 이 코드에 대해 GCC 컴파일러는 fac(10.1) 호출문에서 컴파일을 중단하고, T가 double 형식이라는 정보(with T = double)와 함께 정적 단언 실패 메시지 "T는 정수 형식이 아님"을 출력한다.

## 형식 정보 점검

형식 특질 라이브러리는 기본 형식 범주들과 합성 형식 범주들을 점검할 수 있는 다양한 형식 범주 판정 구조체들을 제공한다. 각 구조체의 value 필드는 주어진 형식이 해당 범주에 속하는지를 뜻하는 부울 값으로 평가된다.[†]

## 기본 형식 범주

기본 형식 범주(primary type category)는 총 14개이다. 이들은 완결적이며, 서로 겹치지 않는다. 즉, 하나의 형식은 항상 하나의 형식 범주에만 속한다. 형식 범주의 점검은 형식의 const 한정사나 volatile 한정사와는 무관하다.

```
template <class T> struct is_void;
template <class T> struct is_integral;
template <class T> struct is_floating_point;
template <class T> struct is_array;
template <class T> struct is_pointer;
template <class T> struct is_reference;
template <class T> struct is_member_object_pointer;
template <class T> struct is_member_function_pointer;
template <class T> struct is_enum;
template <class T> struct is_union;
template <class T> struct is_class;
template <class T> struct is_function;
template <class T> struct is_lvalue_reference;
template <class T> struct is_rvalue_reference;
```

다음은 모든 기본 형식 범주를 보여주는 예제 코드이다.

```
#include <type_traits>
using std::cout;

cout << std::is_void<void>::value;            // true
cout << std::is_integral<short>::value;       // true
cout << std::is_floating_point<double>::value; // true
cout << std::is_array<int [] >::value;        // true
```

---

† (옮긴이) 이번 절에 나오는 구조체들은 템플릿 메타프로그래밍의 '함수'로서 작용한다. 보통의 함수는 () 연산자를 이용해서 호출하지만, 템플릿 메타프로그래밍 함수는 구조체의 특정 필드(이를테면 value나 type 등)를 평가함으로써 호출된다.

```
cout << std::is_pointer<int*>::value;                  // true
cout << std::is_reference<int&>::value;                // true

struct A{
  int a;
  int f(int){ return 2011; }
};
cout << std::is_member_object_pointer<int A::*>::value;         // true
cout << std::is_member_function_pointer<int (A::*)(int)>::value; // true

enum E{
  e= 1,
};
cout << std::is_enum<E>::value;                        // true

union U{
  int u;
};
cout << std::is_union<U>::value;                       // true

cout << std::is_class<std::string>::value;             // true
cout << std::is_function<int * (double)>::value;       // true
cout << std::is_lvalue_reference<int&>::value;         // true
cout << std::is_rvalue_reference<int&&>::value;        // true
```

## 합성 형식 범주

14개의 기본 형식 범주들의 조합으로 만들어 진 합성 형식 범주(composite type category; 또는 복합 형식 범주)들이 있다. 모두 여섯 가지이다.

표 2.7 합성 형식 범주

| 합성 형식 범주 | 기본 형식 범주 |
|---|---|
| is_arithmetic | is_floating_point 또는 is_integral |
| is_fundamental | is_arithmetic 또는 is_void |
| is_object | is_arithmetic 또는 is_enum 또는 is_pointer 또는 is_member_pointer |
| is_reference | is_lvalue_reference 또는 is_rvalue_reference |
| is_compound | is_fundamental의 여집합 |
| is_member_pointer | is_member_object_pointer 또는 is_member_function_pointer |

std::is_compound는 std::is_fundamental의 여집합, 즉 std::is_
fundamental이 참이 아닌 모든 형식을 뜻한다.

## 형식 속성

기본 및 합성 형식 범주 외에, 다음과 같은 여러 가지 형식 속성을 점검
하는 구조체들이 있다.

```cpp
template <class T> struct is_const;
template <class T> struct is_volatile;
template <class T> struct is_trivial;
template <class T> struct is_trivially_copyable;
template <class T> struct is_standard_layout;
template <class T> struct is_pod;
template <class T> struct is_literal_type;
template <class T> struct is_empty;
template <class T> struct is_polymorphic;
template <class T> struct is_abstract;

template <class T> struct is_signed;
template <class T> struct is_unsigned;

template <class T, class... Args> struct is_constructible;
template <class T> struct is_default_constructible;
template <class T> struct is_copy_constructible;
template <class T> struct is_move_constructible;

template <class T, class U> struct is_assignable;
template <class T> struct is_copy_assignable;
template <class T> struct is_move_assignable;
template <class T> struct is_destructible;
template <class T, class... Args> struct is_trivially_constructible;
template <class T> struct is_trivially_default_constructible;
template <class T> struct is_trivially_copy_constructible;
template <class T> struct is_trivially_move_constructible;
template <class T, class U> struct is_trivially_assignable;
template <class T> struct is_trivially_copy_assignable;
template <class T> struct is_trivially_move_assignable;

template <class T> struct is_trivially_destructible;

template <class T, class... Args> struct is_nothrow_constructible;
template <class T> struct is_nothrow_default_constructible;
template <class T> struct is_nothrow_copy_constructible;
template <class T> struct is_nothrow_move_constructible;

template <class T, class U> struct is_nothrow_assignable;
template <class T> struct is_nothrow_copy_assignable;
```

```
template <class T> struct is_nothrow_move_assignable;

template <class T> struct is_nothrow_destructible;
template <class T> struct has_virtual_destructor;
```

## 형식 비교

형식 특질 라이브러리는 세 가지 형식 비교 방식을 지원한다.

표 2.8 형식 비교

| 함수 | 설명 |
| --- | --- |
| template <class Base, class Derived> struct is_base_of | Derived가 Base에서 파생(상속)되었는지 점검한다. |
| template <class From, class To> struct is_convertible | From을 To로 변환할 수 있는지 점검한다. |
| template <class T, class U> struct is_same | 형식 T와 U가 같은지 점검한다. |

## 형식 수정

형식 특질 라이브러리는 컴파일 시점에서 형식을 수정하는 수단들도 제공한다. 이를테면 형식의 상수성(constness)을 변경할 수 있다.

```
#include <type_traits>
...
using namespace std;

cout << is_const<int>::value;                          // false
cout << is_const<const int>::value;                    // false
cout << is_const<add_const<int>::type>::value;         // true

typedef add_const<int>::type myConstInt;
cout << is_const<myConstInt>::value;                   //true

typedef const int myConstInt2;
cout << is_same<myConstInt, myConstInt2>::value;       // true

cout << is_same<int, remove_const<add_const<int>::type>::type>::value;
                                                       // true
cout << is_same<const int, add_const<add_const<int>::type>::type>::value;
                                                       // true
```

함수 std::add_const는 주어진 형식에 상수성을 부가하고, std::remove_const는 상수성을 제거한다.

형식 특질 라이브러리에는 이외에도 많은 함수가 있다. 예를 들어 형식에 상수성과 휘발성(volatile)을 한번에 추가하거나 제거할 수도 있고,

```
template <class T> struct remove_const;
template <class T> struct remove_volatile;
template <class T> struct remove_cv;

template <class T> struct add_const;
template <class T> struct add_volatile;
template <class T> struct add_cv;
```

컴파일 시점에서 부호 여부를 변경할 수도 있고,

```
template <class T> struct make_signed;
template <class T> struct make_unsigned;
```

형식의 참조 또는 포인터 여부를 바꿀 수도 있다.

```
template <class T> struct remove_reference;
template <class T> struct add_lvalue_reference;
template <class T> struct add_rvalue_reference;

template <class T> struct remove_pointer;
template <class T> struct add_pointer;
```

다음 세 함수는 일반적 라이브러리를 작성할 때 특히나 유용하다.

```
template <class B> struct enable_if;
template <class B, class T, class F> struct conditional;
template <class... T> common_type;
```

std::enable_if를 이용하면 중복적재 해소(overload resolution) 과정에서 함수의 특정 중복적재 버전이나 템플릿 특수화를 조건부로 숨길 수 있다. std::conditional은 컴파일 시점 삼항 연산자에 해당하며, std::common_type은 모든 형식 매개변수를 암묵적으로 변환할 수 있는

공통의 형식을 제공한다. std::common_type는 가변 인수 템플릿(variadic template)[5]이다. 즉, 임의의 개수의 형식 매개변수들을 지원한다.

 **C++14에서는 ::type을 생략할 수 있다**

C++11에서 const int를 int로 바꾸려면 std::add_const<int>::type이 라고 입력해야 한다. C++14에서는 장황한 std::add_const<int>::type 대 신 좀 더 간결한 std::add_const_t<int>라고만 해도 된다. 다른 모든 형식 특질 함수에도 마찬가지 규칙이 적용된다.

## 시간 라이브러리

현재 스레드를 15밀리초간 재우는 std::this_thread::sleep_for(std:: chrono::milliseconds(15)나 어떤 자물쇠를 2분간 획득하는 lock.try_ lock_until(now + std::chrono::minutes(2)) 같은 예에서 보듯이, 시간 라이브러리(time library 또는 chrono library)는 C++의 새로운 다중 스레 드 적용 능력의 핵심 구성요소이다. 그밖에, 시간 라이브러리를 이용하 면 간단한 성능 측정을 쉽사리 수행할 수 있다. 다음이 그러한 예이다.

```
#include <chrono>
...
std::vector<int> myBigVec(10000000, 2011);
std::vector<int> myEmptyVec1;

auto begin= std::chrono::high_resolution_clock::now();
myEmptyVec1= myBigVec;
auto end= std::chrono::high_resolution_clock::now() - begin;

auto timeInSeconds= std::chrono::duration<double>(end).count();
std::cout << timeInSeconds << std::endl;        // 0.0150688800
```

시간 라이브러리의 구성요소들은 시점時點(time point), 기간(time duration), 클록clock이라는 세 가지 개념에 기초한다.

---

5  *http://en.cppreference.com/w/cpp/language/parameter_pack*

## 시점

시점은 '기원(epoch)'이라고 부르는 하나의 시작점과 추가적인 기간으로 구성된다.

## 기간

기간(지속 시간)은 두 시점의 차이로, 단위는 틱<sup>tick</sup>들의 개수(줄여서 틱수)이다.

## 클록

클록은 시작점(기원)과 그 시작점으로부터 흐른 틱 수로 구성된다. 그둘의 조합으로 현재 시점을 계산할 수 있다.

## 시점

시작점과 틱 수는 하나의 기간을 정의한다. 틱은 특정 단위의 시간을 뜻한다. 시점은 클록과 기간으로 구성된다. 이때 기간의 부호는 양일 수도 있고 음일 수도 있다. 다음은 시점을 대표하는 클래스이다.

```
template <class Clock, class Duration= typename Clock::duration>
class time_point;
```

C++ 표준은 std::chrono::steady_clock과 std::chrono::high_resolution_clock, std::chrono::system의 기원을 정의하지 않는다. 그러나 널리 쓰이는 플랫폼들에서 std::chrono::system의 기원은 보통 1970년 1월 1일 자정(0시 0분 0초)이다. 표준 라이브러리의 시간 라이브러리를 이용하면 1970년 1월 1일 자정으로부터 흐른 시간을 나노초나 초, 또는 분 단위 해상도로 계산할 수 있다.

```
#include <chrono>
...
auto timeNow= std::chrono::system_clock::now();
auto duration= timeNow.time_since_epoch();
std::cout << duration.count() << "ns"     // 1413019260846652ns

typedef std::chrono::duration<double> MySecondTick;
MySecondTick mySecond(duration);
```

```
std::cout << mySecond.count() << "s";        // 1413019260.846652s

const int minute= 60;
typedef std::chrono::duration<double, <minute>> MyMinuteTick;
MyMinuteTick myMinute(duration);
std::cout << myMinute.count() << "m";         // 23550324.920572m
```

## 기간

기간은 두 시점의 차이이다. 기간의 측정 단위는 틱 수이다. 기간을 대
표하는 클래스는 다음과 같다.

```
template <class Rep, class Period = ratio<1>> class duration;
```

Rep가 부동소수점 형식인 기간은 분수 틱을 지원한다(즉, 틱 수에
소수부가 존재할 수 있다). 자주 쓰이는 기간들은 시간 라이브러리에
미리 정의되어 있다. 다음이 그러한 기간들이다.

```
typedef duration<signed int, nano> nanoseconds;
typedef duration<signed int, micro> microseconds;
typedef duration<signed int, milli> milliseconds;
typedef duration<signed int> seconds;
typedef duration<signed int, ratio< 60>> minutes;
typedef duration<signed int, ratio<3600>> hours;
```

하나의 기간이 얼마나 길 수 있을까? C++ 표준은 미리 정의된 기
간들에 +/-292년의 기간을 저장할 수 있음을 보장한다. 또한 커스텀 기
간을 정의하는 것도 어렵지 않다. 예를 들어 수업 시간이 45분인 학교
에서는 수업 하나의 기간을 typedef std::chrono::duration<double,
std::ratio<2700>> MyLessonTick으로 정의하면 될 것이다. 정수로 된
기간은 명시적으로 부동소수점 수 기간으로 변환해야 한다. 변환 시 값
이 잘릴 수 있다.

```
#include <chrono>
#include <ratio>

using namespace std::chrono;

typedef duration<long long, std::ratio<1>> MySecondTick;
MySecondTick aSecond(1);
```

```
milliseconds milli(aSecond);
std::cout << milli.count() << "밀리초";          // 1000밀리초

seconds sec(aSecond);
std::cout << sec.count() << "초";                // 1초

minutes min(duration_cast<minutes>(aSecond));
std::cout << min.count() << "분";                // 0 min

typedef duration<double, std::ratio<2700>> MyLessonTick;
MyLessonTick myLesson(aSecond);
std::cout << myLesson.count() << "수업";         // 0.00037037수업
```

✓ std::ratio

std::ratio는 컴파일 시점 유리수 산술을 지원한다. 분모와 분자를 두 템플릿
인수로 지정하면 컴파일 시점에서 해당 유리수가 계산된다. C++11에는 다음과
같은 여러 유리수가 미리 정의되어 있다.

```
typedef ratio<1, 1000000000000000000> atto;
typedef ratio<1, 1000000000000000> femto;
typedef ratio<1, 1000000000000> pico;
typedef ratio<1, 1000000000> nano;
typedef ratio<1, 1000000> micro;
typedef ratio<1, 1000> milli;
typedef ratio<1, 100> centi;
typedef ratio<1, 10> deci;
typedef ratio<10, 1> deca;
typedef ratio<100, 1> hecto;
typedef ratio<1000, 1> kilo;
typedef ratio<1000000, 1> mega;
typedef ratio<1000000000, 1> giga;
typedef ratio<1000000000000, 1> tera;
typedef ratio<1000000000000000, 1> peta;
typedef ratio<1000000000000000000, 1> exa;
```

그리고 C++14는 자주 쓰이는 기간에 대한 내장 리터럴을 지원
한다.

C++ 14                          표 2.9 기간들에 대한 내장 리터럴

| 형식 | 접미사 | 예 |
| --- | --- | --- |
| std::chrono::hours | h | 5h |
| std::chrono::minutes | min | 5min |

(다음 쪽으로 이어짐)

(앞쪽에서 이어짐)

| | | |
|---|---|---|
| std::chrono::seconds | s | 5s |
| std::chrono::milliseconds | ms | 5ms |
| std::chrono::microseconds | us | 5us |
| std::chrono::nanoseconds | ns | 5ns |

## 클록

하나의 클록은 시작점과 틱 수로 구성된다. 메서드 now는 그 둘에 기초해서 계산한 현재 시간을 돌려준다. 시간 라이브러리는 다음과 같은 클록 클래스들을 제공한다.

std::chrono::system_clock

시스템 시간을 알려 주는 클록이다. 외부 시계와 동기화할 수 있다.

std::chrono::steady_clock

일반 클록. 조정할 수 없다.

std::chrono::high_resolution_clock

고해상도 시스템 시간을 알 수 있다.

std::chrono::system_clock은 일반적으로 1970년 1월 1일 자정을 기원으로 한다. 다른 두 클록과는 달리 std::steady_clock은 시간을 앞이나 뒤로 조정할 수 없다. std::chrono::system_clock을 std::time_t로 변환할 때에는 to_time_t 메서드를, 그 반대로 변환할 때에는 from_time_t 메서드를 사용한다.

# 3장

# 모든 컨테이너에
# 공통인 인터페이스

표준 템플릿 라이브러리(STL)의 컨테이너들은 크게 순차 컨테이너와 연관 컨테이너로 나뉜다. 그 둘은 성격이 상당히 다르지만, 공통점도 많다. 예를 들어 컨테이너의 생성과 삭제, 크기 조회, 요소 접근, 배정, 교환 같은 연산들이 컨테이너에 담긴 요소의 형식과는 무관하게 일정하다는 점은 모든 컨테이너가 공통으로 가진 속성이다. 일반적으로 대부분의 표준 컨테이너는 그 크기를 임의로 정할 수 있으며, 거의 모든 표준 컨테이너에는 할당자(allocator)가 있다. 컨테이너의 크기를 실행 시점에서 변경할 수 있는 것은 바로 그 할당자 덕분이다. 대부분의 경우 할당자는 배경에서 작동한다. std::vector의 예를 들자면, std::vector<int> 형식의 객체를 생성하면 실제로는 std::vector<int, std::allocator<int>> 형식의 객체가 생성된다. std::array를 제외한 모든 컨테이너는 이러한 std::allocator 덕분에 크기를 동적으로 변경할 수 있다. 그 외에도 컨테이너들은 공통점이 많다. 예를 들어 그 어떤 컨테이너든, 반복자를 이용해서 컨테이너의 요소들에 손쉽게 접근할 수 있다.

이처럼 공통점이 많긴 하지만, 세부적인 차이점들도 많다. 이번 장에서는 컨테이너의 공통점들에 집중하고, 개별 컨테이너의 세부 사항은 제4장 '순차 컨테이너'와 제5장 '연관 컨테이너'에서 좀 더 자세히 살펴볼 것이다.

C++ 표준 라이브러리는 중요한 순차적 자료구조들에 해당하는 순차 컨테이너 std::array(p.56)와 std::vector(p.58), std::deque(p.61), std::list(p.62), std::forward_list(p.63)를 제공한다.

또한, 중요한 연관 자료구조들에 해당하는 연관 컨테이너들도 제공한다. 연관 컨테이너들은 크게 순서 있는 컨테이너와 순서 없는 컨테이너로 나뉜다.

## 컨테이너의 생성과 삭제

모든 컨테이너는 다양한 생성자를 제공한다. 또한, 모든 컨테이너는 컨테이너에 담긴 모든 요소를 삭제하는 수단을 제공한다. cont라는 컨테이너가 있을 때, cont.clear()를 호출하면 모든 요소가 지워진다. 컨테이너의 생성과 삭제, 요소 추가 및 제거 방법은 모든 컨테이너에서 공통이다. 이러한 모든 연산에서, 메모리 관리는 컨테이너가 자동으로 처리한다.

표 3.1은 컨테이너의 생성자들과 소멸자들이다. 예에는 std:vector만 나와 있지만, 다른 대부분의 컨테이너도 이러한 생성자들과 소멸자들을 제공한다.

표 3.1 컨테이너의 생성과 삭제

| 종류 | 예 |
| --- | --- |
| 기본 | std::vector<int> vec1 |
| 범위 | std::vector<int> vec2(vec1.begin(), vec1.end()) |
| 복사 | std::vector<int> vec3(vec2) |
| 복사 | std::vector<int> vec3= vec2 |
| C++ 11 이동 | std::vector<int> vec4(std::move(vec3)) |
| C++ 11 이동 | std::vector<int> vec4= std::move(vec3) |
| 순차열(초기치 목록) | std::vector<int> vec5 {1, 2, 3, 4, 5} |
| 순차열(초기치 목록) | std::vector<int> vec5= {1, 2, 3, 4, 5} |
| 소멸자 | vec5.~vector() |
| 요소 지우기 | vec5.clear() |

C++ 11 std::array는 컴파일 시점에서 생성되기 때문에 특별한 점이 몇 가지 있다. std::array에는 이동 생성자가 없으며, 범위(range)나 초기치 목록을 받는 생성자도 없다. 그러나 집합 초기화(aggreate initialization)†로 std::array를 초기화할 수는 있다. 또한, std::array에는 요소를 제거하는 메서드가 없다.

다음은 여러 컨테이너를 다양한 생성자로 생성해 보는 예제이다.

```cpp
#include <map>
#include <unordered_map>
#include <vector>
...
using namespace std;

vector<int> vec= {1, 2, 3, 4, 5, 6, 7, 8, 9};
map<string, int> m= {{"bart", 12345}, {"jenne", 34929}, {"huber", 840284}};
unordered_map<string, int> um{m.begin(), m.end()};

for (auto v: vec) cout << v << " "; // 1 2 3 4 5 6 7 8 9
for (auto p: m) cout << p.first << "," << p.second << " ";
                           // bart,12345 huber,840284 jenne,34929
for (auto p: um) cout << p.first << "," << p.second << " ";
                           // bart,12345 jenne,34929 huber,840284

vector<int> vec2= vec;
cout << vec.size() << endl; // 9
cout << vec2.size() << endl; // 9

vector<int> vec3= move(vec);
cout << vec.size() << endl; // 0
cout << vec3.size() << endl; // 9

vec3.clear();
cout << vec3.size() << endl; // 0
```

## 컨테이너의 크기

컨테이너 객체 cont에 대해, cont.empty()는 그 컨테이너가 비어 있는지의 여부를 돌려준다. cont.size()는 cont의 크기, 즉 현재 요소 개수를 돌

---

† (옮긴이) 이를테면 struct Foo {int x, y, z;}; Foo bar = {1,2,3};처럼 멤버(또는 요소)들을 대괄호로 감싸서 지정하는 방식을 말한다. C++11에는 등호를 생략한 표기법이 추가되었다(이를테면 Foo bar{1,2,3};).

려준다. cont.max_size()는 cont의 최대 크기, 즉 cont에 담을 수 있는 최대 요소 개수를 돌려준다. 최대 요소 개수는 구현(컴파일러)이 정의한다.

```cpp
#include <map>
#include <set>
#include <vector>
...
using namespace std;

vector<int> intVec{1, 2, 3, 4, 5, 6, 7, 8, 9};
map<string, int> str2Int = {{"bart", 12345},
                                {"jenne", 34929}, {"huber", 840284}};
set<double> douSet{3.14, 2.5};

cout << intVec.empty() << endl;      // false
cout << str2Int.empty() << endl;     // false
cout << douSet.empty() << endl;      // false

cout << intVec.size() << endl;       // 9
cout << str2Int.size() << endl;      // 3
cout << douSet.size() << endl;       // 2

cout << intVec.max_size() << endl;  // 4611686018427387903
cout << str2Int.max_size() << endl; // 384307168202282325
cout << douSet.max_size() << endl;  // 461168601842738790
```

> 💡 **cont.size() == 0 대신 cont.empty()를 사용하라**
>
> 컨테이너 cont가 비었는지 알고 싶을 때에는 (cont.size() == 0) 대신 cont.empty()를 사용하는 것이 바람직하다. 첫째, 일반적으로 cont.empty()가 (const.size() == 0)보다 빠르다. 둘째, std::forward_list에는 size() 메서드가 없다.

## 컨테이너 요소 접근

컨테이너의 요소에 접근하는 한 가지 방법은 반복자를 이용하는 것이다. 시작 반복자(begin iterator)와 끝 반복자(end iterator)는 하나의 범위(range)를 형성하며, 그 범위에 대해 다양한 연산을 적용할 수 있다. cont라는 컨테이너에 대해, cont.begin()은 시작 반복자를 돌려주고

cont.end()는 끝 반복자를 돌려준다. 이 둘은 하나의 **반개구간†**을 정의한다. 이 둘의 범위가 반개구간인 것은, 시작 반복자는 범위에 속하지만 끝 반복자는 범위의 끝을 한 자리 지나친 곳을 가리키기 때문이다. 반복자 쌍 cont.begin()과 cont.end()가 있으면 해당 컨테이너의 모든 요소를 훑으면서('반복') 수정하거나 조회할 수 있다.

표 3.2 컨테이너 요소 접근

| 반복자 | 설명 |
| --- | --- |
| cont.begin()과 cont.end() | 전진 반복(forward iteration)‡을 위한 반복자 쌍. |
| cont.cbegin()과 cont.cend() | 상수(const) 전진 반복을 위한 반복자 쌍. |
| cont.rbegin()과 cont.rend() | 후진 반복(backward iteration)을 위한 반복자 쌍. |
| cont.crbegin()과 cont.crend() | 상수 후진 반복을 위한 반복자 쌍. |

다음은 반복자를 이용해서 컨테이너의 요소들에 접근하는 예이다.

```
#include <vector>
...
struct MyInt{
  MyInt(int i): myInt(i){};
  int myInt;
};

std::vector<MyInt> myIntVec;
myIntVec.push_back(MyInt(5));
myIntVec.emplace_back(1);
std::cout << myIntVec.size() << std::endl;    // 2

std::vector<int> intVec;
intVec.assign({1, 2, 3});
for (auto v: intVec) std::cout << v << " ";    // 1 2 3

intVec.insert(intVec.begin(), 0);
```

---

† (옮긴이) 원문은 half-open range이다. range를 범위로 번역하므로 '반개범위'라는 용어를 만들 수도 있겠지만, 그보다는 같은 뜻의 수학 용어 반개구간(half-open interval)이 더 익숙할 것이므로 반개구간을 사용하기로 한다.

‡ (옮긴이) '앞'이나 '전'에서 범위의 시작 쪽을 연상하고 '뒤'나 '후'에서 범위의 끝 쪽을 연상하는 독자가 있을 수 있는데, '전진' 또는 '앞으로'는 끝을 향해 나아가는 것이고 '후진' 또는 '뒤로'는 시작을 향해 나아가는 것이다. 단, '이전(previous)'은 시작 쪽이고 '이후'는 끝 쪽이라는 점도 기억하기 바란다.

```
for (auto v: intVec) std::cout << v << " ";      // 0 1 2 3

intVec.insert(intVec.begin()+4, 4);
for (auto v: intVec) std::cout << v << " ";      // 0 1 2 3 4

intVec.insert(intVec.end(), {5, 6, 7, 8, 9, 10, 11});

for (auto v: intVec) std::cout << v << " ";      // 0 1 2 3 4 5 6 7 8 9 10 11

for (auto revIt= intVec.rbegin(); revIt != intVec.rend(); ++revIt)
    std::cout << *revIt << " ";                  // 11 10 9 8 7 6 5 4 3 2 1 0

intVec.pop_back();
for (auto v: intVec ) std::cout << v << " ";     // 0 1 2 3 4 5 6 7 8 9 10
```

## 배정과 교환

기존 컨테이너에 새로운 요소들을 배정하거나, 두 컨테이너의 요소들을 교환할 수 있다. 컨테이너 cont2를 cont에 배정할 때에는 복사 배정 cont= cont2를 사용할 수도 있고 이동 배정 cont= std::move(cont2)를 사용할 수도 있다. 또한, cont= {1, 2, 3, 4, 5}처럼 초기치 목록을 이용한 배정도 가능하다. 단, std::array는 그러한 초기치 목록 배정을 지원하지 않는다. 대신 집합 초기화를 사용할 수 있다. 교환을 위한 함수 swap은 두 가지 형태로 존재하는데, cont.swap(cont2)처럼 메서드로 호출할 수도 있고 std::swap(cont, cont2)처럼 함수 템플릿을 사용할 수도 있다.

C++ 11

```
#include <set>
...
std::set<int> set1{0, 1, 2, 3, 4, 5};
std::set<int> set2{6, 7, 8, 9};

for (auto s: set1) std::cout << s << " "; // 0 1 2 3 4 5
for (auto s: set2) std::cout << s << " "; // 6 7 8 9

set1= set2;
for (auto s: set1) std::cout << s << " "; // 6 7 8 9
for (auto s: set2) std::cout << s << " "; // 6 7 8 9

set1= std::move(set2);
for (auto s: set1) std::cout << s << " "; // 6 7 8 9
```

```
for (auto s: set2) std::cout << s << " "; //

set2= {60, 70, 80, 90};
for (auto s: set1) std::cout << s << " "; // 6 7 8 9
for (auto s: set2) std::cout << s << " "; // 60 70 80 90

std::swap(set1, set2);
for (auto s: set1) std::cout << s << " "; // 60 70 80 90
for (auto s: set2) std::cout << s << " "; // 6 7 8 9
```

## 컨테이너 비교

컨테이너들은 잘 알려진 비교 연산자 ==, !=, <, >, <=, >=를 지원한다. 두 컨테이너를 비교하면 컨테이너들의 요소들이 서로 비교된다. 연관 컨테이너들을 비교하면 해당 키들이 비교된다. 순서 없는 연관 컨테이너들은 비교 연산자 ==와 !=만 지원한다.

```
#include <array>
#include <set>
#include <unordered_map>
#include <vector>
...
using namespace std;

vector<int> vec1{1, 2, 3, 4};
vector<int> vec2{1, 2, 3, 4};
cout << (vec1 == vec2) << endl;        // true

array<int, 4> arr1{1, 2, 3, 4};
array<int, 4> arr2{1, 2, 3, 4};
cout << (arr1 == arr2) << endl;        // true

set<int> set1{1, 2, 3, 4};
set<int> set2{4, 3, 2, 1};
cout << (set1 == set2) << endl;        // true

set<int> set3{1, 2, 3, 4, 5};
cout << (set1 < set3) << endl;         // true

set<int> set4{1, 2, 3, -3};
cout << (set1 > set4) << endl;         // true

unordered_map<int, string> uSet1{{1, "one"}, {2, "two"}};
unordered_map<int, string> uSet2{{1, "one"}, {2, "Two"}};
cout << (uSet1 == uSet2) << endl;      // false
```

# 4장

# 순차 컨테이너

순차 컨테이너(sequential container)에 속하는 컨테이너들은 공통점이 많지만(p.47), 각자 전문 분야가 다르다. 이들을 자세히 살펴보기 전에, 우선 std 이름공간에 있는 다섯 순차 컨테이너를 개괄하겠다. 표 4.1을 보자.

**표 4.1 순차 컨테이너**

| 분류 기준 | array <sup>C++11</sup> | vector | deque | list | forward_<br>list <sup>C++11</sup> |
|---|---|---|---|---|---|
| 크기 | 정적 | 동적 | 동적 | 동적 | 동적 |
| 구현 | 정적 배열 | 동적 배열 | 배열들의<br>순차열 | 이중 연결<br>목록 | 단일 연결<br>목록 |
| 접근 | 임의 | 임의 | 임의 | 전진 및 후진 | 전진 |
| 삽입 및 삭제<br>최적화 | | 끝에서: O(1) | 시작과 끝에<br>서: O(1) | 시작과 끝에서:<br>O(1) | 시작에서: O(1) |
| | | | | 임의의 위치에<br>서: O(1) | 임의의 위치에<br>서: O(1) |
| 메모리 사전<br>확보 | | 예 | 아니요 | 아니요 | 아니요 |
| 메모리 해제 | | shrink_<br>to_fit <sup>C++11</sup> | shrink_to_<br>fit | 항상 | 항상 |

(다음 쪽으로 이어짐)

(앞쪽에서 이어짐)

| 강점 | 메모리 할당 없음; 메모리 요구량 최소 | 95%의 해답 | 시작과 끝에서 삽입 및 삭제 가능 | 임의의 위치에서 삽입과 삭제 가능 | 빠른 삽입과 삭제, 메모리 요구량 최소 |
|---|---|---|---|---|---|
| 약점 | 동적 메모리 할당 없음 | 임의의 위치에서 삽입과 삭제가 O(n) | 임의의 위치에서 삽입과 삭제가 O(n) | 임의 접근 없음 | 임의 접근 없음 |

다음은 이 표에 관한 부연 설명이다.

O($i$)는 한 연산의 복잡도(실행 시간)을 나타낸다. O(1)은 컨테이너에 대한 연산의 실행 시간이 상수라는, 다시 말해 컨테이너의 크기(요소 개수)와는 무관하다는 뜻이다. 반면 O($n$)은 실행 시간이 컨테이너의 요소 개수에 선형(일차)으로 비례한다는 뜻이다. std::vector를 예로 들면, 특정한 하나의 요소에 접근하는 연산은 std::vector의 크기와 무관하나, 임의의 한 요소를 삭제하는 연산은 요소가 $k$배 많아지면 시간도 $k$배 늘어난다.

std::vector의 임의 요소 접근 연산과 std::deque의 임의 요소 접근 연산은 둘 다 복잡도가 O(1)이지만, 그렇다고 두 연산의 속도가 같다는 뜻은 아님을 유의해야 한다.

이중 연결 목록(std::list)과 단일 연결 목록(std::forward_list)의 삽입과 삭제에 대한 O(1) 복잡도는 반복자가 적절한 요소를 가리키고 있을 때만 보장된다.

 **std::string은 std::vector<char>와 비슷하다**

물론 std::string은 표준 템플릿 라이브러리의 컨테이너가 아니다. 그러나 겉으로 드러나는 행동을 보면 std::string은 순차 컨테이너와, 특히 std::vector<char>와 아주 비슷하다. 그래서 이 책에서는 std::string을 std::vector<char>로 간주한다.

## 배열

그림 4.1 배열 자료구조

C++ 11

    std::array는 고정된 길이의 동종(homogeneous; 단일 형식) 컨테이너이다. 이 컨테이너를 위해서는 <array> 헤더가 필요하다. std::array는 C 배열의 메모리 및 실행 시점 특성과 std::vector의 인터페이스를 결합한 것에 해당한다. 후자 덕분에 std::array를 STL의 알고리즘들에 사용할 수 있다.

    std::array를 초기화할 때에는 다음과 같은 몇 가지 특별한 규칙들을 유념해야 한다.

```
std::array<int, 10> arr
```
    10개의 요소는 초기화되지 않는다(쓰레기 값을 가진다).

```
std::array<int, 10> arr{}
```
    10개의 요소는 해당 요소 형식의 기본 값(int의 경우 0)으로 초기화된다.

```
std::array<int, 10> arr{1, 2, 3, 4, 5}
```
    값이 명시되지 않은 나머지 요소들은 기본 값으로 초기화된다.

    std::array는 다음과 같은 세 가지 색인 접근을 지원한다.

```
arr[n];
arr.at(n);
std::get<n>(arr);
```

    대괄호를 이용한 첫 번째 형태가 가장 흔히 쓰이는데, 이 경우 주어진 색인 n이 arr의 경계 안에 있는지는 점검되지 않는다. 반면 arrat(n)에는 경계 점검이 적용되어서, 만일 색인 n이 경계를 벗어나면 std::range-error 예외가 발생한다. 마지막 형태는 std::array와 std::tuple(p.23)의 관계를 보여준다. 둘 다 고정 길이 컨테이너라는 공통점을 가지고 있다.

    다음은 std::array에 대해 몇 가지 산술 연산을 수행하는 예이다.

```
#include <array>
...
std::array<int, 10> arr{1, 2, 3, 4, 5, 6, 7, 8, 9, 10};
```

```
for (auto a: arr) std::cout << a << " " ;     // 1 2 3 4 5 6 7 8 9 10

double sum= std::accumulate(arr.begin(), arr.end(), 0);
std::cout << sum << std::endl;                 // 55

double mean= sum / arr.size();
std::cout << mean << std::endl;                // 5.5
std::cout << (arr[0] == std::get<0>(arr));     // true
```

## 벡터

그림 4.2 벡터 자료구조

std::vector는 동종 컨테이너로, 길이를 실행 시점에서 변경할 수 있다. std::vector를 사용하려면 <vector> 헤더가 필요하다. std::vector는 요소들을 메모리 안에 연속해서 저장한다. 그 덕분에 다음 예에서 보듯이 포인터 산술을 적용할 수 있다.

```
for (int i= 0; i < vec.size(); ++i){
  std::cout << vec[i] == *(vec + i) << std::endl; // true
}
```

> **std::vector 생성 시 소괄호와 중괄호의 차이**
>
> std::vector를 생성할 때에는 몇 가지 구체적인 사항에 유념해야 한다. 아래의 예에서 소괄호로 호출한 생성자는 요소 10개를 담은 std::vector 객체를 생성하지만, 중괄호로 호출한 생성자는 값이 10인 요소 하나를 담은 std::vector 객체를 생성한다.
>
> ```
> std::vector<int> vec(10);
> std::vector<int> vec{10};
> ```
>
> std::vector<int>(10, 2011)과 std::vector<int>{10, 2011}도 마찬가지이다. 전자는 2011로 초기화된 10개의 요소를 가진 std::vector 객체를 생성하지만, 후자는 두 요소 10과 2011을 담은 std::vector 객체를 생성한다. 이런 차이점은 컴파일러가 중괄호 쌍을 하나의 초기치 목록으로 해석해서 순차열 생성자(p.48)를 적용하기 때문에 생긴다.

## 크기 대 용량

보통의 경우 벡터(std::vector 객체)의 크기(size), 즉 요소 개수는 용량 (capacity), 즉 미리 확보된 공간에 담을 수 있는 최대 요소 개수보다 작 다. 실제보다 더 큰 공간을 미리 확보해 두는 이유는 간단하다. 실행 시 점에서 벡터의 크기를 늘리려면 값비싼 메모리 할당 연산이 필요하기 때문이다.

std::vector는 메모리를 좀 더 똑똑하게 관리하는 데 도움이 되는 몇 가지 메서드를 제공한다.

표 4.2 std::vector의 메모리 관리 메서드들

| 메서드 | 설명 |
|---|---|
| vec.size() | vec의 크기, 즉 요소 개수. |
| vec.capacity() | 메모리 재할당 없이 vec에 담을 수 있는 최대 요소 개수. |
| vec.resize(n) | 요소 $n$개를 담을 수 있도록 vec의 크기를 늘린다. |
| vec.reserve(n) | 적어도 $n$개의 요소를 담을 메모리를 확보한다. |
| vec.shrink_to_fit() | vec의 용량을 현재 크기에 맞게 줄인다. |

C++11

vec.shrink_to_fit() 호출은 절대적이지 않다. 즉, C++ 실행 시점 모 듈(런타임)은 이 용량 축소 요청을 무시할 수 있다. 그러나 주요 플랫폼 들에서 C++ 실행 시점 모듈은 요청한 대로의 행동을 보인다.

그럼 이 메서드들의 활용 예제를 보자.

```
#include <vector>
...
std::vector<int> intVec1(5, 2011);
intVec1.reserve(10);
std::cout << intVec1.size() << std::endl;     // 5
std::cout << intVec1.capacity() << std::endl; // 10

intVec1.shrink_to_fit();
std::cout << intVec1.capacity() << std::endl; // 5

std::vector<int> intVec2(10);
std::cout << intVec2.size() << std::endl;     // 10
```

```
std::vector<int> intVec3{10};
std::cout << intVec3.size() << std::endl;      // 1

std::vector<int> intVec4{5, 2011};
std::cout << intVec4.size() << std::endl;      // 2
```

std::vector는 요소 접근을 위한 메서드도 여럿 제공한다. vec라
는 벡터가 있다고 할 때, vec.front()는 벡터의 첫 요소를 돌려주고 vec.
back()은 벡터의 마지막 요소를 돌려준다. vec의 (n+1)번째 요소를 읽
거나 쓸 때에는 색인 연산자 vec[n]을 사용해도 되고 메서드 vec.at(n)
을 사용해도 된다. 후자는 vec의 경계를 점검하므로, 경우에 따라서는
std::range_error 예외가 발생할 수 있다.

색인 연산자 외에 std::vector는 요소의 배정, 삽입, 생성, 제거를
위한 추가적인 메서드들도 제공한다. 표 4.3에 이들이 정리되어 있다.

표 4.3 std::vector의 요소 조작 메서드들

| | 메서드 | 설명 |
|---|---|---|
| | vec.assign( ... ) | 요소 하나 또는 여러 개(범위 또는 초기치 목록<sup>C++11</sup>으로 지정)를 벡터에 배정한다. |
| | vec.clear() | vec의 모든 요소를 제거한다. |
| C++11 | vec.emplace(pos, args ... ) | pos가 가리키는 위치 앞에 공간을 마련하고, 그 자리에서 args...을 생성자 인수들로 사용해서 새 요소를 생성한다. |
| C++11 | vec.emplace_back(args ... ) | vec의 끝에 args ...을 생성자 인수들로 사용해서 새 요소를 생성한다. |
| | vec.erase( ... ) | 하나 또는 여러 개의 요소를 제거하고 그다음 위치를 가리키는 반복자를 돌려준다. |
| | vec.insert(pos, ... ) | 요소 하나 또는 여러 개(범위 또는 초기치 목록<sup>C++11</sup>으로 지정)를 삽입하고 새로 삽입된 (첫) 요소를 가리키는 반복자를 돌려준다. |
| | vec.pop_back() | 마지막 요소를 제거한다. |
| | vec.push_back(elem) | vec의 끝에 elem의 복사본을 추가한다. |

# 데크

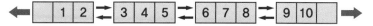

그림 4.3 데크 자료구조

데크(deque)† 자료구조에 해당하는 std::deque는 std::vector와 비슷한 선형 배열 형태의 순차 컨테이너로, 사용하려면 <deque> 헤더가 필요하다. 벡터와는 달리 std::deque는 시작 위치에 요소를 추가 또는 삭제할 수 있다. 이를 위해 deq.push_front(elem), deq.pop_front(), deq.emplace_front(args... )라는 세 가지 메서드를 추가로 제공한다.

```
#include <deque>
...
struct MyInt{
  MyInt(int i): myInt(i){};
  int myInt;
};

std::deque<MyInt> myIntDeq;

myIntDeq.push_back(MyInt(5));
myIntDeq.emplace_back(1);
std::cout << myIntDeq.size() << std::endl;    // 2

intDeq.assign({1, 2, 3});
for (auto v: intDeq) std::cout << v << " ";   // 1 2 3

intDeq.insert(intDeq.begin(), 0);
for (auto v: intDeq) std::cout << v << " ";   // 0 1 2 3

intDeq.insert(intDeq.begin()+4, 4);
for (auto v: intDeq) std::cout << v << " ";   // 0 1 2 3 4

intDeq.insert(intDeq.end(), {5, 6, 7, 8, 9, 10, 11});
for (auto v: intDeq) std::cout << v << " ";   // 6 7 8 9 10 11

for (auto revIt= intDeq.rbegin(); revIt != intDeq.rend(); ++revIt)
    std::cout << *revIt << " ";               // 11 10 9 8 7 6 5 4 3 2 1 0
```

---

† (옮긴이) deque는 *double-ended* queue를 줄인 것으로, 끝이 두 개인 대기열을 뜻한다. 발음은 deck과 같은데, 외래어표기법상으로는 '덱'이라고 표기해야 하지만 이 책에서는 기존 관례에 따라 '데크'라는 표기를 사용한다.

```
intDeq.pop_back();
for (auto v: intDeq) std::cout << v << " ";    // 0 1 2 3 4 5 6 7 8 9 10

intDeq.push_front(-1);
for (auto v: intDeq) std::cout << v << " ";    // -1 0 1 2 3 4 5 6 7 8 9 10
```

## 목록

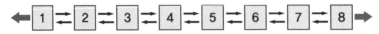

그림 4.4 이중 연결 목록 자료구조

std::list는 이중으로 연결된 목록(doubly linked list; 줄여서 이중 연결 목록)이다. std::list를 위해서는 <list> 헤더가 필요하다.

std::list는 std::vector나 std::deque와 인터페이스가 비슷하지만, 그 행동 방식은 그 둘 모두와 상당히 다르다. 이는 내부 구조가 상당히 다르기 때문이다.

다음은 std::list의 특별한 구조에서 비롯된 특징들이다.

- 임의 접근을 지원하지 않는다.
- 임의의 요소에 대한 접근이 느리다. 최악의 경우 목록 전체를 훑어야 할 수도 있다.
- 요소의 삽입과 삭제가 빠르다. 단, 이는 적절한(삽입 또는 제거할) 위치를 가리키는 반복자가 이미 마련되어 있을 때의 이야기이다.
- 요소를 추가하거나 제거해도 반복자가 무효화되지 않는다.

std::list에는 특별한 구조에 걸맞은 특별한 메서드가 몇 개 있다.

표 4.4 std::list의 특별한 메서드들

| 메서드 | 설명 |
| --- | --- |
| lis.merge(c) | 정렬된 목록 c를 정렬된 목록 lis에 병합하되, lis가 여전히 정렬된 상태가 되게 한다. |
| lis.merge(c, op) | 정렬된 목록 c를 정렬된 목록 lis에 병합하되, lis가 여전히 정렬된 상태가 되게 한다. 정렬 시 op를 정렬 기준으로 사용한다. |

| | |
|---|---|
| lis.remove(val) | lis에서 값이 val인 요소를 모두 제거한다. |
| lis.remove_if(pre) | lis에서 술어 pre를 만족하는 요소를 모두 제거한다. |
| lis.splice(pos, ... ) | 다른 목록의 요소 하나 또는 여러 개(범위) 또는 모든 요소를 lis의 pos 앞에 삽입한다. |
| lis.unique() | 값이 같은 인접 요소들을 제거한다. |
| lis.unique(pre) | 값이 같은 인접 요소들을 제거하되, 두 요소의 상등 판정 시 술어 pre를 사용한다. |

다음은 몇몇 메서드의 사용법을 보여주는 예제 코드이다.

```
#include <list>
...
std::list<int> list1{15, 2, 18, 19, 4, 15, 1, 3, 18, 5,
                     4, 7, 17, 9, 16, 8, 6, 6, 17, 1, 2};

list1.sort();
for (auto l: list1) std::cout << l << " ";
    // 1 1 2 2 3 4 4 5 6 6 7 8 9 15 15 16 17 17 18 18 19

list1.unique();
for (auto l: list1) std::cout << l << " ";
    // 1 2 3 4 5 6 7 8 9 15 16 17 18 19

std::list<int> list2{10, 11, 12, 13, 14};
list1.splice(std::find(list1.begin(), list1.end(), 15), list2);
for (auto l: list1) std::cout << l << " ";
    // 1 2 3 4 5 6 7 8 9 10 11 12 13 14 15 16 17 18 19
```

## <sub>C++ 11</sub> 전진 목록

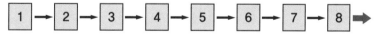

그림 4.5 단일 연결 목록 자료구조

std::forward_list는 단일하게 연결된 목록(singly linked list; 줄여서 단일 연결 목록)으로, 사용하려면 <forward_list> 헤더가 필요하다. std::forward_list는 목록 끝쪽으로의 전진(forward)만 가능하기 때문에 인터페이스가 다른 목록보다 훨씬 간소하며, 최소 메모리 요구량에 최적화되었다.

std::forward_list는 std::list(p.62)와 공통점이 많다. 다음은 std::forward_list의 특징이다.

- 임의 접근을 지원하지 않는다.
- 임의의 요소에 대한 접근이 느리다. 최악의 경우 목록 전체를 훑어야 할 수도 있다.
- 요소의 삽입과 삭제가 빠르다. 단, 이는 적절한(삽입 또는 제거할) 위치를 가리키는 반복자가 이미 마련되어 있을 때의 이야기이다.
- 요소를 추가하거나 제거해도 반복자가 무효화되지 않는다.
- 모든 연산은 항상 std::forward_list의 시작 위치 또는 현재 요소를 지나친 위치를 참조한다.

std::forward_list를 전진 방향으로만 반복할 수 있다는 특징은 중대한 결과를 낳는다. 전진 전용이므로 반복자를 감소할 수 없다. 즉, It-- 같은 연산은 지원하지 않는다. 같은 이유로, std::forward_list에는 후진 반복자(backward iterator)가 없다. std::forward_list는 자신의 크기를 알지 못하는데, 순차 컨테이너 중 그런 컨테이너는 std::forward_list가 유일하다.

> 🔘 **std::forward_list의 사용 영역은 아주 특화되어 있다**
>
> std::forward_list는 단일 연결 목록을 위한 컨테이너이다. 이 컨테이너는 한 요소의 삽입, 추출, 이동이 오직 그 인접 요소들에만 영향을 미치는 경우에 최소의 메모리 사용량과 높은 성능을 달성하도록 최적화되어 있다. 정렬 알고리즘에서 그런 경우가 흔히 발생한다.

표 4.5는 std::forward_list의 특별한 메서드들이다.

표 4.5 std::forward_list의 특별한 메서드들

| 메서드 | 설명 |
| --- | --- |
| forw.before_begin() | 첫 요소 앞을 가리키는 반복자를 돌려준다. |
| forw.emplace_after(pos, args... ) | pos 다음 위치에 args...를 생성자 인수들로 사용해서 새 요소를 생성한다. |

| | |
|---|---|
| forw.emplace_<br>front(args... ) | forw의 시작 위치에 args...를 생성자 인수들로 사용해서 새 요소를 생성한다. |
| forw.erase_after(pos, ... ) | pos가 가리키는 요소 또는 pos에서 시작하는 일련의 요소들(범위로 지정)을 제거한다. |
| forw.insert_after(pos, ... ) | pos 다음 위치에 요소 하나 또는 여러 개(범위 또는 초기치 목록으로 지정)를 삽입한다. |
| forw.merge(c) | 정렬된 전진 목록 c를 정렬된 전진 목록 forw에 병합하되, forw가 여전히 정렬된 상태가 되게 한다. |
| forw.merge(c, op) | 정렬된 전진 목록 c를 정렬된 전진 목록 forw에 병합하되, forw가 여전히 정렬된 상태가 되게 한다. 정렬 시 op를 정렬 기준(대소 비교 연산자)으로 사용한다. |
| forw.splice_after(pos, ... ) | pos 다음 위치에 다른 전진 목록의 요소 하나 또는 여러 개(범위) 또는 모든 요소를 삽입한다.[†] |
| forw.unique() | 값이 같은 인접 요소들을 제거한다. |
| forw.unique(pre) | 값이 같은 인접 요소들을 제거하되, 두 요소의 상등 판정 시 술어 pre를 사용한다. |

그럼 std::forward_list의 특별한 메서드들을 사용하는 예를 보자.

```
#include <forward_list>
...
using std::cout;

std::forward_list<int> forw;
std::cout << forw.empty() << std::endl; // true

forw.push_front(7);
forw.push_front(6);
forw.push_front(5);
forw.push_front(4);
forw.push_front(3);
forw.push_front(2);
forw.push_front(1);
for (auto i: forw) cout << i << " "; // 1 2 3 4 5 6 7
```

---

† (옮긴이) 요소들을 복사하는 insert_after와는 달리 splice_after는 항상 요소들을 이동한다. 한 가지 주의할 점은, forw.splice_after(pos, other, first, last) 형태의 호출에서 first가 가리키는 other의 요소는 이동되지 않는다는 것이다. 다른 말로 하면, 이 경우 first와 last는 반개구간 [first, last)가 아니라 개구간 (first, last)를 정의한다.

```
forw.erase_after(forw.before_begin());
cout<< forw.front(); // 2

std::forward_list<int> forw2;
forw2.insert_after(forw2.before_begin(), 1);
forw2.insert_after(forw2.before_begin()++, 2);
forw2.insert_after((forw2.before_begin()++)++, 3);
forw2.push_front(1000);
for (auto i= forw2.cbegin();i != forw2.cend(); ++i) cout << *i << " ";
    // 1000 3 2 1

auto IteratorTo5= std::find(forw.begin(), forw.end(), 5);
forw.splice_after(IteratorTo5, std::move(forw2));
for (auto i= forw.cbegin(); i != forw.cend(); ++i) cout << *i << " ";
    // 2 3 4 5 1000 3 2 1 6 7

forw.sort();
for (auto i= forw.cbegin(); i != forw.cend(); ++i) cout << *i << " ";
    // 1 2 2 3 3 4 5 6 7 1000

forw.reverse();
for (auto i= forw.cbegin(); i != forw.cend(); ++i) cout << *i << " ";
    // 1000 7 6 5 4 3 3 2 2 1

forw.unique();
for (auto i= forw.cbegin(); i != forw.cend(); ++i) cout << *i << " ";
    // 1000 7 6 5 4 3 2 1
```

# 5장

# 연관 컨테이너

C++ 표준 라이브러리에는 여덟 개의 연관 컨테이너(associative container)가 있다. 이 중 넷은 키들이 정렬된 순서로 저장되는 연관 컨테이너이다. 구체적으로는 std::set, std::map, std::multiset std::multimap이 바로 그러한 '순서 있는(ordered)' 연관 컨테이너이다. 나머지 넷은 키들이 정렬되지 않는다. std::unordered_set, std::unordered_map, std::unordered_multiset, std::unordered_multimap이 바로 그러한 '순서 없는(unordered)' 연관 긴테이너이다. 언관 컨테이너들도 컨테이너이므로 제3장 '모든 컨테이너에 공통인 인터페이스'에서 설명한 모든 연산을 지원한다. 물론 연관 컨테이너에 특화된 추가적인 연산들도 제공한다.

## 개요

여덟 가지 순서 있는/없는 연관 컨테이너에는 한 가지 공통점이 있는데, 바로 키<sup>key</sup>들을 저장한다는 점이다. 또한, 네 가지 연관 컨테이너는 각 키에 값을 연관시켜서 키로 그에 연관된 값을 조회할 수 있게 한다. 연관 컨테이너들은 다음 세 가지 질문에 따라 분류한다.

- 키가 정렬되는가?

- 키에 연관된 값이 있는가?
- 같은 키가 여러 번 나타날 수 있는가?

세 가지 질문의 답에 따라 총 $2^3 = 8$가지 경우가 가능한데, 각 경우에 해당하는 여덟 연관 컨테이너들의 특징이 표 5.1에 정리되어 있다. 표 5.1에는 추가적인 질문인 "얼마나 빠른가?"에 대한 답도 나와 있다. 마지막 열 '접근 시간'이 바로 그것인데, 이 열의 각 항목은 최상의 경우(best case)에서 하나의 키에 접근하는 연산의 시간 복잡도를 나타낸 것이다.

표 5.1 연관 컨테이너들의 특징

| 연관 컨테이너 | 정렬 | 연관된 값 | 중복 키 허용 | 접근 시간 |
|---|---|---|---|---|
| std::set | 예 | 없음 | 아니요 | 로그 |
| std::unordered_set | 아니요 | 없음 | 아니요 | 상수 |
| std::map | 예 | 있음 | 아니요 | 로그 |
| std::unordered_map | 아니요 | 있음 | 아니요 | 상수 |
| std::multiset | 예 | 없음 | 예 | 로그 |
| std::unordered_multiset | 아니요 | 없음 | 예 | 상수 |
| std::multimap | 예 | 있음 | 예 | 로그 |
| std::unordered_multimap | 아니요 | 있음 | 예 | 상수 |

순서 있는 연관 컨테이너들은 C++98부터 존재했다. 순서 없는 연관 컨테이너들은 C++11에서 추가되었다. 두 부류 모두 인터페이스는 아주 비슷하다. 실제로, 잠시 후에 나올 예제 코드를 보면 std::map을 사용하는 코드와 std::unordered_map을 사용하는 코드가 동일하다. 좀 더 정확히 말하면, std::map의 인터페이스는 std::unordered_map의 인터페이스의 부분집합이다. 다른 세 가지 순서 있는/없는 연관 컨테이너들도 마찬가지이다. 그래서 순서 있는 연관 컨테이너를 사용하는 코드를 순서 없는 연관 컨테이너를 사용하도록 이식하는 것이 상당히 쉽다.

C++11부터는 초기치 목록으로 연관 컨테이너를 초기화할 수 있다. 새 요소는 색인 연산자를 이용해서 추가할 수 있다. 연관 컨테이너의 요

소는 기본적으로 하나의 키-값 쌍이다. 키-값 쌍 p가 주어졌을 때, 키는 p.first로, 값은 p.second로 얻을 수 있다.

```cpp
#include <map>
#include <unordered_map>

// std::map

std::map<std::string, int> m {{"Dijkstra", 1972}, {"Scott", 1976}};
m["Ritchie"]= 1983;
std::cout << m["Ritchie"];          // 1983
for(auto p : m) std::cout << "{" << p.first << "," << p.second << "}";
                // {Dijkstra,1972},{Ritchie,1983},{Scott,1976}
m.erase("Scott");
for(auto p : m) std::cout << "{" << p.first << "," << p.second << "}";
                // {Dijkstra,1972},{Ritchie,1983}
m.clear();
std::cout << m.size() << std::endl;   // 0

// std::unordered_map

std::unordered_map<std::string, int> um {{"Dijkstra", 1972}, {"Scott", 1976}};
um["Ritchie"]= 1983;
std::cout << um["Ritchie"];          // 1983
for(auto p : um) std::cout << "{" << p.first << "," << p.second << "}";
                // {Ritchie,1983},{Scott,1976},{Dijkstra,1972}
um.erase("Scott");
for(auto p : um) std::cout << "{" << p.first << "," << p.second << "}";
                // {Ritchie,1983},{Dijkstra,1972}
um.clear();
std::cout << um.size() << std::endl;   // 0
```

이 예제에서 m에 대한 연산들의 결과와 um에 대한 연산들의 결과가 같지 않음을 주목하기 바란다. 이러한 차이는 std::map의 키들은 순서 대로 저장되지만 std::unordered_map의 키들은 그렇지 않다는 점에서 비롯된 것이다. C++ 표준 라이브러리에 이처럼 비슷하지만 서로 다른 연관 컨테이너들이 존재하는 이유는 이미 표 5.1에서 보았다. 순서 없는 연관 컨테이너와 순서 있는 연관 컨테이너 중 하나를 선택할 때 중요한 기준은 성능인 경우가 많다. 순서 없는 연관 컨테이너에서 키에 접근하는 시간은 상수이다. 즉, 컨테이너의 크기와는 무관하다. 반면 순서 있는 연관 컨테이너는 접근 시간이 크기의 로그에 비례한다. 컨테이너가 충분히 크면 이러한 성능 차이가 중요하다. 성능에 관해서는 이번 장의 '성능' 절(p.76)에서 좀 더 이야기하겠다.

## 순서 있는 연관 컨테이너

### 개요

순서 있는 연관 컨테이너 std::map과 std::multimap은 키에 값을 연관시킨 키-값 쌍들을 저장한다. 둘 다 <map> 헤더에 정의되어 있다. std::set과 std::mulitset에는 <set> 헤더가 필요하다. 이들의 주요 특징이 표 5.1에 정리되어 있다.

네 가지 순서 있는 컨테이너에는 키 형식과 값 형식, 할당자, 비교 함수를 지정하는 템플릿 매개변수들이 있다. 할당자와 비교 함수를 지정하지 않으면 주어진 키, 값 형식에 맞는 기본 할당자와 기본 비교 함수가 적용된다. std::map과 std::set의 선언은 이러한 점을 간결하고 명확하게 보여준다.

```
template < class key, class val, class Comp= less<key>,
          class Alloc= allocator<pair<const key, val> >
class map;

template < class T, class Comp = less<T>,
          class Alloc = allocator<T> >
class set;
```

선언에서 보듯이, std::map에는 연관된 값이 존재한다. 그리고 키 형식과 값 형식은 기본 할당자의 형식 allocator<pair<const key, val>>에도 쓰인다. 더 나아가서, 할당자 형식(Alloc)을 좀더 살펴보면 std::map의 요소, 즉 키-값 쌍의 형식이 std::pair<const key, val>임을 짐작할 수 있다. 한편, 기본 비교 함수가 less<key>라는 것은 연관된 값의 형식 val이 키의 정렬에 관여하지 않음을 말해준다. 이상의 추론은 std::multimap과 std::multiset에도 그대로 적용된다.

## 키와 값

순서 있는 연관 컨테이너의 키 형식과 값 형식은 몇 가지 특별한 요구조
건을 만족해야 한다.

키는 반드시

- 정렬 가능(sortable)이고(기본적으로는 〈를 기준으로 정렬)
- 복사 가능(copyable)이자 이동 가능(movable)이어야 한다.

값은 반드시

- 기본 생성 가능(default contructible)이고
- 복사 가능이자 이동 가능이어야 한다.

C++ 11

키와 값은 하나의 쌍(std::pair) 객체를 형성한다. 쌍 객체 p에서
p.first가 키이고 p.second가 값이다.

```
#include <map>
...
std::multimap<char, int> multiMap= {{'a', 10}, {'a', 20}, {'b', 30}};
for (auto p: multiMap) std::cout << "{" << p.first << "," << p.second << "} ";
                       // {a,10} {a,20} {b,30}
```

## 비교 기준

순서 있는 연관 컨테이너의 기본 비교 기준(comparision criterion)은
std::less이다. 만일 **사용자 정의 형식**을 키 형식으로 사용하고 싶다면
그 형식에 대해 연산자 <를 중복적재(overloading)해야 한다. < 연산자
만 중복적재하면 되는 것은 C++ 실행 시점 모듈이 두 요소의 상등을 등
호 없이 (!(elem1<elem2 || elem2<elem1))로 비교하기 때문이다.

필요하다면 다른 비교 기준(정렬 기준)을 템플릿 인수로 지정할 수
있다. 단, 정렬 기준은 반드시 **순약 순서**(strict weak ordering)를 구현해
야 한다.

✅ **순약 순서**

집합 S에 대해 다음과 같은 조건을 만족하는 정렬 기준을 순약 순서라고 부른다.

- S의 모든 원소 s에 대해 s < s가 불가능해야 한다.
- S의 모든 원소 s1과 s2에 대해 반드시 다음이 성립해야 한다: 만일 s1 < s2 이면 s2 < s1은 불가능하다.
- s1 < s2이고 s2 < s3인 모든 s1, s2, s3에 대해 반드시 s1 < s3이 성립 해야 한다.
- s1을 s2와 비교할 수 없고 s2를 s3과 비교할 수 없음을 만족하는 모든 s1, s2, s3에 대해 반드시 다음이 성립해야 한다: s1을 s3과 비교할 수 없다.

순약 순서의 정의는 상당히 복잡하지만, 순약 순서를 만족하는 비교 기준을 std::map에 사용하는 것은 그보다 훨씬 간단하다.

```cpp
#include <map>
...
std::map<int, std::string, std::greater<int>> int2Str{
        {5, "오"}, {1, "일"}, {4, "사"}, {3, "삼"},
        {2, "이"}, {7, "칠"}, {6, "육"} };
for (auto p: int2Str) std::cout << "{" << p.first << "," << p.second << "} ";
        // {7,칠} {6,육} {5,오} {4,사} {3,삼} {2,이} {1,일}
```

## 특별한 검색 함수들

순서 있는 연관 컨테이너는 검색에 최적화되어 있다. 그래서 특별한 검색 함수들을 제공한다.

표 5.2 순서 있는 연관 컨테이너의 특별한 검색 함수들

| 검색 함수 | 설명 |
| --- | --- |
| ordAssCont.count(key) | 키가 key인 값들의 개수를 돌려준다. |
| ordAssCont.find(key) | key에 해당하는 키를 가리키는 반복자를 돌려준다. key에 해당하는 키가 ordAssCont에 없으면 ordAssCont.end()를 돌려준다. |
| ordAssCont.lower_bound(key) | key라는 키를 ordAssCont에 삽입한다고 할 때 그 키가 들어갈 첫 번째 위치를 가리키는 반복자를 돌려준다. |
| ordAssCont.upper_bound(key) | key라는 키를 ordAssCont에 삽입한다고 할 때 그 키가 들어갈 마지막 위치를 가리키는 반복자를 돌려준다. |
| ordAssCont.equal_range(key) | 주어진 키의 삽입 범위를 뜻하는, ordAssCont.lower_bound(key)와 ordAssCont.upper_bound(key)로 이루어진 std::pair 객체를 돌려준다. |

다음은 이 검색 함수들을 사용하는 예이다.

```cpp
#include <set>
...
std::multiset<int> mySet{3, 1, 5, 3, 4, 5, 1, 4, 4, 3, 2, 2, 7, 6, 4, 3, 6};

for (auto s: mySet) std::cout << s << " ";
    // 1 1 2 2 3 3 3 3 4 4 4 4 5 5 6 6 7

mySet.erase(mySet.lower_bound(4), mySet.upper_bound(4));
for (auto s: mySet) std::cout << s << " ";
    // 1 1 2 2 3 3 3 3 5 5 6 6 7
std::cout << mySet.count(3) << std::endl; // 4
std::cout << *mySet.find(3) << std::endl; // 3
std::cout << *mySet.lower_bound(3) << std::endl; // 3
std::cout << *mySet.upper_bound(3) << std::endl; // 5
auto pair= mySet.equal_range(3);
std::cout << "(" << *pair.first << "," << *pair.second << ")"; // (3,5)
```

## 요소의 삽입과 삭제

연관 컨테이너에서 요소의 삽입(insert와 emplace)과 삭제(erase)에 적
용되는 규칙들은 std::vector(p.60)의 해당 규칙들과 비슷하다. 그밖
에, 순서 있는 연관 컨테이너들은 특별한 함수 ordAssCont.erase(key)
를 지원한다. 이 멤버 함수는 키가 key인 모든 쌍을 제거하고 그 개수를
돌려준다. 다음은 이러한 함수들의 사용법을 보여주는 예제이다.

```cpp
#include <set>
...
std::multiset<int> mySet{3, 1, 5, 3, 4, 5, 1, 4, 4, 3, 2, 2, 7, 6, 4, 3, 6};

for (auto s: mySet) std::cout << s << " ";
    // 1 1 2 2 3 3 3 3 4 4 4 4 5 5 6 6 7

mySet.insert(8);
std::array<int, 5> myArr{10, 11, 12, 13, 14};
mySet.insert(myArr.begin(), myArr.begin()+3);
mySet.insert({22, 21, 20});
for (auto s: mySet) std::cout << s << " ";
    // 1 1 2 2 3 3 3 3 4 4 4 4 5 5 6 6 7 10 11 12 20 21 22

std::cout << mySet.erase(4);  // 4
mySet.erase(mySet.lower_bound(5), mySet.upper_bound(15));
```

```
for (auto s: mySet) std::cout << s << " ";
    // 1 1 2 2 3 3 3 3 20 21 22
```

## std::map

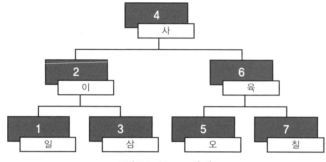

그림 5.1 std::map의 예

아마도 연관 컨테이너 중 가장 자주 쓰이는 것이 std::map일 것이다. 이 컨테이너가 자주 쓰이는 이유는 간단하다. std::map은 성능이 충분히 좋고(p.76), 인터페이스도 아주 편리하기 때문이다. 특정 키에 연관된 값을 조회하려면, 그냥 색인 연산자로 키를 지정하면 된다. 만일 키가 존재하지 않으면 std:map이 키-값 쌍을 생성해 준다. 이때, 그 키에 연관시킬 값은 기본 생성자를 이용해서 만든다.

> **std::map은 std::vector의 일반화**
>
> std::map을 흔히 연관 배열(associative array)이라고 부른다. '배열'은 std::map이 순차 컨테이너처럼 색인 연산자를 지원한다는 점을 반영한 것이다. 단, std::vector 등과는 달리 std::map에서는 색인이 반드시 정수일 필요가 없다. 거의 모든 형식이 색인이 될 수 있다.
>
> 이는 순서 없는 버전인 std::unordered_map에도 그대로 적용된다.

색인 연산자 외에 std::map은 at 메서드도 지원한다. at으로 접근하면 색인 경계 점검이 수행된다. 만일 std::map에 없는 키로 at을 호출하면 std::out_of_range 예외가 발생한다.

C++ 11 # 순서 없는 연관 컨테이너

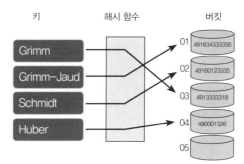

그림 5.2 순서 없는 연관 컨테이너의 자료구조

## 개요

C++11에서 네 개의 순서 없는 연관 컨테이너가 C++ 표준 라이브러리에 추가되었다. std::unordered_map, std::unordered_multimap, std::unordered_set, std::unordered_multiset이 바로 그것이다. 이들은 같은 이름의 순서 있는 연관 컨테이너들(p.70)과 공통점이 많다. 차이점은, 순서 없는 버전들은 인터페이스가 더 풍부하고 키들이 정렬되지 않는다는 것이다.

다음은 std::unordered_map의 선언이다.

```
template< class key, class val, class Hash= std::hash<key>,
        class KeyEqual= std::equal_to<key>,
        class Alloc= std::allocator<std::pair<const key, val>>>
class unordered_map;
```

std::map처럼 std::unordered_map에도 할당자가 있지만, 정렬을 위한 비교 함수는 필요하지 않다. 대신 std::unordered_map에는 또 다른 두 함수가 필요한데, 하나는 키의 해시 값을 구하는 데 쓰이는 함수(기본은 std::has<key>)이고 또 하나는 두 키의 상등을 비교하는 함수(기본은 std::equal_to<key>)이다. 다섯 개의 템플릿 매개변수 중 세 개에 기본 템플릿 인수가 지정되어 있으므로, std::unordered_map 객체를 생성하려면 형식 두 개, 즉 키의 형식과 값의 형식만 지정하면 된다. std::unordered_map<char,int> unordMap이 그러한 예이다.

## 키와 값

순서 없는 연관 컨테이너의 키 형식과 값 형식은 몇 가지 특별한 요구조건을 만족해야 한다.

키는 반드시

- 상등 비교 가능(equal comparable)이고,
- 해시 값을 산출할 수 있어야 하고
- 복사 가능 또는 이동 가능이어야 한다.

값은 반드시

- 기본 생성 가능이고
- 복사 가능 또는 이동 가능이어야 한다.

## 성능

성능은, 겉보기로는 순서 있는 연관 컨테이너들과 다를 바 없는 순서 없는 컨테이너들이 C++11에서 C++ 표준 라이브러리에 추가된 주된 이유이다. 다음 예제는 1천만 개의 값이 담긴 std::map과 std::unordered_map에서 무작위로 1백만 개의 값을 읽는다. 이 예제를 실행해 보면 순서 없는 연관 컨테이너의 요소 접근 시간이 순서 있는 연관 컨테이너의 요소 접근 시간보다 무려 20배나 빠르다. 이러한 성능 차이는 요소 접근 연산 복잡도의 차이에 따른 것이다. 순서 있는 연관 컨테이너의 요소 접근 연산은 로그 복잡도(O(log $n$))이고 순서 없는 연관 컨테이너의 요소 접근 연산은 상수 복잡도이다.

```
#include <map>
#include <unordered_map>
...
using std::chrono::duration;
static const long long mapSize= 10000000;
static const long long accSize= 1000000;
...
// 1천만 개의 값이 담긴 std::map에서 무작위로
// 1백만 개의 값을 읽는다.
auto start= std::chrono::system_clock::now();
```

```
for (long long i= 0; i < accSize; ++i){myMap[randValues[i]];}
duration<double> dur= std::chrono::system_clock::now() - start;
std::cout << dur.count() << " sec";    // 9.18997 sec
// 1천만 개의 값이 담긴 std::unordered_map에서 무작위로
// 1백만 개의 값을 읽는다.
auto start2= std::chrono::system_clock::now();
for (long long i= 0; i < accSize; ++i){
myUnorderedMap[randValues[i]];}
duration<double> dur2= std::chrono::system_clock::now() - start2;
std::cout << dur2.count() << " sec";    // 0.411334 sec
```

## 해시 함수

순서 없는 연관 컨테이너의 접근 시간이 상수인 것은 해시 함수 덕분이다. 그림 5.2(p.75)에 해시 함수를 비롯한 순서 없는 연관 컨테이너의 구조가 나와 있다. 해시 함수는 키를 그에 해당하는 값으로 사상(mapping)한다. 그러한 값을 키의 해시 값(hash value)이라고 부른다. 해시 함수의 품질은 충돌(서로 다른 키들에 대해 같은 해시 값이 나오는 것)이 적을수록, 그리고 키들이 버킷bucket들에 고르게 분포될수록 좋다. 해시 함수의 실행에는 상수 시간이 걸리므로, 기본 경우(충돌이 없는 경우)에서 요소에 접근하는 시간 역시 상수이다.

다음은 해시 함수에 관해 알아두어야 할 사항이다.

• 부울, 정수, 부동소수점 수 같은 내장 형식들의 해시 함수들은 C++ 표준 라이브러리에 이미 정의되어 있다.
• std::string과 std::wstring을 위한 해시 함수들도 이미 정의되어 있다.
• C 문자열 형식 const char*에 대한 해시 함수도 정의되어 있는데, 이 해시 함수는 포인터 주소를 해시 값으로 산출한다.
• 사용자 정의 형식(user defined type)에 대한 해시 함수를 프로그래머가 직접 정의해서 사용할 수 있다.

사용자 정의 형식을 순서 없는 연관 컨테이너의 키로 사용하는 경우 두 가지 요구조건을 명심해야 한다. 첫째는 그 사용자 정의 형식에 대한 해시 함수가 있어야 한다는 것이고, 둘째는 그 사용자 정의 형식의 두 값의 상등 비교가 가능해야 한다는 것이다.

```cpp
#include <unordered_map>
...
struct MyInt{
  MyInt(int v):val(v){}
  bool operator== (const MyInt& other) const {
    return val == other.val;
  }
  int val;
};

struct MyHash{
  std::size_t operator()(MyInt m) const {
    std::hash<int> hashVal;
    return hashVal(m.val);
  }
};

std::ostream& operator << (std::ostream& st, const MyInt& myIn){
  st << myIn.val ;
  return st;
}

typedef std::unordered_map<MyInt, int, MyHash> MyIntMap;
MyIntMap myMap{{MyInt(-2), -2}, {MyInt(-1), -1}, {MyInt(0), 0}, {MyInt(1), 1}};

for(auto m : myMap) std::cout << "{" << m.first << "," << m.second << "} ";
    // {MyInt(1),1} {MyInt(0),0} {MyInt(-1),-1} {MyInt(-2),-2}

std::cout << myMap[MyInt(-2)] << std::endl;     // -2
```

## 세부사항

순서 없는 연관 컨테이너는 색인들을 버킷들에 저장한다. 어떤 색인이
어떤 버킷에 담기는지는 해시 함수에 의해 결정된다. 해시 함수는 키를
색인(해시 값)에 사상한다. 서로 다른 키에 대해 같은 색인이 나오는 것
을 가리켜 충돌(collision)이라고 부른다. 해시 함수를 만들 때는 이러한
충돌을 최대한 줄여야 한다.

한 버킷의 색인들은 흔히 연결 목록 형태로 저장된다. 버킷에 대한
접근 시간은 상수이지만 버킷 안의 색인에 대한 접근 시간은 선형이다.
버킷 개수를 용량(capacity)이라고 부르고, 버킷에 담긴 요소들의 평균
개수를 적재율(load factor)이라고 부른다. 일반적으로 C++ 실행 시점

모듈은 적재율이 1 이상이 되면 새 버킷들을 생성한다. 이러한 과정을 재해싱(rehashing) 또는 해시 재생성이라고 부르는데, 필요하다면 다음 예제에서처럼 rehash 메서드를 이용해서 재해싱을 명시적으로 수행할 수도 있다.

```cpp
#include <unordered_set>
...
using namespace std;

void getInfo(const unordered_set<int>& hash){
  cout << "hash.bucket_count(): " << hash.bucket_count();
  cout << "hash.load_factor(): " << hash.load_factor();
}

unordered_set<int> hash;
cout << hash.max_load_factor() << endl; // 1

getInfo(hash);
    // hash.bucket_count(): 1
    // hash.load_factor(): 0

hash.insert(500);
cout << hash.bucket(500) << endl; // 5

// 무작위로 100개의 값을 추가한다.
fillHash(hash, 100);

getInfo(hash);
    // hash.bucket_count(): 109
    // hash.load_factor(): 0.88908

hash.rehash(500);

getInfo(hash);
    // hash.bucket_count(): 541
    // hash.load_factor(): 0.17298
cout << hash.bucket(500); // 500
```

max_load_factor 메서드로 적재율을 읽거나 설정할 수 있다. 적재율을 변경하면 충돌 확률과 재해싱 확률이 달라진다. 위의 짧은 예제 코드에서 한 가지 주목할 점이 있다. 500이라는 키가 처음에는 5번 버킷에 들어갔지만, 적재율이 바뀐 후 재해싱을 수행하니 500번 버킷에 들어갔다.

# 6장

# 컨테이너 적응자

C++ 표준 라이브러리에는 특별한 컨테이너 적응자(container adaptor) 인 std::stack과 std::queue, std::priority_queue가 있다. 이들은 고전적인 자료구조인 스택, 대기열, 우선순위 대기열에 각각 대응되는데, 이 자료구조들에 대해서는 독자가 이미 익숙하다고 가정하겠다.

다음은 컨테이너 적응자의 특징이다.

- 기존 순차 컨테이너에 대한 축소된 인터페이스를 제공한다.
- STL의 알고리즘들에 직접 사용할 수는 없다.
- 요소 형식과 순차 컨테이너 형식(std::vector, std::list, std:: deque)에 대한 템플릿 매개변수들이 있는 클래스 템플릿이다.
- 순차 컨테이너 형식을 명시적으로 지정하지 않으면 기본적으로 std:: deque가 쓰인다.

```
template <typename T, typename Container= deque<T>>
class stack;
```

# 스택

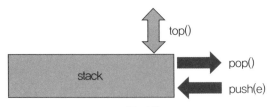

그림 6.1 스택을 위한 std::stack

*LIFO*(Last In First Out; 후입선출) 원리를 따르는 스택 자료구조를 std::stack으로 구현할 수 있다. 이 적응자를 사용하려면 <stack> 헤더가 필요하다.

std::stack은 세 가지 특별한 메서드를 제공한다. sta가 하나의 std::stack 객체라고 할 때, sta.push(e)는 새 요소 e를 스택 최상위에 삽입한다. sta.pop()은 최상위 요소를 제거한다. sta.top()은 최상위 요소에 대한 참조를 돌려준다. 또한, std::stack은 비교 연산자들을 지원하며†, 스택의 크기를 돌려주는 메서드도 제공한다. 스택에 대한 연산들의 복잡도는 상수이다(p.56).

```
#include <stack>
...
std::stack<int> myStack;

std::cout << myStack.empty() << std::endl;    // true
std::cout << myStack.size() << std::endl;     // 0

myStack.push(1);
myStack.push(2);
myStack.push(3);
std::cout << myStack.top() << std::endl;      // 3

while (!myStack.empty()){
  std::cout << myStack.top(); << " ";
  myStack.pop();
}                                             // 3 2 1
```

---

† (옮긴이) 스택에 담긴 요소들의 비교가 아니라 두 스택 인스턴스의 비교임을 주의하기 바란다. 아래의 대기열과 우선순위 대기열도 마찬가지이다.

```
std::cout << myStack.empty() << std::endl;   // true
std::cout << myStack.size() << std::endl;    // 0
```

## 대기열

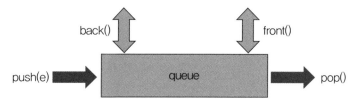

그림 6.2 대기열을 위한 std::queue

*FIFO*(First In First Out; 선입선출) 원리를 따르는 대기열 자료구조를 std::queue로 구현할 수 있다. 이 적응자를 사용하려면 <queue> 헤더가 필요하다.

std::queue는 네 개의 특별한 메서드를 제공한다. que가 하나의 std::queue 객체라 할 때, que.push(e)는 요소 e를 대기열의 끝에 추가한다. que.pop()은 대기열의 첫 번째 요소를 제거한다. que.back()은 que의 마지막 요소에 대한 참조를 돌려주고, que.front()는 첫 번째 요소에 대한 참조를 돌려준다. std::stack(p.82)과 마찬가지로 std::queue 객체들도 비교가 가능하고, 크기를 돌려주는 메서드가 있으며, 연산들이 상수 복잡도이다(p.56).

```
#include <queue>
...
std::queue<int> myQueue;

std::cout << myQueue.empty() << std::endl;   // true
std::cout << myQueue.size() << std::endl;    // 0

myQueue.push(1);
myQueue.push(2);
myQueue.push(3);
std::cout << myQueue.back() << std::endl;    // 3
std::cout << myQueue.front() << std::endl;   // 1

while (!myQueue.empty()){
  std::cout << myQueue.back() << " ";
```

```
  std::cout << myQueue.front() << " : ";
  myQueue.pop();
}                                          // 31:32:33

std::cout << myQueue.empty() << std::endl;   // true
std::cout << myQueue.size() << std::endl;    // 0
```

## 우선순위 대기열

그림 6.3 우선순위 대기열을 위한 std::priorty_queue

  우선순위 대기열을 위한 std::priority_queue는 좀 더 특화된 std::queue에 해당한다(그래서 인터페이스도 줄어들었다). 필요한 헤더는 <queue>이다.

  std::queue와의 차이는, 우선순위가 높은 값일수록 우선순위 대기열의 앞쪽에 놓인다는 것이다. 우선순위의 결정에는 기본적으로 std::less가 쓰인다. pri가 하나의 std::priority_queue 객체라고 할 때, std::queue와 비슷하게 pri.push(e)는 새 요소 e를 우선순위 대기열에 추가한다. pri.pop()은 pri의 첫 번째 요소를 제거한다. 단, 이 연산은 로그 복잡도이다(p.56). pri.top()은 우선순위 대기열의 첫 번째 요소 대한 참조를 돌려준다. 첫 번째 요소는 곧 우선순위가 가장 높은 요소이다. 그밖에 std::priority_queue도 자신의 크기를 돌려주는 메서드를 제공하지만, 우선순위 대기열들의 비교 연산은 지원하지 않는다.

```
#include <queue>
...
std::priority_queue<int> myPriorityQueue;

std::cout << myPriorityQueue.empty() << std::endl;   // true
std::cout << myPriorityQueue.size() << std::endl;    // 0
```

```
myPriorityQueue.push(3);
myPriorityQueue.push(1);
myPriorityQueue.push(2);
std::cout << myPriorityQueue.top() << std::endl;      // 3

while (!myPriorityQueue.empty()){
  std::cout << myPriorityQueue.top() << " ";
  myPriorityQueue.pop();
}                                                      // 3 2 1

std::cout << myPriorityQueue.empty() << std::endl;     // true
std::cout << myPriorityQueue.size() << std::endl;      // 0

std::priority_queue<std::string, std::vector<std::string>,
                    std::greater<std::string>> myPriorityQueue2;

myPriorityQueue2.push("D");
myPriorityQueue2.push("E");
myPriorityQueue2.push("B");
myPriorityQueue2.push("A");
myPriorityQueue2.push("C");

while (!myPriorityQueue2.empty()){
  std::cout << myPriorityQueue2.top() << " ";
  myPriorityQueue2.pop();
}                                     // A B C D E
```

# 7장

# 반복자

반복자(iterater)는 포인터를 일반화한 것으로, 컨테이너 안의 한 위치를 나타낸다. 반복자는 컨테이너 안의 임의의 한 요소에 접근하거나 일단의 요소들을 차례로 훑는 데, 즉 반복(iteration)하는 데 유용한 수단이다.

또한, 반복자는 표준 템플릿 라이브러리(STL)의 일반적 컨테이너들과 일반적 알고리즘들을 연결해 주는 접착제 역할을 한다.

반복자는 다음과 같은 연산들을 지원한다.

*

현재 위치에 있는 요소를 돌려준다.

==, !=

두 위치를 비교한다.

=

반복자에 새 값을 배정한다.

범위 기반 for 루프(range-based for-loop)는 암묵적으로 반복자를 사용한다.

반복자에 대해서는 경계 점검이 일어나지 않는다. 따라서 반복자는 포인터가 겪는 것과 같은 문제점들을 가지고 있다. 다음이 그러한 예이다.

```
std::vector<int> verc{1, 23, 3, 3, 3, 4, 5};
std::deque<int> deq;

// 시작 반복자가 끝 반복자보다 크다.
std::copy(vec.begin()+2, vec.begin(), deq.begin());

// 대상 컨테이너가 너무 작다.
std::copy(vec.begin(), vec.end(), deq.end());
```

## 범주

반복자들은 그 능력에 따라 여러 범주(category)로 분류된다. C++ 표준 라이브러리에는 전진 반복자, 양방향 반복자, 임의 접근 반복자가 있다. 전진 반복자(forward iterator)로는 컨테이너를 전진 방향으로(즉, 시작에서 끝쪽으로)만 반복할 수 있다. 반면 양방향 반복자(bidirectional iterator)로는 이름 그대로 두 방향 모두 가능하다. 임의 접근 반복자(random access iterator)로는 임의의 요소에 직접 접근할 수 있다. 임의 접근이 가능하다는 것은 반복자 산술과 순서 비교(이를테면 <)가 가능하다는 뜻이기도 하다. 컨테이너의 종류에 따라 제공하는 반복자 범주들이 다르다.

표 7.1은 반복자 범주들과 그것을 제공하는 컨테이너들을 정리한 것이다. 양방향 반복자는 전진 반복자의 능력을 포함하며, 임의 접근 반복자는 전진 반복자와 양방향 반복자의 능력을 포함한다(예를 들어 임의 접근 반복자도 ++It와 --It를 지원한다). It와 It2는 반복자들이고 n은 정수이다.

표 7.1 반복자 범주들과 지원 컨테이너

| 반복자 범주 | 속성 | 컨테이너 |
|---|---|---|
| 전진 반복자 | ++It, It++, *It<br>It == It2, It != It2 | 순서 없는 연관 컨테이너<br>std::forward_list |
| 양방향 반복자 | --It, It-- | 순서 있는 연관 컨테이너<br>std::list |
| 임의 접근 반복자 | It[i] | std::array |

```
It+= n, It-= n                    std::vector
It+n, It-n                        std::deque
n+It                              std::string
It-It2
It < It2, It <= It2, It > It2
It >= It2
```

입력 반복자(input iterator)와 출력 반복자(output iterator)는 특별
한 종류의 전진 반복자들이다. 이들은 자신이 가리키는 요소를 단 한 번
만 읽거나 쓸 수 있다.†

## 반복자 생성

모든 컨테이너는 반복자가 요청되면 자신의 성격에 맞는 반복자들을
생성한다. 예를 들어 std::unordered_map은 상수/비상수 전진 반복자들
을 생성한다.

C++11

```cpp
std::unordered_map<std::string, int>::iterator unMapIt= unordMap.begin();
std::unordered_map<std::string, int>::iterator unMapIt= unordMap.end();

std::unordered_map<std::string, int>::const_iterator unMapIt= unordMap.cbegin();
std::unordered_map<std::string, int>::const_iterator unMapIt= unordMap.cend();
```

한편, std::unordered_map과는 달리 std::map은 후진(backward)
반복을 위한 역방향 반복자(reverse iterator)도 제공한다.

```cpp
std::map<std::string, int>::reverse_iterator mapIt= map.rbegin();
std::map<std::string, int>::reverse_iterator mapIt= map.rend();
```

C++11
C++11

```cpp
std::map<std::string, int>::const_reverse_iterator mapIt= map.crbegin();
std::map<std::string, int>::const_reverse_iterator mapIt= map.crend();
```

---

† (옮긴이) 좀 더 정확하게 말하면 입력 반복자는 주어진 범위를 단 한 번만 훑을 수 있는 '단일 패
스 전용(single pass only)' 반복자이다. 예를 들어 it가 입력 반복자라고 할 때, val = *it를 여러
번 수행하는 것은 가능하지만, 일단 ++it를 수행해서 다음 요소로 넘어가면 이전에 가리키던 요
소에 다시 접근할 수 있다는 보장은 없다. 반면 전진 반복자는 한 범위를 여러 번 훑을 수 있음을
보장해야 한다.

### 반복자 정의 시 auto를 활용하라

반복자 정의 구문은 상당히 장황하다. auto를 이용해서 형식이 자동으로 연역 되게 하면 최소한의 코드로 반복자를 정의할 수 있다.

```
std::map<std::string, int>::const_reverse_iterator
mapIt= map.rcbegin();
auto mapIt2= map.rcbegin();
```

다음은 반복자의 사용법을 보여주는 간단한 예제이다.

```
using namespace std;
...
map<string, int> myMap{{"Rainer", 1966}, {"Beatrix", 1966}, {"Juliette", 1997},
                       {"Marius", 1999}};

auto endIt= myMap.end();
for (auto mapIt= myMap.begin(); mapIt != endIt; ++mapIt)
    cout << "{" << mapIt->first << "," << mapIt->second << "}";
        // {Beatrix,1966},{Juliette,1997},{Marius,1999},{Rainer,1966}

vector<int> myVec{1, 2, 3, 4, 5, 6, 7, 8, 9};
vector<int>::const_iterator vecEndIt= myVec.end();
vector<int>::iterator vecIt;
for (vecIt= myVec.begin(); vecIt != vecEndIt; ++vecIt) cout << *vecIt << " ";
        // 1 2 3 4 5 6 7 8 9

vector<int>::const_reverse_iterator vecEndRevIt= myVec.rend();
vector<int>::reverse_iterator vecIt;
for (vecIt= myVec.rbegin(); vecIt != vecEndRevIt; ++vecIt) cout << *vecIt << " ";
        // 9 8 7 6 5 4 3 2 1
```

## 유용한 함수들

전역 함수 std::begin, std::end, std::prev, std::next, std:: distance, std::advance를 이용하면 반복자를 훨씬 수월하게 다룰 수 있다. std:: prev는 양방향 반복자만 받으며, 나머지 함수들은 모든 반복자를 받는 다. 표 7.2는 이들을 비롯해서 <iterator> 헤더에 정의되어 있는 유용한 반복자 함수들을 정리한 것이다.

표 7.2 반복자에 유용한 함수들†

| 함수 | 설명 |
| --- | --- |
| std::begin(cont) | 컨테이너 cont의 시작 반복자를 돌려준다. |
| std::end(cont) | 컨테이너 cont의 끝 반복자를 돌려준다. |
| std::rbegin(cont) | 컨테이너 cont의 역방향 시작 반복자를 돌려준다. |
| std::rend(cont) | 컨테이너 cont의 역방향 끝 반복자를 돌려준다. |
| std::cbegin(cont) | 컨테이너 cont의 상수 시작 반복자를 돌려준다. |
| std::cend(cont) | 컨테이너 cont의 상수 끝 반복자를 돌려준다. |
| std::crbegin(cont) | 컨테이너 cont의 역방향 상수 시작 반복자를 돌려준다. |
| std::crend(cont) | 컨테이너 cont의 역방향 상수 끝 반복자를 돌려준다. |
| std::prev(it) | it 이전 위치를 가리키는 반복자를 돌려준다. |
| std::next(it) | it 다음 위치를 가리키는 반복자를 돌려준다. |
| std::distance(fir, sec) | fir와 sec 사이에 있는 요소들의 개수를 돌려준다. |
| std::advance(it, n) | it를 $n$자리만큼 전진시킨다(컨테이너의 끝쪽을 향해). |

C++ 11 | std::begin(cont)
C++ 11 | std::end(cont)
C++ 14 | std::rbegin(cont)
C++ 14 | std::rend(cont)
C++ 14 | std::cbegin(cont)
C++ 14 | std::cend(cont)
C++ 14 | std::crbegin(cont)
C++ 14 | std::crend(cont)
C++ 11 | std::prev(it)
C++ 11 | std::next(it)

다음은 이 함수들의 사용법을 보여주는 예제 코드이다.

```
#include <iterator>
...
using std::cout;

std::unordered_map<std::string, int> myMap{
    {"Rainer", 1966}, {"Beatrix", 1966}, {"Juliette", 1997}, {"Marius", 1999}};

for (auto m: myMap) cout << "{" << m.first << "," << m.second << "} ";
    // {Juliette,1997},{Marius,1999},{Beatrix,1966},{Rainer,1966}

auto mapItBegin= std::begin(myMap);
cout << mapItBegin->first << " " << mapItBegin->second;  // Juliette 1997

auto mapIt= std::next(mapItBegin);
cout << mapIt->first << " " << mapIt->second;            // Marius 1999
cout << std::distance(mapItBegin, mapIt);                // 1

std::array<int, 10> myArr{0, 1, 2, 3, 4, 5, 6, 7, 8, 9};
```

C++ 14 † (옮긴이) 추가로, C++14에서는 주어진 반복자의 역방향 버전을 만들어 주는 std::make_reverse_iterator(it)도 추가되었다.

```
for (auto a: myArr) std::cout << a << " ";              // 0 1 2 3 4 5 6 7 8 9

auto arrItEnd= std::end(myArr);
auto arrIt= std::prev(arrItEnd);
cout << *arrIt << std::endl;                            // 9

std::advance(arrIt, -5);
cout << *arrIt;                                         // 4
```

## 반복자 적응자

반복자 적응자(iterator adapter)는 반복자를 좀 더 특화된 용도로 사용할 수 있게 하는 수단이다. 표준 라이브러리에는 반복자를 삽입 모드로 만드는 적응자들과 스트림을 읽고 쓰게 하는 적응자들이 있다.† 이들은 모두 <iterator> 헤더를 필요로 한다.

### 삽입 반복자

삽입 반복자 적응자는 모두 세 개로, std::front_inserter, std::back_inserter, std::inserter이다. 이들을 이용하면 각각 컨테이너의 시작, 끝, 임의의 위치에 요소를 삽입할 수 있다. 삽입 시 요소들의 메모리는 자동으로 제공된다. 이들은 해당 컨테이너(표 7.3의 cont) 자체의 메서드를 이용해서 주어진 작업을 수행한다.

표 7.3은 각 삽입 반복자와 그것이 사용하는 컨테이너 메서드, 그리고 지원하는 컨테이너 형식을 정리한 것이다.

표 7.3 세 가지 삽입 반복자

| 이름 | 내부적으로 사용하는 메서드 | 컨테이너 |
| --- | --- | --- |
| std::front_inserter(val) | cont.push_front(val) | std::deque<br>std::list |

---

C++ 11   † (옮긴이) 또한 C++11에서는 move_iterator라는 반복자 적응자가 표준 라이브러리에 추가되었다. 이 반복자 적응자로 컨테이너의 요소에 접근하면 오른값 참조(rvalue reference)를 얻게 되며, 그것을 배정하면 복사가 아니라 이동이 수행된다. 따라서, 이 반복자 적응자를 이용하면 예를 들어 STL 알고리즘 활용 시 이동 의미론을 적용할 수 있다.

| std::back_inserter(val) | cont.push_back(val) | std::vector |
| | | std::deque |
| | | std::list |
| | | std::string |
| std::inserter(val, pos) | cont.insert(pos, val) | std::vector |
| | | std::deque |
| | | std::list |
| | | std::string |
| | | std::map |
| | | std::set |

세 삽입 반복자 모두, STL의 알고리즘에 사용할 수 있다.

```
#include <iterator>
...
std::deque<int> deq{5, 6, 7, 10, 11, 12};
std::vector<int> vec{1, 2, 3, 4, 5, 6, 7, 8, 9, 10, 11, 12, 13, 14, 15};

std::copy(std::find(vec.begin(), vec.end(), 13),
          vec.end(), std::back_inserter(deq));

for (auto d: deq) std::cout << d << " ";
                  // 5 6 7 10 11 12 13 14 15

std::copy(std::find(vec.begin(), vec.end(), 8),
std::find(vec.begin(), vec.end(), 10),
std::inserter(deq,
std::find(deq.begin(), deq.end(), 10)));
for (auto d: deq) std::cout << d << " ";
                  // 5 6 7 8 9 10 11 12 13 14 15

std::copy(vec.rbegin()+11, vec.rend(),
std::front_inserter(deq));
for (auto d: deq) std::cout << d << " ";
                  // 1 2 3 4 5 6 7 8 9 10 11 12 13 14 15
```

## 스트림 반복자

스트림 반복자 적응자는 스트림을 자료 원본 또는 자료 싱크sink로 사용
할 수 있다. 입력 스트림 반복자 적응자 istream_iterator와 출력 스트
림 반복자 적응자 osteram_iterator는 각각 두 가지 생성자를 제공한

다. 생성된 입력 스트림 반복자는 입력 반복자(p.89)처럼 작동하고, 출력 스트림 반복자는 삽입 반복자(p.89)처럼 작동한다.

표 7.4 네 가지 스트림 반복자 생성자

| 생성자 | 설명 |
|---|---|
| std::istream_iterator<T>() | 스트림 끝(end-of-stream) 반복자를 생성한다. |
| std::istream_iterator<T><br>(istream) | 주어진 istream을 위한 입력 스트림 반복자를 생성한다. |
| std::ostream_iterator<T><br>(ostream) | 주어진 ostream을 위한 출력 스트림 반복자를 생성한다. |
| std::ostream_iterator<T><br>(ostream, delim) | 주어진 ostream을 위한 출력 반복자를 생성한다. 그 출력 반복자는 delim을 구분자로 사용한다. |

　　스트림 반복자 적응자 덕분에 반복자를 이용해서 스트림을 직접 읽거나 쓸 수 있다.

　　다음은 무한 루프를 돌리면서 std::cin에서 정수를 읽어서 벡터 myIntVec에 집어넣는 대화식 프로그램의 일부이다. 정수로 해석할 수 없는 값이 입력되면 입력 스트림에서 오류가 발생해서 루프가 끝난다. 그러면 myIntVec의 모든 정수를 :를 구분자로 사용해서 std::cout에 복사한다. 결과적으로, 입력된 정수들이 콘솔에 출력된다.

```cpp
#include <iterator>
...
std::vector<int> myIntVec;
std::istream_iterator<int> myIntStreamReader(std::cin);
std::istream_iterator<int> myEndIterator;

// 다음 값들을 차례로 입력한다고 가정한다.
// 1
// 2
// 3
// 4
// z
while(myIntStreamReader != myEndIterator){
  myIntVec.push_back(*myIntStreamReader);
  ++myIntStreamReader;
```

```
}

std::copy(myIntVec.begin(), myIntVec.end(),
        std::ostream_iterator<int>(std::cout, ":"));
        // 출력은 1:2:3:4:
```

# 8장

# 호출 가능 단위

✅ **이번 장의 분량과 깊이에 관해**

이 책은 C++ 표준 라이브러리에 관한 책이므로, 호출 가능 단위를 세세하게 다루지는 않는다. 그래서 이번 장에서는 호출 가능 단위를 표준 템플릿 라이브러리의 알고리즘에서 정확하게 사용하는 데 필요한 만큼의 정보만 제공한다. 호출 단위에 대한 상세한 논의는 C++ 핵심 언어에 관한 책에 실어야 할 내용이다.

STL(표준 템플릿 라이브러리)의 알고리즘과 컨테이너 중에는 호출 가능 단위로 매개변수화할 수 있는 것이 많다. 호출 가능 단위(callable unit)란, 간단히 말해서 함수처럼 행동하는 어떤 것이다. 보통의 함수뿐만 아니라 함수 객체와 람다 함수도 호출 가능 단위이다. 술어(predicate)는 하나의 부울 값을 돌려주는 특별한 함수이다. 인수가 하나인 술어를 단항 술어(unary predicate)라고 부르고 인수가 둘인 술어를 이항 술어(binary predicate)라고 부른다. 다른 함수들도 마찬가지이다. 인수가 하나인 함수는 단항 함수이고 인수가 두 개인 함수는 이항 함수이다.

💡 **알고리즘에서 컨테이너의 요소를 변경하려면 호출 가능 단위가 인수를 참조로 전달받아야 한다**

호출 가능 단위를 알고리즘에 적용할 때, 컨테이너의 요소가 호출 가능 단위에 값으로 전달되게 할 수도 있고 참조로 전달되게 할 수도 있다. 만일 컨테이너의 요소들을 수정하려면 호출 가능 단위가 요소들에 실제로 접근할 수 있어야 하며, 따라서 참조로 전달받아야 한다.

## 함수

함수는 가장 단순한 형태의 호출 가능 단위이다. 정적 변수를 제외할 때, 함수에는 상태(state)가 없다. 대체로 함수의 정의는 함수가 실제로 쓰이는 곳과 멀리 떨어져 있으므로(심지어는 다른 번역 단위에 있는 경우도 많다), 컴파일러가 함수의 코드를 최적화할 여지가 다른 형태의 코드에 비해 적다.

```
void square(int& i){i= i*i;}
std::vector<int> myVec{1, 2, 3, 4, 5, 6, 7, 8, 4, 10};

std::for_each(myVec.begin(), myVec.end(), square);
for (auto v: myVec) std::cout << v << " ";      // 1 4 9 16 25 36 49 64 81 100
```

## 함수 객체

가장 먼저 지적하고 싶은 점은, 함수 객체(function object)를 functor[펀터]라고 부르지는 말라는 것이다. functor는 수학의 범주론(category)에서 예전부터 쓰인 용어[1]로, 여기서 말하는 함수 객체와는 다른 것이다.[†]

함수 객체는 함수처럼 행동하는 객체이다. 함수 객체는 객체이므로 속성을 가질 수 있다. 따라서, 보통의 함수와는 달리 함수 객체에는 상태를 둘 수 있다. 객체가 함수처럼 행동하게 하려면 호출 연산자 operator()를 정의해야 한다. 다음이 그러한 예이다.

```
struct Square{
  void operator()(int& i){i= i*i;}
```

---

1  *https://en.wikipedia.org/wiki/Functor*

†  (옮긴이) 범주론의 functor에 해당하는 한국어 단어는 '함자'라고 부른다(*https://ko.wikipedia.org/wiki/함자_(수학)* 참고). 프로그래밍과 관련해서 functor의 또 다른 번역어인 '함수자'는 범주론의 함자와 충돌하지 않지만, 애초에 프로그래밍 분야에서 말하는 functor 자체가 그리 잘 선택된 용어가 아니라는 점에서, 굳이 함수자라는 용어를 사용할 필요는 없을 것이다.

```
};

std::vector<int> myVec{1, 2, 3, 4, 5, 6, 7, 8, 9, 10};

std::for_each(myVec.begin(), myVec.end(), Square());

for (auto v: myVec) std::cout << v << " "; // 1 4 9 16 25 36 49 64 81 100
```

> 💡 **함수 객체를 사용하려면 반드시 생성해야 한다**
>
> 프로그래머들이 함수 객체를 알고리즘에 사용할 때 흔히 저지르는 실수는 함수 객체 클래스의 이름만 지정하는 것이다. 예를 들어 std::for_each(myVec. begin(), myVec.end(), Square)는 컴파일 오류를 발생한다. 마지막 인수에 함수 객체 클래스 이름인 Square를 지정했기 때문이다. 제대로 하려면 생성자 호출 구문인 Square()를 지정해서 함수 객체 **인스턴스**가 알고리즘에 전달되게 해야 한다. 즉, std::for_each(myVec.begin(), myVec.end(), Square()) 라고 해야 한다.

## 미리 정의된 함수 객체 템플릿

C++ 표준 라이브러리에는 다양한 함수 객체 템플릿이 미리 정의되어 있다. 이들을 사용하려면 <functional> 헤더가 필요하다. 이 함수 객체 템플릿들은 컨테이너의 기본 행동 방식을 변경하는 데 아주 유용하다. 예를 들어 순서 있는 연관 컨테이너의 키들은 기본적으로는 미리 정의된 함수 객체인 std::less를 기준으로 정렬되지만, 원한다면 std::greater에 따라 정렬되게 할 수도 있다.

```
std::map<int, std::string> myDefaultMap;                    // std::less<int>
std::map<int, std::string, std::greater<int> > mySpecialMap; // std::greater<int>
```

표 8.1에 보듯이, 표준 템플릿 라이브러리에는 산술, 논리, 비트 연산을 위한 템플릿 클래스들과 부정<sup>否定</sup>(negation; 부호나 참·거짓을 반대로 만드는 것) 및 비교를 위한 템플릿 클래스들이 미리 정의되어 있다.

표 8.1 미리 정의된 함수 객체 템플릿들

| 용도 | 함수 객체 클래스 템플릿 |
|------|-------------------------|
| 부정 | std::negate<T> |
| 산술 | std::plus<T>, std::minus<T><br>std::multiplies<T>, std::divides<T><br>std::modulus<T> |
| 비교 | std::equal_to<T>, std::not_equal_to<T><br>std::less<T>, std::greater<T><br>std::less_equal<T>, std::greater_equal<T> |
| 논리 연산 | std::logical_not<T><br>std::logical_and<T>, std::logical_or<T> |
| 비트 연산 | std::bit_and<T>, std::bit_or<T><br>std::bit_xor<T>, std::bit_not<T> |

C++11

# 람다 함수

람다 함수(lambda function)는 함수를 즉석에서 정의하는 수단이라 할수 있다. 함수의 정의와 사용이 한 곳에서 이루어지므로, 컴파일러가 코드를 최적화할 여지가 훨씬 크다. 람다 함수는 인수를 값으로 전달받을수도 있고 참조로 전달받을 수 있으며, 자신의 주변 환경에 있는 변수들도 값 또는 참조로 갈무리할(capture) 수 있다. C++14부터는 환경 갈무리 시 이동 의미론(p.17)을 적용하는 것도 가능하다.

C++14

```
std::vector<int> myVec{1, 2, 3, 4, 5, 6, 7, 8, 9, 10};
std::for_each(myVec.begin(), myVec.end(), [](int& i){ i= i*i; });
                                  // 1 4 9 16 25 36 49 64 81 100
```

💡 **람다 함수를 가장 먼저 고려하라**

사용하려는 호출 가능 단위의 기능이 간단하고 자명하다면 람다 함수로 만들어서 사용하는 것이 바람직하다. 대체로 람다 함수는 다른 종류의 호출 가능 단위보다 빠르고 이해하기 쉽다.

9장

The   C + +   S t a n d a r d   L i b r a r y

# 알고리즘

표준 템플릿 라이브러리(STL)에는 컨테이너와 컨테이너 요소들에 작용하는 여러 알고리즘<sup>algorithm</sup>†이 있다. STL의 알고리즘들은 함수 템플릿이라서 컨테이너 요소의 형식에 독립적이다. 컨테이너와 알고리즘을 연결하는 접착제 역할을 하는 것은 반복자(p.87)이다. 독자가 만든 컨테이너가 STL 컨테이너의 인터페이스를 지원한다면, STL의 알고리즘들을 독자의 컨테이너에 적용할 수 있다.

```
#include <algorithm>
...
template <typename Cont, typename T>
void doTheSame(Cont cont, T t){
  for (const auto c: cont) std::cout << c << " ";
  std::cout << cont.size() << std::endl;
  std::reverse(cont.begin(), cont.end());
  for (const auto c: cont) std::cout << c << " ";
  std::reverse(cont.begin(), cont.end());
  for (const auto c: cont) std::cout << c << " ";
  auto It= std::find(cont.begin(), cont.end(), t);
  std::reverse(It, cont.end());
  for (const auto c: cont) std::cout << c << " ";
}
```

---

† (옮긴이) 여기서 말하는 알고리즘은 일반적인 의미의 알고리즘(이를테면 유클리드의 최대공약수 알고리즘)이 아니라 그러한 알고리즘을 구현한 C++ 표준 함수를 뜻한다. '표준 알고리즘 함수'를 간단하게 줄여서 부르는 것이라고 생각하면 될 것이다.

```
std::vector<int> myVec{1, 2, 3, 4, 5, 6, 7, 8, 9, 10};
std::deque<std::string> myDeq({"A", "B", "C", "D", "E", "F", "G", "H", "I"});
std::list<char> myList({'a', 'b', 'c', 'd', 'e', 'f', 'g', 'h'});

doTheSame(myVec, 5);
 // 1 2 3 4 5 6 7 8 9 10
 // 10
 // 10 9 8 7 6 5 4 3 2 1
 // 1 2 3 4 5 6 7 8 9 10
 // 1 2 3 4 10 9 8 7 6 5

doTheSame(myDeq, "D");
 // A B C D E F G H I
 // 9
 // I H G F E D C B A
 // A B C D E F G H I
 // A B C I H G F E D

doTheSame(myList, 'd');
 // a b c d e f g h
 // 8
 // h g f e d c b a
 // a b c d e f g h
 // a b c h g f e d
```

## 관례

표준 템플릿 라이브러리의 알고리즘들을 사용하려면 다음과 같은 규칙
들을 기억해 두어야 한다.

　알고리즘들은 여러 헤더에 정의되어 있다.

<algorithm>:

　이 헤더에는 일반적 알고리즘들이 정의되어 있다.

<numeric>

　이 헤더에는 수치 알고리즘들이 정의되어 있다.

　알고리즘 중에는 _if와 _copy라는 접미사가 붙은 것들이 많다.

_if

　이 접미사는 술어(p.16)로 매개변수화할 수 있는 알고리즘에 붙는다.

_copy

이 접미사는 요소들을 다른 범위(range)에 복사하는 알고리즘에 붙
는다.†

auto num= std::count(first, last, val)이라는 호출문에서, 알
고리즘 count는 값이 val과 같은 요소들의 개수를 돌려준다. 이때 num의
형식은 iterator_traits<InpIt>::difference_type이다. 이 형식은 결
과를 담기에 충분한 크기임이 보장된다. auto에 의한 자동 반환 형식 연
역 덕분에, 구체적인 형식은 컴파일러가 알아서 결정해 준다.

> 💡 **추가적인 범위를 요구하는 알고리즘을 사용할 때에는 그 범위의 유효성을
> 확인해야 한다.**
>
> std::copy_if라는 알고리즘(p.111)은 대상 범위의 시작을 가리키는 반복자
> 를 받는다. 알고리즘이 제대로 작동하려면 그 대상 범위가 반드시 유효한 범위
> 이어야 한다.

> ✅ **알고리즘 형식 매개변수 명명 관례**
>
> 인수들과 반환값의 의미를 짐작할 수 있도록, 알고리즘들의 인수 형식과 반환
> 형식에 표 9.1에 나온 약자들을 사용했다.

표 9.1 알고리즘 서명에 쓰인 명명 관례

| 이름 | 설명 |
| --- | --- |
| InIt | 입력 반복자(p.89) |
| FwdIt | 전진 반복자(p.88) |
| BiIt | 양방향 반복자(p.88) |
| UnFunc | 단항 호출 가능 단위(p.97) |

(다음 쪽으로 이어짐)

---

† (옮긴이) 참고로, _move라는 접미사가 붙는 알고리즘은 없다. 즉, 요소들을 대상 범위에 '이동'하
는 알고리즘들이 따로 마련되어 있지는 않다. 요소들을 복사하는 알고리즘에 이동 의미론을 적
용하고 싶으면, 이동 반복자 적응자(move_iterator; 제7장 '반복자 적응자' 절 옮긴이 주석 참
고)를 이용해서 관련 반복자들을 지정하면 된다. 이동 반복자를 적용할 때 std::make_move_
C++11    iterator 함수를 이용하면 코드를 좀 더 간결하게 만들 수 있다.

(앞쪽에서 이어짐)

| BiFunc | 이항호출 가능 단위(p.97) |
|--------|------------------------|
| UnPre  | 단항 술어(p.97)         |
| BiPre  | 이항 술어(p.97)         |

## 접착제로서의 반복자

반복자는 알고리즘이 작용할 컨테이너의 범위를 정의한다. 많은 알고리즘은 한 쌍의 반복자를 받는데, 그 두 반복자는 하나의 **반개구간**(half-open interval)에 해당하는 범위를 정의한다. 시작 반복자는 범위의 시작을 가리키지만 끝 반복자는 범위의 끝을 하나 지나친 위치를 가리키기 때문에 '반(half)'자가 붙었다.

반복자들은 능력에 따라 여러 범주로 나뉘는데, 이에 관해서는 제7장 '반복자'의 '범주' 절(p.88)에서 이야기했다. 알고리즘들에는 사용 가능한 반복자에 대한 제약조건이 존재하는데, std::rotate처럼 전진 반복자(p.88)면 충분한 알고리즘들이 대부분이지만 std::reverse처럼 양방향 반복자(p.88)를 요구하는 알고리즘도 있다.

## for_each 알고리즘

UnFunc std::for_each(InpIt first, InpIt second, UnFunc func)

std::for_each는 주어진 범위의 각 요소에 단항 호출 가능 단위를 적용한다. 그 범위는 한 쌍의 입력 반복자들로 주어진다.

std::for_each의 특징은 주어진 호출 가능 단위를 돌려준다는 점이다.† 만일 함수 객체로 std::for_each를 호출한다면, 함수 호출 결과를 그 함수 객체 안에 저장해두고 std::for_each 호출이 끝난 후에 그 결과를 참조할 수 있다. 다음이 그러한 예이다.

```
#include <algorithm>
...
```

---

**C++ 11**

† (옮긴이) C++11부터는 호출 가능 단위가 복사가 아니라 이동에 의해 반환되므로, 덩치 큰 함수 객체를 사용한다고 해도 전달 비용이 크지 않다.

```cpp
template <typename T>
class ContInfo{
public:
  void operator()(T t){
    num++;
    sum+= t;
  }
  int getSum() const{ return sum; }
  int getSize() const{ return num; }
  double getMean() const{
    return static_cast<double>(sum)/static_cast<double>(num);
  }
private:
  T sum{0};
  int num{0};
};

std::vector<double> myVec{1.1, 2.2, 3.3, 4.4, 5.5, 6.6, 7.7, 8.8, 9.9};
auto vecInfo= std::for_each(myVec.begin(), myVec.end(), ContInfo<double>());

std::cout << vecInfo.getSum() << std::endl;    // 49
std::cout << vecInfo.getSize() << std::endl;   // 9
std::cout << vecInfo.getMean() << std::endl;   // 5.5

std::array<int, 100> myArr{1, 2, 3, 4, 5, 6, 7, 8, 9, 10};
auto arrInfo= std::for_each(myArr.begin(), myArr.end(), ContInfo<int>());

std::cout << arrInfo.getSum() << std::endl;    // 55
std::cout << arrInfo.getSize() << std::endl;   // 100
std::cout << arrInfo.getMean() << std::endl;   // 0.55
```

## 요소를 수정하지 않은 알고리즘

요소들을 변경하지 않는 알고리즘을 비수정(non-modifying) 알고리즘이라고 부른다. 이를테면 요소들의 개수를 세거나 특정 요소를 검색하는 알고리즘들이 비수정 알고리즘에 속하며, 특정 범위의 속성들을 점검하거나, 범위들을 비교하거나, 범위 안에서 특정 범위를 검색하는 알고리즘도 비수정 알고리즘이다.

### 요소 검색
표준 템플릿 라이브러리의 요소 검색 알고리즘들은 크게 세 부류로 나뉜다.

범위 안의 한 요소를 찾는 알고리즘:

```
InpIt find(InpIt first, InpIt last, const T& val)
InpIt find_if(InpIt first, InpIt last, UnPred pred)
InpIt find_if_not(InpIt first, InpIt last, UnPred pre)
```
C++ 11

다른 범위의 임의의 한 요소와 처음으로 일치하는 요소를 찾는 알고리즘:

```
InputIt find_first_of(InpIt first1, InpIt last1, FwdIt first2, FwdIt last2)
InputIt find_first_of(InpIt first1, InpIt last1, FwdIt first2, FwdIt last2,
                      BiPre pre)
```

범위 안에서 값이 같은 일련의 요소들을 찾는 알고리즘:

```
FwdIt adjacent_find(FwdIt first, FwdIt last)
FwdIt adjacent_find(FwdIt first, FwdI last, BiPre pre)
```

이러한 검색 알고리즘들은 인수로 입력 반복자 또는 전진 반복자를 요구하며†, 검색 성공 시 해당 요소를 가리키는 반복자를 돌려준다. 검색 실패 시에는 끝 반복자를 돌려준다.

```
#include <algorithm>
...
using namespace std;

bool isVowel(char c){
  string myVowels{"aeiouäöü"};
  set<char> vowels(myVowels.begin(), myVowels.end());
  return (vowels.find(c) != vowels.end());
}

list<char> myCha{'a', 'b', 'c', 'd', 'e', 'f', 'g', 'h', 'i', 'j'};
int cha[]= {'A', 'B', 'C'};

cout << *find(myCha.begin(), myCha.end(), 'g');              // g
cout << *find_if(myCha.begin(), myCha.end(), isVowel);       // a
cout << *find_if_not(myCha.begin(), myCha.end(), isVowel);  // b

auto iter= find_first_of(myCha.begin(), myCha.end(), cha, cha + 3);
```

---

† (옮긴이) C++03까지는 find_first_of의 반환값과 처음 두 매개변수가 전진 반복자였는데, C++11
C++ 11  에서 비슷한 다른 검색 함수들처럼 입력 반복자로 바뀌었다. 입력 반복자는 전진 반복자보다 요구조건이 적으므로, find_first_of의 적용 범위가 더 넓어졌다.

```
if (iter == myCha.end()) cout << "A도, B도, C도 없음."    // A도, B도, C도 없음.
auto iter2= find_first_of(myCha.begin(), myCha.end(), cha, cha+3,
                [](char a, char b){ return toupper(a) == toupper(b); });
if (iter2 != myCha.end()) cout << *iter2;                    // a
auto iter3= adjacent_find(myCha.begin(), myCha.end());
if (iter3 == myCha.end()) cout << "동일한 인접 문자들 없음";
                                               // 동일한 인접 문자들 없음.

auto iter4= adjacent_find(myCha.begin(), myCha.end(),
                [](char a, char b){ return isVowel(a) == isVowel(b); });
if (iter4 != myCha.end()) cout << *iter4;                    // b
```

## 요소 개수 세기

STL은 요소 개수를 세는 알고리즘을 두 개 제공하는데, 하나는 술어를 받는다.

요소 개수를 돌려주는 알고리즘:

```
Num count(InpIt first, InpI last, const T& val)
Num count_if(InpIt first, InpIt last, UnPred pre)
```

이 알고리즘들은 입력 반복자들을 받고 val과 상등인 요소들의 개수 또는 주어진 술어를 만족하는 요소들의 개수를 돌려준다.

```
#include <algorithm>
...
std::string str{"abcdabAAAaefaBqeaBCQEaadsfdewAAQAaafbd"};
std::cout << std::count(str.begin(), str.end(), 'a');          // 9
std::cout << std::count_if(str.begin(), str.end(),
                [](char a){ return std::isupper(a); }); // 12
```

## 범위에 대한 조건 점검

주어진 범위의 요소들이 특정 조건을 만족하는지에 관한 답을 알려주는 알고리즘이 세 개 있다. std::all_of는 모든 요소가 조건을 만족하는지의 여부를 알려주고 std::any_of는 그런 요소가 하나라도 있는지의 여부를, std::none_of는 하나도 없는지의 여부를 알려준다. 이 함수들은 범위를 정의하는 입력 반복자들과 조건을 지정하는 단항 술어를 받고 하나의 부울 값을 돌려준다.

범위의 모든 요소가 특정 조건을 만족하는지 점검하는 알고리즘:

**bool** all_of(InpIt first, InpIt last, UnPre pre)

범위에 특정 조건을 만족하는 요소가 하나라도 있는지 점검하는 알고리즘:

**bool** any_of(InpIt first, InpIt last, UnPre pre)

범위에 특정 조건을 만족하는 요소가 하나도 없는지 점검하는 알고리즘:

**bool** none_of(InpIt first, InpIt last, UnPre pre)

다음은 이들을 사용하는 예이다.

```
#include <algorithm>
...
auto even= [](int i){ return i%2; };
std::vector<int> myVec{1, 2, 3, 4, 5, 6, 7, 8, 9};
std::cout << std::any_of(myVec.begin(), myVec.end(), even);  // true
std::cout << std::all_of(myVec.begin(), myVec.end(), even);  // false
std::cout << std::none_of(myVec.begin(), myVec.end(), even); // false
```

## 범위 비교

std::equal을 이용하면 두 범위가 같은지(즉, 두 범위가 같은 요소들로 이루어져 있는지)의 여부를 알아낼 수 있다. std::lexicographical_compare와 std::mismatch로는 두 범위 중 어느 것이 더 '작은지' 알아낼 수 있다.

두 범위의 상등을 점검하는 알고리즘:

```
bool equal(InpIt first1, InpIt last1, InpIt first2)
bool equal(InpIt first1, InpIt last1, InpIt first2, BiPre pred)
```

첫 범위가 둘째 범위보다 작은지 점검하는 알고리즘:

```
bool lexicographical_compare(InpIt first1, InpIt last1,
                             InpIt first2, InpIt last2)
```

```
bool lexicographical_compare(InpIt first1, InpIt last1,
                             InpIt first2, InpIt last2, BiPre pred)
```

두 범위가 달라지는 첫 위치를 찾는 알고리즘:

```
pair<InpIt, InpIt> mismatch(InpIt first1, InpIt last1, InpIt first2)
pair<InpIt, InpIt> mismatch(InpIt first1, InpIt last1, InpIt first2, BiPre pred)
```

이 알고리즘들은 입력 반복자들을 받으며, 명시적으로든 암묵적으로든 하나의 이항 술어를 받는다. std::mismatch는 입력 반복자들의 쌍을 담은 pair 객체를 돌려준다. 그 객체가 pa라고 할 때, pa.first에는 첫 범위의 요소 중 둘째 범위의 것과 다른 첫 번째 요소를 가리키는 반복자가 들어 있고 pa.second에는 둘째 범위의 요소 중 첫째 범위의 것과 다른 첫 번째 요소를 가리키는 반복자가 들어 있다. 두 범위가 같으면, 두 범위의 끝 반복자들이 담긴 결과 쌍이 반환된다.

```
#include <algorithm>
...
using namespace std;

string str1{"Only For Testing Purpose."};
string str2{"only for testing purpose."};
cout << equal(str1.begin(), str1.end(), str2.begin());  // false
cout << equal(str1.begin(), str1.end(), str2.begin(),
              [](char c1, char c2){ return toupper(c1) == toupper(c2);} );
                                                         // true

str1= {"Only for testing Purpose."};
str2= {"Only for testing purpose."};
auto pair= mismatch(str1.begin(), str1.end(), str2.begin());
if (pair.first != str1.end()){
  cout << distance(str1.begin(), pair.first)
       << "번 위치에서 다름(" << *pair.first << " 대 " << *pair.second << ")";
       // 17번째 위치에서 다름(P 대 p)
}
auto pair2= mismatch(str1.begin(), str1.end(), str2.begin(),
                     [](char c1, char c2){ return toupper(c1) == toupper(c2); });
if (pair2.first == str1.end()){
  cout << "str1과 str2는 상등";  // st1과 str2는 상등
}
```

## 범위 안의 범위 검색

std::search는 한 범위의 시작에서부터 특정 부분 범위를 찾고, std::find_end는 끝에서부터 찾는다. std::search_n은 한 범위에서 같은 요소가 연달아 $n$번 나오는 범위를 찾는다.

범위 검색 알고리즘들은 모두 전방 반복자들을 받으며, 일부는 이항 술어도 받는다. 검색 성공 시에는 해당 부분 범위의 시작을 가리키는 반복자를 돌려주고, 실패 시에는 첫 범위(전체 범위)의 끝 반복자를 돌려준다.

첫 범위의 첫 요소에서부터 둘째 범위를 찾아서 그 시작 위치를 돌려주는 알고리즘:

```
FwdIt1 search(FwdIt1 first1, FwdIt1 last1, FwdIt2 first2, FwdIt2 last2)
FwdIt1 search(FwdIt1 first1, FwdIt1 last1, FwdIt2 first2, FwdIt2 last2,
              BiPre pre)
```

첫 범위의 끝에서부터 둘째 범위를 찾아서 그 시작 위치를 돌려주는 알고리즘:

```
FwdIt1 find_end(FwdIt1 first1, FwdIt1 last1, FwdIt2 first2 FwdIt2 last2)
FwdIt1 find_end(FwdIt1 first1, FwdIt1 last1, FwdIt2 first2, FwdIt2 last2,
                BiPre pre)
```

주어진 값과 일치하는 count개의 연속된 요소들을 알고리즘:

```
FwdIt search_n(FwdIt first, FwdIt last, Size count, const T& value)
FwdIt search_n(FwdIt first, FwdIt last, Size count, const T& value, BiPre pre)
```

> **!** **알고리즘 search_n은 아주 특별하다**
>
> 알고리즘 FwdIt search_n(FwdIt first, FwdIt last, Size count, const T& value, BiPre pre)는 아주 특별하다. 이 버전은 범위의 요소와 값 value의 상등을 이항 술어 BiPre를 이용해서 판정한다(BiPre는 요소를 첫 인수, value를 둘째 인수로 받는다).

```
#include <algorithm>
...
```

```
using std::search;

std::array<int, 10> arr1{0, 1, 2, 3, 4, 5, 6, 7, 8, 9};
std::array<int, 5> arr2{3, 4, -5, 6, 7};

auto fwdIt= search(arr1.begin(), arr1.end(), arr2.begin(), arr2.end());
if (fwdIt == arr1.end()) std::cout << "arr1에 arr2가 없음.";
                                                    // arr1에 arr2가 없음.

auto fwdIt2= search(arr1.begin(), arr1.end(), arr2.begin(), arr2.end(),
                    [](int a, int b){ return std::abs(a) == std::abs(b); });
if (fwdIt2 != arr1.end()) std::cout << "arr2의 위치: "
                << std::distance(arr1.begin(), fwdIt2) << "(arr1에서).";
                                          // arr2의 위치: 3 (arr1에서).
```

# 요소를 수정하는 알고리즘

C++ 표준 템플릿 라이브러리에는 요소들과 범위들을 수정하는 알고리즘도 많이 있다.

### 요소와 범위의 복사

std::copy는 범위를 전진 방향으로 복사하고 std::copy_backward는 후진 방향으로 복사한다. std::copy_if는 특정 조건에 맞는 요소들만 복사한다. std::copy_n은 특정 개수의 요소들을 복사한다.

범위 전체 복사 알고리즘:

```
OutIt copy(InpIt first, InpIt last, OutIt result)
```

요소 n개 복사 알고리즘:

C++11
```
OutIt copy_n(InpIt first, Size n, OutIt result)
```

술어 pre에 근거한 요소 복사 알고리즘:

C++11
```
OutIt copy_if(InpIt first, InpIt last, OutIt result, UnPre pre)
```

범위를 거꾸로 복사하는 알고리즘:

```
BiIt copy_backward(BiIt first, BiIt last, BiIt result)
```

이 알고리즘들은 원본 범위를 정의하는 입력 반복자들과 요소들을 대상 범위에 복사하는 데 사용할 출력 반복자를 받는다. 반환값은 대상 범위의 끝 반복자이다.

```cpp
#include <algorithm>
...

std::vector<int> myVec{0, 1, 2, 3, 4, 5, 6, 7, 9};
std::vector<int> myVec2(10);

std::copy_if(myVec.begin(), myVec.end(), myVec2.begin()+3,
            [](int a){ return a%2; });

for (auto v: myVec2) std::cout << v << " ";   // 0 0 0 1 3 5 7 9 0 0

std::string str{"abcdefghijklmnop"};
std::string str2{"--------------------"};

std::cout << str2;                          // --------------------
std::copy_backward(str.begin(), str.end(), str2.end());
std::cout << str2;                          // ----abcdefghijklmnop
std::cout << str;                           // abcdefghijklmnop

std::copy_backward(str.begin(), str.begin() + 5, str.end());
std::cout << str;                           // abcdefghijkabcde
```

## 요소와 범위 대체

범위의 특정 요소들을 다른 값으로 대체하는 알고리즘으로는 std::replace와 std::replace_if, std::replace_copy, std::replace_copy_if가 있다. 이 알고리즘들은 "술어를 요구하는가?"와 "요소들을 대상 범위에 복사하는가?"라는 두 질문에 대한 답이 각자 다르다.

범위의 기존 요소 중 값이 old인 요소들을 newValue로 대체하는 알고리즘:

```cpp
void replace(ForIt first, ForIt last, const T& old, const T& newValue)
```

범위의 기존 요소 중 술어 pred를 만족하는 요소들을 newValue로 대체하는 알고리즘:

```cpp
void replace_if(ForIt first, ForIt last, UnPred pred, const T& newValue)
```

범위의 기존 요소 중 값이 old인 요소들을 newValue로 대체하고, 그 결과를 result가 가리키는 출력 범위에(이하 간단히 result에) 복사하는 알고리즘:

```
void replace_copy(InpIt first, InpIt last, OutIt result, const T& old,
                  const T& newValue)
```

범위의 기존 요소 중 술어 pred를 만족하는 요소들을 newValue로 대체하고, 그 결과를 result에 복사하는 알고리즘:

```
void replace_copy_if(InpIt first, InpIt last, OutIt result, UnPre pred,
                     const T& newValue)
```

다음은 이 알고리즘들을 실제로 활용하는 예이다.

```
#include <algorithm>
...

std::string str{"Only for testing purpose."};
std::replace(str.begin(), str.end(), ' ', '1');
std::cout << str; // Only1for1testing1purpose.

std::replace_if(str.begin(), str.end(), [](char c){ return c == '1'; }, '2');
std::cout << str; // Only2for2testing2purpose.

std::string str2;
std::replace_copy(str.begin(), str.end(), std::back_inserter(str2), '2', '3');
std::cout << str2; // Only3for3testing3purpose.

std::string str3;
std::replace_copy_if(str2.begin(), str2.end(),
std::back_inserter(str3), [](char c){ return c == '3'; }, '4');
std::cout << str3; // Only4for4testing4purpose.
```

## 요소와 범위 제거

네 알고리즘 std::remove, std::remove_if, std::remove_copy, std::remove_copy_if 역시 두 가지 질문에 따라 분류된다. 이름에 _if가 있는 알고리즘들은 제거할 요소들을 결정하는 술어를 요구하고, 이름에 _copy가 있는 알고리즘들은 결과를 새 범위에 복사한다.

범위에서 값이 val인 요소들을 제거하는 알고리즘:

```
ForIt remove(ForIt first, ForIt last, const T& val)
```

범위에서 술어 pred를 만족하는 요소들을 제거하는 알고리즘:

```
ForIt remove_if(ForIt first, ForIt last, UnPred pred)
```

범위에서 값이 val인 요소들을 제거하고 그 결과를 result에 복사하는 알고리즘:

```
ForIt remove_copy(InpIt first, InpIt last, OutIt result, const T& val)
```

범위에서 술어 pred를 만족하는 요소들을 제거하고 그 결과를 result에 복사하는 알고리즘:

```
ForIt remove_copy_if(InpIt first, InpIt last, OutIt result, UnPre pred)
```

이 알고리즘들은 원본 범위를 정의하는 입력 반복자들을 받으며, 일부는 대상 범위에 값들을 복사할 출력 반복자도 받는다. 이들은 결과 범위의 끝 반복자 또는 마지막으로 복사한 반복자를 하나 지나친 위치를 가리키는 반복자를 돌려준다.

---

**!** **삭제-제거 관용구의 적용**

네 가지 제거 알고리즘들이 범위에서 요소들을 실제로 제거(remove)하지는 않는다. 이들은 범위의 새로운 **논리적 끝**을 돌려준다. 요소들을 실제로 없애서 컨테이너의 크기를 줄이려면 다음처럼 삭제-제거 관용구(erase-remove idiom)를 적용해야 한다.

```cpp
#include <algorithm>
...
std::vector<int> myVec{0, 1, 2, 3, 4, 5, 6, 7, 8, 9};

auto newIt= std::remove_if(myVec.begin(), myVec.end(),
                           [](int a){ return a%2; });
for (auto v: myVec) std::cout << v << " ";    // 0 2 4 6 8 5 6 7 8 9

myVec.erase(newIt, myVec.end());
```

```
for (auto v: myVec) std::cout << v << " ";    // 0 2 4 6 8

std::string str{"Only for Testing Purpose."};
str.erase( std::remove_if(str.begin(), str.end(),
        [](char c){ return std::isupper(c); }, str.end() );
std::cout << str << std::endl;                 // nly for esting urpose.
```

## 범위 채우기와 요소 생성

범위를 하나의 값으로 채울 때는 std::fill과 std::fill_n을, 특정한
방식으로 새 요소들을 범위 안에 생성하고 싶으면 std::generate와
std::generate_n을 사용한다.

범위 전체를 하나의 값으로 채우는 알고리즘:

```
void fill(ForIt first, ForIt last, const T& val)
```

범위에 하나의 값을 특정 개수만큼 채우는 알고리즘:

```
OutIt fill_n(OutIt first, Size n, const T& val)
```

생성기(generator)를 이용해서 새 요소를 생성하는 알고리즘:

```
void generate(ForIt first, ForIt last, Generator gen)
```

생성기를 이용해서 새 요소를 특정 개수만큼 생성하는 알고리즘:

```
OutIt generate_n(OutIt first, Size n, Generator gen)
```

이 알고리즘들은 새 요소의 값 val 또는 새 요소를 생성하는 호출 가
능 단위 gen을 인수로 받는다. gen은 인수를 받지 않고 새 값을 돌려주는
호출 가능 단위이어야 한다. 알고리즘 std::fill_n과 std:: generate_n은
마지막으로 생성된 요소를 가리키는 출력 반복자를 돌려준다.

```
#include <algorithm>
...

int getNext(){
  static int next{0};
```

```
    return ++next;
}

std::vector<int> vec(10);
std::fill(vec.begin(), vec.end(), 2011);
for (auto v: vec) std::cout << v << " ";
                    // 2011 2011 2011 2011 2011 2011 2011 2011 2011 2011

std::generate_n(vec.begin(), 5, getNext);
for (auto v: vec) std::cout << v << " ";
                    // 1 2 3 4 5 2011 2011 2011 2011 2011
```

C++ 11 **범위 이동**

std::move 알고리즘은 범위를 전진 방향으로 이동하고 std::move_ backward는 후진 방향으로 이동한다.

범위를 전진 방향으로 이동하는 알고리즘:

```
OutIt move(InpIt first, InpIt last, OutIt result)
```

범위를 후진 방향으로 이동하는 알고리즘:

```
BiIt move_backward(BiIt first, BiIt last, BiIt result)
```

두 알고리즘 모두 이동 대상 범위를 가리키는 반복자 result를 받는다. std::move 알고리즘에서 이 반복자는 출력 반복자이고 std:: move_backward 알고리즘에서는 양방향 반복자이다. std::move 알고리즘은 대상 범위의 끝(마지막으로 이동된 요소를 하나 지나친 위치)을 가리키는 출력 반복자를, std::move_backward는 대상 범위 안의 마지막으로 이동된 요소를 가리키는 양방향 반복자를 돌려준다.

> **❗ 원본 범위가 변할 수도 있다**
>
> std::move와 std::move_backward는 이동 의미론을 따른다. 따라서, 이동이 끝난 후에도 원본 범위가 유효한 범위이긴 하지만, 이동 이전과 같은 요소들이 들어 있다는 보장은 없다.

```
#include <algorithm>
...

std::vector<int> myVec{0, 1, 2, 3, 4, 5, 6, 7, 9};
std::vector<int> myVec2(myVec.size());
std::move(myVec.begin(), myVec.end(), myVec2.begin());
for (auto v: myVec2) std::cout << v << " ";    // 0 1 2 3 4 5 6 7 9 0

std::string str{"abcdefghijklmnop"};
std::string str2{"--------------------"};
std::move_backward(str.begin(), str.end(), str2.end());
std::cout << str2;                             // -----abcdefghijklmnop
```

## 범위 교환

std::swap은 주어진 두 객체를(즉, 컨테이너들 자체를) 교환하고, std::swap_ranges는 주어진 두 범위(의 요소들)를 교환한다.

객체들을 교환하는 알고리즘:

```
void swap(T& a, T& b)
```

범위들을 교환하는 알고리즘:

```
ForIt swap_ranges(ForIt1 first1, ForIt1 last1, ForIt first2)
```

후자의 경우 반환값은 대상 범위 안의 마지막으로 교환된 요소를 가리키는 포인터이다.

---

> ❗ **두 범위가 겹치면 안 된다**
>
> 한 컨테이너 안의 두 범위를 교환하는 것은 가능하지만, 그 두 범위가 겹치면 원하는 결과를 얻지 못한다.

---

```
#include <algorithm>
...

std::vector<int> myVec{0, 1, 2, 3, 4, 5, 6, 7, 9};
std::vector<int> myVec2(9);
std::swap(myVec, myVec2);
for (auto v: myVec) std::cout << v << " ";    // 0 0 0 0 0 0 0 0 0
for (auto v: myVec2) std::cout << v << " ";   // 0 1 2 3 4 5 6 7 9
```

```
std::string str{"abcdefghijklmnop"};
std::string str2{"--------------------"};
std::swap_ranges(str.begin(), str.begin()+5, str2.begin()+5);
std::cout << str << std::endl;              // -----fghijklmnop
std::cout << str2 << std::endl;             // -----abcde----------
```

## 범위의 변환

std::transform 알고리즘은 단항 또는 이항 호출 가능 단위를 범위에 적
용하고, 호출 가능 단위에 의해 수정된(변환된) 요소들을 대상 범위에
복사한다.

단항 호출 가능 fun을 입력 범위의 요소들에 적용하고 그 결과를
result에 복사하는 알고리즘:

```
OutIt transform(InpIt first1, InpIt last1, OutIt result, UnFun fun)
```

이항 호출 가능 fun을 입력 범위의 요소들에 적용하고 그 결과를
result에 복사하는 알고리즘:

```
OutIt transform(InpIt1 first1, InpIt1 last1, InpIt2 first2, OutIt result,
                BiFun fun)
```

첫 버전은 호출 가능 단위를 주어진 한 범위의 요소들에 적용하고,
둘째 것은 주어진 두 범위의 각 요소 쌍(서로 대응되는 두 요소)에 호출
가능 단위를 적용한다. 반환값은 마지막으로 변환된 요소를 하나 지나
친 위치를 가리키는 포인터이다.

```
#include <algorithm>
...

std::string str{"abcdefghijklmnopqrstuvwxyz"};
std::transform(str.begin(), str.end(), str.begin(),
               [](char c){ return std::toupper(c); });
std::cout << str;          // ABCDEFGHIJKLMNOPQRSTUVWXYZ

std::vector<std::string> vecStr{"Only", "for", "testing", "purpose",
"."};
std::vector<std::string> vecStr2(5, "-");
std::vector<std::string> vecRes;
```

```
std::transform(vecStr.begin(), vecStr.end(),
               vecStr2.begin(), std::back_inserter(vecRes),
               [](std::string a, std::string b){ return std::string(b)+a+b; });
for (auto str: vecRes) std::cout << str << " ";
                            // -Only- -for- -testing- -purpose- -.-
```

## 범위 뒤집기

std::reverse와 std::reverse_copy는 범위 안의 요소들의 순서를 뒤집는다. 즉, 요소들을 역순으로 재배치한다.

범위의 요소들의 순서를 뒤집는 알고리즘:

**void** reverse(BiIt first, BiIt last)

범위의 요소들의 순서를 뒤집고 그 결과를 result에 복사하는 알고리즘:

OutIt reverse_copy(BiIt first, BiIt last, OutIt result)

두 알고리즘 모두 양방향 반복자들을 받는다. reverse_copy의 반환값은 복사된 범위의 끝 반복자(출력 범위 result 안의, 마지막으로 복사된 요소를 하나 지나친 위치를 가리키는)이다.

```
#include <algorithm>
...

std::string str{"123456789"};
std::reverse(str.begin(), str.begin()+5);
std::cout << str;           // 543216789
```

## 범위 회전

std::rotate와 std::rotate_copy는 요소들을 회전(순환)한다.

middle이 가리키는 요소가 새로운 시작 요소(첫 번째 요소)가 되도록 요소들을 회전하는 알고리즘:

**void** rotate(ForIt first, ForIt middle, ForIt last)

middle이 가리키는 요소가 새로운 시작 요소(첫 번째 요소)가 되도록 요소들을 회전하고 그 결과를 대상 범위 result에 복사하는 알고리즘:

```
OutIt rotate_copy(ForIt first, ForIt middle, ForIt last, OutIt result)
```

두 알고리즘 모두 전진 반복자들을 받는다. rotate_copy의 반환값은 복사된 범위의 끝 반복자이다.

```
#include <algorithm>
...

std::string str{"12345"};
for (auto i= 0; i < str.size(); ++i){
  std::string tmp{str};
  std::rotate(tmp.begin(), tmp.begin()+i , tmp.end());
  std::cout << tmp << " ";
}                       // 12345 23451 34512 45123 51234
```

## 무작위 범위 뒤섞기

std::random_shuffle과 std::shuffle은 범위의 요소들을 무작위로 뒤섞는다.

범위의 요소들을 무작위로 뒤섞는 알고리즘:

**void** random_shuffle(RanIt first, RanIt last)

범위의 요소들을 난수발생기 gen을 이용해서 무작위로 뒤섞는 알고리즘:

C++ 11    **void** random_shuffle(RanIt first, RanIt last, RanNumGen&& gen)

범위의 요소들을 고른 분포 난수발생기(uniform RNG) gen을 이용해서 무작위로 뒤섞는 알고리즘:

C++ 11    **void** shuffle(RanIt first, RanIt last, URNG&& gen)

이 알고리즘들은 임의 접근 반복자들을 받는다. RanNumGen&& gen은 인수 하나를 받고 그 인수까지의 값들 중 하나를 돌려주는 호출 가능 단위이어야 하고, URNG&& gen는 고른 분포 난수발생기(uniform random number generator)이어야 한다.

 **std::shuffle을 우선으로 사용하라**

std::random_shuffle보다는 std::shuffle을 사용해야 한다. std::random_shuffle은 내부적으로 C 함수 rand를 사용하기 때문에, C++14는 이를 폐기 예정으로 분류했다.

```
#include <algorithm>
...

using std::chrono::system_clock::now
using std::default_random_engine;
std::vector<int> vec1{0, 1, 2, 3, 4, 5, 6, 7, 8, 9};
std::vector<int> vec2(vec1);

std::random_shuffle(vec1.begin(), vec1.end());
for (auto v: vec1) std::cout << v << " ";      // 4 3 7 8 0 5 2 1 6 9

unsigned seed= now().time_since_epoch().count();
std::shuffle(vec2.begin(), vec2.end(), default_random_engine(seed));
for (auto v: vec2) std::cout << v << " ";      // 4 0 2 3 9 6 5 1 8 7
```

seed는 난수발생기를 초기화하는 종잣값으로 쓰였다.

## 중복 요소 제거

std::unique 알고리즘과 std::unique_copy 알고리즘은 인접한 중복 요소들을 제거한다. 이 알고리즘들에는 이항 술어를 받는 버전과 받지 않는 버전이 있다.

인접 중복 요소들을 제거하는 알고리즘:

```
ForIt unique(ForIt first, ForIt last)
```

이항 술어를 만족하는 인접 중복 요소들을 제거하는 알고리즘:

```
ForIt unique(ForIt first, ForIt last, BiPred pre)
```

인접 중복 요소들을 제거하고 그 결과를 result에 복사하는 알고리즘:

```
OutIt unique_copy(InpIt first, InpIt last, OutIt result)
```

이항 술어를 만족하는 인접 중복 요소들을 제거하고 그 결과를 result에 복사하는 알고리즘:

```
OutIt unique_copy(InpIt first, InpIt last, OutIt result, BiPred pre)
```

> **❗ unique류 알고리즘들은 새로운 논리적 끝 반복자를 돌려준다**
>
> unique류 알고리즘들은 범위의 새로운 논리적 끝 반복자를 돌려준다. 제거된 요소들은 컨테이너에 여전히 남아 있으며, 삭제-제거 관용구(p.114)를 적용해야 실제로 사라진다.

```cpp
#include <algorithm>
...

std::vector<int> myVec{0, 0, 1, 1, 2, 2, 3, 4, 4, 5,
                       3, 6, 7, 8, 1, 3, 3, 8, 8, 9};

myVec.erase(std::unique(myVec.begin(), myVec.end()), myVec.end());
for (auto v: myVec) std::cout << v << " ";      // 0 1 2 3 4 5 3 6 7 8 1 3 8 9

std::vector<int> myVec2{1, 4, 3, 3, 3, 5, 7, 9, 2, 4, 1, 6, 8,
                        0, 3, 5, 7, 8, 7, 3, 9, 2, 4, 2, 5, 7, 3};
std::vector<int> resVec;
resVec.reserve(myVec2.size());
std::unique_copy(myVec2.begin(), myVec2.end(), std::back_inserter(resVec),
                 [](int a, int b){ return (a%2) == (b%2); } );
for(auto v: myVec2) std::cout << v << " ";
                  // 1 4 3 3 3 5 7 9 2 4 1 6 8 0 3 5 7 8 7 3 9 2 4 2 5 7 3
for(auto v: resVec) std::cout << v << " ";      // 1 4 3 2 1 6 3 8 7 2 5
```

# 분할

> **✓ 분할이란?**
>
> 어떤 한 집합(set)의 분할(partition; 또는 가름)은 집합의 모든 요소를 서로 소인(교집합이 공집합인) 두 부분집합에 나누어 담는 연산 또는 그 결과를 말한다.

C++에서 두 부분집합은 하나의 단항 술어에 의해 정의된다. 술어를 만족하는 요소들은 첫 번째 부분집합에 속하고, 만족하지 않는 요소들은 두 번째 부분집합에 속한다.

C++ 표준 라이브러리는 분할을 다루는 여러 함수를 제공한다. 이 함수들은 모두 단항 술어 pre를 요구한다. std::partition과 std::stable_partition은 주어진 범위를 분할하고 분할 지점(partition point)†을 돌려준다. std::partition_point 함수는 주어진 분할의 분할 지점을 돌려준다. std::is_partitioned는 주어진 범위가 분할되었는지의 여부를 알려주고, std::partition_copy는 분할을 복사한다.

주어진 범위가 분할되었는지의 여부를 점검하는 알고리즘:

C++ 11
```
bool is_partitioned(InpIt first, InpIt last, UnPre pre)
```

범위를 분할하는 알고리즘:

```
ForIt partition(ForIt first, ForIt last, UnPre pre)
```

범위를 안정적으로 분할하는 알고리즘:

```
BiIt stable_partition(ForIt first, ForIt last, UnPre pre)
```

한 분할을 두 범위에 복사하는 알고리즘:

C++ 11
```
pair<OutIt, OutIt> partition_copy(InIt first, InIt last,
                    OutIt result_true, OutIt result_false, UnPre pre)
```

분할 지점을 돌려주는 알고리즘:

C++ 11
```
ForIt partition_point(ForIt first, ForIt last, UnPre pre)
```

std::partition과는 달리 std::stable_partition은 안정적(stable)이다. 즉, 분할 시 요소들의 상대적 순서를 유지한다. 반환된 반복자

---

† (옮긴이) 여기서 분할 지점은 첫 번째 부분집합의 마지막 요소를 하나 지나친 위치인데, 간단히 말하면 두 번째 부분집합의 시작 요소 위치이다. 단, 모든 범위의 요소가 첫 번째 부분집합에 속할 때는 분할 지점이 곧 범위의 끝이다.

ForIt와 BiIt는 분할의 두 번째 부분집합의 시작 위치(즉, 분할 지점)를 가리킨다. std::partition_copy가 돌려주는 std::pair<OutIt, OutIt> 쌍에는 부분집합 result_true와 result_false의 끝 반복자들이 들어 있다. 분할되지 않은 범위로 std::partition_point를 호출했을 때의 행동은 정의되지 않는다(즉, 정의되지 않은 행동이 발생한다).

```cpp
#include <algorithm>
...
using namespace std;

bool isOdd(int i){ return (i%2) == 1; }
vector<int> vec{1, 4, 3, 4, 5, 6, 7, 3, 4, 5, 6, 0, 4,
                8, 4, 6, 6, 5, 8, 8, 3, 9, 3, 7, 6, 4, 8};

auto parPoint= partition(vec.begin(), vec.end(), isOdd);
for (auto v: vec) cout << v << " ";
                 // 1 7 3 3 5 9 7 3 3 5 5 0 4 8 4 6 6 6 8 8 4 6 4 4 6 4 8

for (auto v= vec.begin(); v != parPoint; ++v) cout << *v << " ";
                 // 1 7 3 3 5 9 7 3 3 5 5
for (auto v= parPoint; v != vec.end(); ++v) cout << *v << " ";
                 // 4 8 4 6 6 6 8 8 4 6 4 4 6 4 8

cout << is_partitioned(vec.begin(), vec.end(), isOdd);     // true
list<int> le;
list<int> ri;
partition_copy(vec.begin(), vec.end(), back_inserter(li), back_inserter(ri),
               [](int i) { return i < 5; });
for (auto v: le) cout << v << " ";     // 1 3 3 3 3 0 4 4 4 4 4 4
for (auto v: ri) cout << v << " ";     // 7 5 9 7 5 5 8 6 6 6 8 8 6 6 8
```

## 정렬

범위 전체를 정렬할 때에는 std::sort나 std::stable_sort를 사용한다. 특정 위치까지만 정렬하려면 std::partial_sort를 사용하면 된다. 또한, std::partial_sort_copy는 부분 정렬된 결과를 다른 범위에 복사한다. 어떤 요소를 범위 안의 **정렬된** 위치, 다시 말해 범위를 실제로 정렬했다면 그 요소가 차지했을 위치에 배정하는 std::nth_element라는 알고리즘도 있다. std::is_sorted는 주어진 범위 전체가 정렬되어 있는지

의 여부를 알려 주고, std::is_sorted_until은 특정 위치까지의 요소들
이 정렬되어 있는지의 여부를 알려 준다.

이 정렬 알고리즘들은 정렬 기준으로 사용할 호출 가능 단위를 받
는다. 정렬 기준을 지정하지 않으면 미리 정의된 함수 객체 std::less가
정렬 기준으로 쓰인다. 정렬 기준이 되는 호출 가능 단위는 반드시 순약
순서(p.71)를 만족해야 한다.

범위의 모든 요소를 정렬하는 알고리즘:

```
void sort(RaIt first, RaIt last)
void sort(RaIt first, RaIt last, BiPre pre)
```

범위의 모든 요소를 안정적으로 정렬하는 알고리즘:

```
void stable_sort(RaIt first, RaIt last)
void stable_sort(RaIt first, RaIt last, BiPre pre)
```

middle이 가리키는 위치까지의 요소들만 정렬되면 정렬을 멈추는
부분 정렬 알고리즘:

```
void partial_sort(RaIt first, RaIt middle, RaIt last)
void partial_sort(RaIt first, RaIt middle, RaIt last, BiPre pre)
```

부분 정렬 후 그 결과를 result_first와 result_last가 가리키는 대
상 범위들에 복사하는 알고리즘:

```
RaIt partial_sort_copy(InIt first, InIt last,
                       RaIt result_first, RaIt result_last)
RaIt partial_sort_copy(InIt first, InIt last,
                       RaIt result_first, RaIt result_last, BiPre pre)
```

범위의 정렬 여부를 알려 주는 알고리즘:

```
C++11   bool is_sorted(ForIt first, ForIt last)
C++11   bool is_sorted(ForIt first, ForIt last, BiPre pre)
```

정렬 기준을 만족하지 않는 첫 번째 요소의 위치를 돌려주는 알고
리즘:

C++ 11 `ForIt is_sorted_until(ForIt first, ForIt last)`
C++ 11 `ForIt is_sorted_until(ForIt first, ForIt last, BiPre pre)`

*n*번째 위치에 정확한(정렬된) 요소가 놓일 때까지만 범위를 정렬하는 알고리즘:†

```
void nth_element(RaIt first, RaIt nth, RaIt last)
void nth_element(RaIt first, RaIt nth, RaIt last, BiPre pre)
```

다음은 이들을 사용하는 예이다.

```
#include <algorithm>
...

std::string str{"RUdAjdDkaACsdfjwldXmnEiVSEZTiepfgOIkue"};
std::cout << std::is_sorted(str.begin(), str.end());        // false

std::partial_sort(str.begin(), str.begin()+30, str.end());
std::cout << str;              // AACDEEIORSTUVXZaddddeeffgiijjkwspnmluk

auto sortUntil= std::is_sorted_until(str.begin(), str.end());
std::cout << *sortUntil;                                    // s
for (auto charIt= str.begin(); charIt != sortUntil; ++charIt)
    std::cout << *charIt;              // AACDEEIORSTUVXZaddddeeffgiijjkw

std::vector<int> vec{1, 0, 4, 3, 5};
auto vecIt= vec.begin();
while(vecIt != vec.end()){
  std::nth_element(vec.begin(), vecIt++, vec.end());
  std::cout << std::distance(vec.begin(), vecIt) << "-th ";
  for (auto v: vec) std::cout << v << "/";
}
// 1-th 01435/2-th 01435/3-th 10345/4-th 30145/5-th 10345
```

## 이진 검색

이진 검색(binary search) 알고리즘들은 범위가 이미 정렬되어 있다는 가정하에서 작동한다. 정렬된 범위에서 특정한 요소를 찾을 때는

---

† (옮긴이) 이름이 암시하듯이, 이 알고리즘은 범위 전체를 정렬할 필요 없이 *n*번째(*n*-th) 요소만 알면 될 때 유용하다. 예를 들어 주어진 수치들의 중앙값을 이 알고리즘으로 간단하게 구할 수 있다(*n*을 전체 개수의 절반으로 두면 된다).

std::binary_search를 사용한다. std::lower_bound는 주어진 값보다 작지 않은 첫 번째 요소를 가리키는 반복자를 돌려주고, std::upper_bound는 주어진 값보다 큰 첫 번째 요소를 가리키는 반복자를 돌려준다. std:::equal_range는 그런 두 반복자를 담은 쌍을 돌려준다.

정렬된 컨테이너에 *n*개의 요소가 들어 있다고 할 때, 이진 검색으로 하나의 요소를 찾는 데에는 평균 $\log 2(n)$회의 비교가 필요하다. 이진 검색을 실행할 때에는 애초에 컨테이너를 정렬할 때 사용했던 것과 동등한 비교 기준을 사용해야 한다. 기본적으로는 std::less가 비교 기준으로 쓰이지만, 필요하다면 다른 이항 술어를 지정할 수 있다. 비교 기준으로 사용할 이항 술어는 반드시 순약 순서(p.71)를 만족해야 한다. 그렇지 않으면 프로그램의 행동은 정의되지 않는다.

정렬되지 않은 연관 컨테이너를 검색할 때에는 해당 컨테이너의 메서드(p.75)를 사용하는 것이 일반적으로 더 빠르다.

범위에서 값이 val인 요소를 찾는 알고리즘:

```
bool binary_search(ForIt first, ForIt last, const T& val)
bool binary_search(ForIt first, ForIt last, const T& val, BiPre pre)
```

범위에서 val보다 작지 않은 첫 요소의 위치를 돌려주는 알고리즘:

```
ForIt lower_bound(ForIt first, ForIt last, const T& val)
ForIt lower_bound(ForIt first, ForIt last, const T& val, BiPre pre)
```

범위에서 val보다 큰 첫 요소의 위치를 돌려주는 알고리즘:

```
ForIt upper_bound(ForIt first, ForIt last, const T& val)
ForIt upper_bound(ForIt first, ForIt last, const T& val, BiPre pre)
```

val에 대한 std::lower_bound와 std::upper_bound의 결과를 담은 쌍을 돌려주는 알고리즘:

```
pair<ForIt, ForIt> equal_range(ForIt first, ForIt last, const T& val)
pair<ForIt, ForIt> equal_range(ForIt first, ForIt last, const T& val, BiPre pre)
```

다음은 이들을 사용하는 예이다.

```cpp
#include <algorithm>
...
using namespace std;

bool isLessAbs(int a, int b){
  return abs(a) < abs(b);
}
vector<int> vec{-3, 0, -3, 2, -3, 5, -3, 7, -0, 6, -3, 5,
                -6, 8, 9, 0, 8, 7, -7, 8, 9, -6, 3, -3, 2};

sort(vec.begin(), vec.end(), isLessAbs);
for (auto v: vec) cout << v << " ";
    // 0 0 0 2 2 -3 -3 -3 -3 -3 3 -3 5 5 -6 -6 6 7 -7 7 8 8 8 9 9
cout << binary_search(vec.begin(), vec.end(), -5, isLessAbs); // true
cout << binary_search(vec.begin(), vec.end(), 5, isLessAbs);  // true

auto pair= equal_range(vec.begin(), vec.end(), 3, isLessAbs);
cout << distance(vec.begin(), pair.first);                    // 5
cout << distance(vec.begin(), pair.second)-1;                 // 11

for (auto threeIt= pair.first;threeIt != pair.second; ++threeIt)
    cout << *threeIt << " ";              // -3 -3 -3 -3 -3 3 -3
```

## 병합 연산

병합(merge) 연산이란 정렬된 두 범위의 요소들을 한데 모아서 새로운 정렬된 범위를 만드는 것을 말한다. 병합 알고리즘들을 호출할 때에는 애초에 범위들을 정렬할 때 사용했던 것과 동일한 정렬 기준(비교 기준)을 지정해야 한다. 그렇지 않으면 프로그램의 행동은 정의되지 않는다. 기본적으로는 std::less가 정렬 기준으로 쓰인다. 그 외의 정렬 기준을 명시적으로 지정하는 경우, 그 정렬 기준은 반드시 순약 순서(p.71)를 만족해야 한다. 그렇지 않으면 프로그램의 행동은 정의되지 않는다.

정렬된 두 범위를 병합할 때에는 std::inplace_merge와 std::merge를 사용한다. std::includes는 한 정렬된 범위가 다른 한 정렬된 범위 안에 있는지의 여부를 알려 준다. std::set_difference, std::set_intersection, std::set_symmetric_difference, std::set_union은 정렬된 두 범위를 병합해서 각각 두 범위의 차집합, 교집합, 대칭차집합, 합집합에 해당하는 새 범위를 만든다.

정렬된 두 부분 범위 [first, mid)와 [mid, last)를 제자리에서
(inplace), 즉 원래의 범위 안에서 병합하는 알고리즘:

```
void inplace_merge(BiIt first, BiIt mid, BiIt last)
void inplace_merge(BiIt first, BiIt mid, BiIt last, BiPre pre)
```

정렬된 두 범위를 병합하고 그 결과를 result에 복사하는 알고
리즘:

```
OutIt merge(InpIt first1, InpIt last1, InpIt first2, InpIt last2, OutIt result)
OutIt merge(InpIt first1, InpIt last1, InpIt first2, InpIt last2, OutIt result,
            BiPre pre)
```

둘째 범위의 모든 요소가 첫 범위 안에 있는지 점검하는 알고리즘:

```
bool includes(InpIt first1, InpIt last1, InpIt first2, InpIt last2)
bool includes(InpIt first1, InpIt last1, InpIt first2, InpIt last2, BinPre pre)
```

차집합을 만드는, 즉 첫 범위에만 있고 둘째 범위에는 없는 요소들
만 result에 복사하는 알고리즘:

```
OutIt set_difference(InpIt first1, InpIt last1, InpIt first2, InpIt last2,
                     OutIt result)
OutIt set_difference(InpIt first1, InpIt last1, InpIt first2, InpIt last2,
                     OutIt result, BiPre pre)
```

교집합을 만드는, 즉 첫 범위와 둘째 범위에 모두 있는 요소들만
result에 복사하는 알고리즘:

```
OutIt set_intersection(InpIt first1, InpIt last1, InpIt first2, InpIt last2,
                       OutIt result)
OutIt set_intersection(InpIt first1, InpIt last1, InpIt first2, InpIt last2,
                       OutIt result, BiPre pre)
```

대칭차집합(합집합에서 교집합을 뺀 결과)에 해당하는 요소들만
result에 복사하는 알고리즘:

```
OutIt set_symmetric_difference(InpIt first1, InpIt last1,
                               InpIt first2, InpIt last2, OutIt result)
```

```
OutIt set_symmetric_difference(InpIt first1, InpIt last1,
                               InpIt first2, InpIt last2, OutIt result,
                                                           BiPre pre)
```

합집합을 만드는, 즉 첫 범위의 모든 요소와 둘째 범위의 모든 요소를 result에 복사하는 알고리즘:

```
OutIt set_union(InpIt first1, InpIt last1, InpIt first2, InpIt last2,
                OutIt result)
OutIt set_union(InpIt first1, InpIt last1, InpIt first2, InpIt last2,
                OutIt result, BiPre pre)
```

이 알고리즘들은 대상 범위(출력 범위)의 끝 반복자를 돌려준다. std::set_difference의 대상 범위에는 첫 범위에만 있는 모든 요소가 들어 있다. std::symmetric_difference의 대상 범위에는 한 범위에만 있는 요소들(즉, 두 범위 모두에 있는 요소들을 제외한 요소들)이 들어 있다. std::union의 결과는 두 정렬된 범위의 합집합에 해당한다.

```
#include <algorithm>
...

std::vector<int> vec1{1, 1, 4, 3, 5, 8, 6, 7, 9, 2};
std::vector<int> vec2{1, 2, 3};

std::sort(vec1.begin(), vec1.end());
std::vector<int> vec(vec1);

vec1.reserve(vec1.size() + vec2.size());
vec1.insert(vec1.end(), vec2.begin(), vec2.end());
for (auto v: vec1) std::cout << v << " ";      // 1 1 2 3 4 5 6 7 8 9 1 2 3

std::inplace_merge(vec1.begin(), vec1.end()-vec2.size(), vec1.end());
for (auto v: vec1) std::cout << v << " ";      //  1 1 1 2 2 3 3 4 5 6 7 8 9

vec2.push_back(10);
for (auto v: vec) std::cout << v << " ";       // 1 1 2 3 4 5 6 7 8 9
for (auto v: vec2) std::cout << v << " ";      // 1 2 3 10

std::vector<int> res;
std::set_symmetric_difference(vec.begin(), vec.end(), vec2.begin(),
vec2.end(),
                              std::back_inserter(res));
for (auto v : res) std::cout << v << " ";       // 1 4 5 6 7 8 9 10
```

```
res= {};
std::set_union(vec.begin(), vec.end(), vec2.begin(), vec2.end(),
               std::back_inserter(res));
for (auto v : res) std::cout << v << " ";          // 1 1 2 3 4 5 6 7 8 9 10
```

# 힙

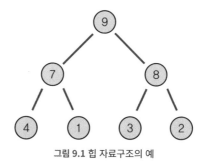

그림 9.1 힙 자료구조의 예

---

✅ **힙이란?**

여기서 말하는 힙<sup>heap</sup>은 부모 요소가 항상 자식 요소들보다 크다는 조건을 만족
하는 이진 검색 트리이다. 힙 트리는 요소들을 효율적으로 정렬하는 연산에 최
적화되어 있다.

---

std::make_heap은 주어진 범위를 하나의 힙으로 만든다. 힙에 새 요
소를 추가할 때에는 std::push_heap을 사용한다. std::pop_heap은 힙
에서 가장 큰 요소를 뽑아 준다. 두 연산 모두 힙의 조건을 만족한다.
std::push_heap은 범위의 마지막 요소를 힙 안의 적절한 위치에 삽입한
다. 반대로, std::pop_heap은 힙의 최상위 요소(가장 큰 요소)를 범위의
마지막 위치로 이동한다. std::is_heap은 주어진 범위가 힙 조건을 만
족하는지 점검하고, std::is_heap_until은 범위의 어느 위치까지가 힙
조건을 만족하는지 알려 준다. std::sort_heap은 힙을 정렬한다.

힙 알고리즘들을 호출할 때에는 애초에 범위들을 정렬할 때 사용했
던 것과 동등한 정렬 기준(비교 기준)을 지정해야 한다. 그렇지 않으면
프로그램의 행동은 정의되지 않는다. 기본적으로는 std::less가 정렬

기준으로 쓰인다. 그 외의 정렬 기준을 명시적으로 지정하는 경우, 그 정렬 기준은 반드시 순약 순서(p.71)를 만족해야 한다. 그렇지 않으면 프로그램의 행동은 정의되지 않는다.

범위를 힙으로 만드는 알고리즘:

```
void make_heap(RaIt first, RaIt last)
void make_heap(RaIt first, RaIt last, BiPre pre)
```

범위가 힙인지 점검하는 알고리즘:

```
C++11    bool is_heap(RaIt first, RaIt last)
C++11    bool is_heap(RaIt first, RaIt last, BiPre pre)
```

범위에서 힙 조건을 만족하는 마지막 위치를 알려 주는 알고리즘:

```
C++11    RaIt is_heap_until(RaIt first, RaIt last)
C++11    RaIt is_heap_until(RaIt first, RaIt last, BiPre pre)
```

힙을 정렬하는 알고리즘:

```
void sort_heap(RaIt first, RaIt last)
void sort_heap(RaIt first, RaIt last, BiPre pre)
```

범위의 마지막 요소를 힙에 삽입하는 알고리즘. [first, last-1)은 반드시 힙이어어야 한다.

```
void push_heap(RaIt first, RaIt last)
void push_heap(RaIt first, RaIt last, BiPre pre)
```

힙에서 가장 큰 요소를 제거해서 범위의 끝으로 옮기는 알고리즘:

```
void pop_heap(RaIt first, RaIt last)
void pop_heap(RaIt first, RaIt last, BiPre pre)
```

std::pop_heap을 이용하면 힙에서 가장 큰 요소를 제거할 수 있다. 그 요소는 범위의 마지막 요소가 된다. 힙이 h라고 할 때, std::pop_heap으로 제거한 요소를 실제로 삭제하려면 h.pop_back을 호출하면 된다.

```
#include <algorithm>
...

std::vector<int> vec{4, 3, 2, 1, 5, 6, 7, 9, 10};
std::make_heap(vec.begin(), vec.end());
for (auto v: vec) std::cout << v << " ";                  // 10 9 7 4 5 6 2 3 1
std::cout << std::is_heap(vec.begin(), vec.end());        // true

vec.push_back(100);
std::cout << std::is_heap(vec.begin(), vec.end());        // false
std::cout << *std::is_heap_until(vec.begin(), vec.end()); // 100
for (auto v: vec) std::cout << v << " ";                  // 10 9 7 4 5 6 2 3 1 100

std::push_heap(vec.begin(), vec.end());
std::cout << std::is_heap(vec.begin(), vec.end());        // true
for (auto v: vec) std::cout << v << " ";                  // 100 10 7 4 9 6 2 3 1 5

std::pop_heap(vec.begin(), vec.end());
for (auto v: vec) std::cout << v << " ";                  // 10 9 7 4 5 6 2 3 1 100
std::cout << *std::is_heap_until(vec.begin(), vec.end()); // 100

vec.resize(vec.size()-1);
std::cout << std::is_heap(vec.begin(), vec.end());        // true
std::cout << vec.front() << std::endl;                    // 10
```

## 최대 최소

std::min_element와 std::max_element는 주어진 범위의 최솟값과 최댓값을 돌려준다. 그리고 std::minmax_element는 최솟값과 최댓값의 쌍을 돌려준다. 이 알고리즘들에는 이항 술어를 받는 버전들이 갖추어져 있다.

범위의 최소 요소를 돌려주는 알고리즘:

```
ForIt min_element(ForIt first, ForIt last)
ForIt min_element(ForIt first, ForIt last, BinPre pre)
```

범위의 최대 요소를 돌려주는 알고리즘:

```
ForIt max_element(ForIt first, ForIt last)
ForIt max_element(ForIt first, ForIt last, BinPre pre)
```

범위의 최소 요소(std::min_element)와 최대 요소(std::max_element)의 쌍을 돌려주는 알고리즘:

```
pair<ForIt, ForIt> minmax_element(ForIt first, ForIt last)
pair<ForIt, ForIt> minmax_element(ForIt first, ForIt last, BinPre pre)
```

주어진 범위에 최소 요소나 최대 요소가 여러 개이면 첫 번째 것이 반환된다.

```
#include <algorithm>
...

int toInt(const std::string& s){
  std::stringstream buff;
  buff.str("");
  buff << s;
  int value;
  buff >> value;
  return value;
}

std::vector<std::string> myStrings{"94", "5", "39", "-4", "-49", "1001", "-77",
                        "23", "0", "84", "59", "96", "6", "-94", "87"};
auto str= std::minmax_element(myStrings.begin(), myStrings.end());
std::cout << *str.first << ":" << *str.second;            // -4:96

auto asInt= std::minmax_element(myStrings.begin(), myStrings.end(),
            [](std::string a, std::string b){ return toInt(a) < toInt(b); });
std::cout << *asInt.first << ":" << *asInt.second;        // -94:1001
```

## 순열

std::prev_permutation과 std::next_permutation은 현재 범위가 현재보다 더 작은 순열(이전 순열) 또는 더 큰 순열(다음 순열)이 되도록 요소들을 정렬한다. 이전 순열(permutation)이나 다음 순열이 없으면 이들은 false를 돌려준다. 두 알고리즘 모두 양방향 반복자를 요구한다. 기본적으로는 미리 정의된 std::less가 정렬 기준으로 쓰인다. 그 외의 정렬 기준을 명시적으로 지정하는 경우, 그 정렬 기준은 반드시 순약 순서(p.71)를 만족해야 한다. 그렇지 않으면 프로그램의 행동은 정의되지 않는다.

범위를 이전 순열로 만드는 알고리즘:

```
bool prev_permutation(BiIt first, BiIt last)
bool prev_permutation(BiIt first, BiIt last, BiPred pre))
```

범위를 다음 순열로 만드는 알고리즘:

```
bool next_permutation(BiIt first, BiIt last)
bool next_permutation(BiIt first, BiIt last, BiPred pre)
```

두 알고리즘 중 어떤 것을 사용하든, 주어진 범위의 모든 순열을 손쉽게 생성할 수 있다.[†]

```
#include <algorithm>
...

std::vector<int> myInts{1, 2, 3};
do{
  for (auto i: myInts) std::cout << i;
  std::cout << " ";
} while(std::next_permutation(myInts.begin(), myInts.end()));
                          // 123 132 213 231 312 321

std::reverse(myInts.begin(), myInts.end());
do{
  for (auto i: myInts) std::cout << i;
  std::cout << " ";
} while(std::prev_permutation(myInts.begin(), myInts.end()));
                          // 321 312 231 213 132 123
```

# 수치

수치 연산 알고리즘들인 std::accumlate, std::adjacent_difference, std::partial_sum, std::inner_product, std::iota는 <algorithm> 헤더가 아니라 <numeric> 헤더에 정의되어 있다는 점이 특징이다. 이들은 이항 호출 가능 단위를 받기 때문에 아주 다양한 용도로 사용할 수 있다.

범위의 요소들을 누적(누산)하는 알고리즘(시작 값은 init):

```
T accumulate(InpIt first, InpIt last, T init)
T accumulate(InpIt first, InpIt last, T init, BinFunc fun)
```

---

C++11 [†] (옮긴이) 참고로, C++11에는 std::is_permutation이라는 알고리즘이 추가되었다. 이 알고리즘은 주어진 한 범위가 다른 범위의 한 순열에 해당하는지의 여부를 돌려준다(예를 들어 {1, 3, 2}는 {1, 2, 3}의 한 순열이지만 {1, 3, 3}은 순열이 아니다)

범위의 인접 요소들의 차이를 계산해서 result에 저장하는 알고리즘:

```
OutIt adjacent_difference(InpIt first, InpIt last, OutIt result)
OutIt adjacent_difference(InpIt first, InpIt last, OutIt result, BiFun fun)
```

범위의 부분합(partial sum)을 계산하는 알고리즘:

```
OutIt partial_sum(InpIt first, InpIt last, OutIt result)
OutIt partial_sum(InpIt first, InpIt last, OutIt result, BiFun fun)
```

두 범위의 내적(inner product; 스칼라 곱(scala product)이라고도 한다)을 계산해서 돌려주는 알고리즘:

```
T inner_product(InpIt first1, InpIt last2, OutIt first2, T init)
T inner_product(InpIt first1, InpIt last2, OutIt first2, T init,
                BiFun fun1, BiFun fun2)
```

val로 시작해서 1씩 증가하는 값을 범위의 각 요소에 배정하는 알고리즘:†

C++ 11    **void** iota(ForIt first, ForIt last, T val)

몇몇 알고리즘은 좀 더 설명이 필요할 것이다.

std::adjacent_difference는 다음 전략을 사용한다.

```
*(result) = *first;
*(result+1) = *(first+1) - *(first);
*(result+2) = *(first+2) - *(first+1);
...
```

std::partial_sum은 다음 전략을 사용한다.

```
*(result) = *first;
*(result+1) = *first + *(first+1);
```

---

† (옮긴이) 이 알고리즘의 이름 iota는 그리스 문자 ι(이오타 또는 요타)를 뜻한다. 문자열을 해석해서 정수로 변환하는 표준 함수 atoi나 그 반대의 일을 하는 비표준 함수 itoa와는 무관하다. 이 알고리즘은 프로그래밍 언어 APL의 정수 함수 ι에서 비롯된 것이다. iota는 알렉산더 스테파노프가 작성한 원래의 STL(C++98 표준 라이브러리 중 템플릿 라이브러리의 기초가 된)에도 있던 유서 깊은 알고리즘이지만, C++ 표준에는 C++11에서야 추가되었다.

```
*(result+2) = *first + *(first+1) + *(first+2)
...
```

두 내적 알고리즘 중 inner_product(InpIt, InpIt, OutIt, T, BiFun fun1, BiFun fun2)는 좀 더 복잡한 전략을 사용한다. 이 버전은 둘째 호출 가능 단위 fun2를 각 입력 쌍(두 입력 범위의 대응되는 두 요소로 이루어진)에 적용한 결과를 임시 대상 범위 tmp에 저장하고, 첫 호출 가능 단위 fun1을 tmp의 각 요소에 적용해서 누적한 결과들을 first2가 가리키는 최종 대상 범위에 저장한다.

```
#include <numeric>
...

std::array<int, 9> arr{1, 2, 3, 4, 5, 6, 7, 8, 9};
std::cout << std::accumulate(arr.begin(), arr.end(), 0);                      // 45
std::cout << std::accumulate(arr.begin(), arr.end(), 1,
                             [](int a, int b){ return a*b; } );    // 362880

std::vector<int> vec{1, 2, 3, 4, 5, 6, 7, 8, 9};
std::vector<int> myVec;
std::adjacent_difference(vec.begin(), vec.end(),
                std::back_inserter(myVec), [](int a, int b){ return a*b; });
for (auto v: myVec) std::cout << v << " ";          // 1 2 6 12 20 30 42 56 72
std::cout << std::inner_product(vec.begin(), vec.end(), arr.begin(), 0);  // 285

myVec= {};
std::partial_sum(vec.begin(), vec.end(), std::back_inserter(myVec));
for (auto v: myVec) std::cout << v << " ";          // 1 3 6 10 15 21 28 36 45

std::vector<int> myLongVec(10);
std::iota(myLongVec.begin(), myLongVec.end(), 2000);
for (auto v: myLongVec) std::cout << v << " ";
                     // 2000 2001 2002 2003 2004 2005 2006 2007 2008 2009
```

# 10장

T h e   **C  + +**   S t a n d a r d   L i b r a r y

# 수치 라이브러리

C++은 C에서 수치 함수들을 물려받았다. 또한, C++11에서는 독자적인 난수 라이브러리가 표준 라이브러리에 추가되었다.

C++ 11 ## 난수

난수(random number)는 소프트웨어 검사나 암호화 키 생성, 컴퓨터 게임 능 다양한 분야에 꼭 필요한 수단이다. C++ 표준 라이브러리의 난수 라이브러리는 두 가지 구성요소로 이루어져 있는데, 하나는 난수를 생성하는 수단들이고 다른 하나는 그 난수들의 분포를 결정하는 수단들이다. 두 부류 모두 <random> 헤더를 필요로 한다.

### 난수발생기

난수발생기(random number generator, RNG)는 최솟값과 최댓값 사이의 임의의 수들로 이루어진 난수열을 생성한다. 이 난수열 또는 난수 스트림은 소위 **종잣값**(seed)을 통해서 초기화되는데, 종잣값이 다르면 난수열도 반드시 달라진다.

```
#include <random>
...
```

```
std::random_device seed;
std::mt19937 generator(seed());
```

난수발생기 객체 gen의 형식이 Generator이라고 할 때, Generator는
반드시 다음 네 멤버를 제공해야 한다.

Generator::result_type

생성된 난수의 자료 형식.

gen()

난수 하나를 돌려주는 함수(Generator::operator()).

gen.min()

gen()으로 얻을 수 있는 난수의 최솟값.

gen.max()

gen()으로 얻을 수 있는 난수의 최댓값.

난수 라이브러리는 여러 종류의 난수발생기를 지원한다. 흔히 쓰
이는 난수발생기로는 메르센 트위스터<sup>Mersenne Twister</sup> 난수 발생 알고
리즘을 구현한 std::mersenne_twister_engine에 기초한 발생기들
(std::mt19937 등)과 기본 난수발생기 std::default_random_engine(구
체적인 발생기는 구현이 선택한다)을 들 수 있다. 한편, std::random_
device는 진정한 난수를 만들어 내는 유일한 난수발생기인데, 하드웨
어 기능에 의존하기 때문에 모든 플랫폼이 이 발생기를 지원하지는 않
는다.

## 난수 분포
난수 라이브러리의 난수 분포(random number distribution) 클래스들
은 난수발생기가 발생하는 난수들을 특정 분포로 사상(mapping)하는
역할을 한다.

```
#include <random>
...

std::random_device seed;
std::mt19937 gen(seed());
std::uniform_int_distribution<> unDis(0, 20); // 0에서 20까지의 고른 분포.
unDis(gen);                                    // 난수 하나를 생성한다.
```

C++ 표준 라이브러리는 다음과 같은 다양한 이산 및 연속 난수 분포 클래스를 제공한다. 이산 난수 분포들은 정수 난수열을, 연속 난수 분포들은 부동소수점 난수열을 생성한다.

```
class bernoulli_distribution;
template<class T = int> class uniform_int_distribution;
template<class T = int> class binomial_distribution;
template<class T = int> class geometric_distribution;
template<class T = int> class negative_binomial_distribution;
template<class T = int> class poisson_distribution;
template<class T = int> class discrete_distribution;
template<class T = double> class exponential_distribution;
template<class T = double> class gamma_distribution;
template<class T = double> class weibull_distribution;
template<class T = double> class extreme_value_distribution;
template<class T = double> class normal_distribution;
template<class T = double> class lognormal_distribution;
template<class T = double> class chi_squared_distribution;
template<class T = double> class cauchy_distribution;
template<class T = double> class fisher_f_distribution;
template<class T = double> class student_t_distribution;
template<class T = double> class piecewise_constant_distribution;
template<class T = double> class piecewise_linear_distribution;
template<class T = double> class uniform_real_distribution;
```

기본 템플릿 인수 int가 지정된 클래스 템플릿들은 이산 분포이다. 베르누이 분포(Bernoulli Distribution)에 해당하는 bernoulli_distribution은 무작위 부울 값들을 생성한다.

다음은 메르센 트위스터 난수발생기의 특정 인스턴스인 std::mt19937을 유사(pseudo) 난수발생기로 사용해서 1백만 개의 난수를 생성하고, 그 난수열을 고른 분포(uniform distribution; 또는 균등분포)와 정규분포(normal distribution; 가우스 분포라고도 한다)로 사상해서 출력하는 예이다.

```
#include <random>
...

static const int NUM= 1000000;
std::random_device seed;
std::mt19937 gen(seed());
std::uniform_int_distribution<> uniformDist(0, 20); // 최소 = 0; 최대 = 20
std::normal_distribution<> normDist(50, 8);         // 평균 = 50; 표준편차 = 8

std::map<int, int> uniformFrequency;
std::map<int, int> normFrequency;
for (int i= 1; i <= NUM; ++i){
  ++uniformFrequency[uniformDist(gen)];
  ++normFrequency[round(normDist(gen))];
}
```

그림 10.1과 10.2는 난수 1백만 개의 고른 분포와 정규분포를 나타
낸 그래프이다.

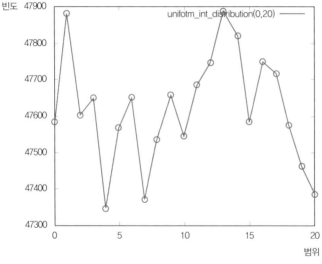

**그림 10.1 고른 분포**

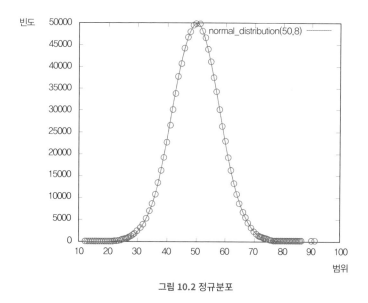

그림 10.2 정규분포

## C에서 물려받은 수치 함수들

C++은 C에서 여러 수치 함수를 물려받았다. 일부는 <cmath> 헤더에 정의되어 있는데, 표 10.1에 그 함수들의 이름이 나와 있다.

표 10.1 <cmath>에 있는 수학 함수들

| pow | sin | tanh | asinh | fabs |
|-----|-----|------|-------|------|
| exp | cos | asin | aconsh | fmod |
| sqrt | tan | acos | atanh | frexp |
| log | sinh | atan | ceil | ldexp |
| log10 | cosh | atan2 | floor | modf |

C에서 물려받은 나머지 수학 함수들은 <cstdlib> 헤더에 있다. 표 10.2가 그러한 함수들이다.

표 10.2 <cstdlib>에 있는 수학 함수들

| abs | llabs | ldiv | srand |
|-----|-------|-------|-------|
| labs | div | lldiv | rand |

정수를 다루는 수학 함수에는 int, long, long long 형식을 받는 버전들이 마련되어 있고, 부동소수점 수를 다루는 모든 수학 함수에는 float, double, long double 형식을 받는 버전들이 마련되어 있다.

이 수치 함수들은 모두 이름공간 std에 속해 있으므로, 사용하려면 이름공간 한정이 필요하다.

```cpp
#include <cmath>
#include <cstdlib>
...

std::cout << std::pow(2, 10);     // 1024
std::cout << std::pow(2, 0.5);    // 1.41421
std::cout << std::exp(1);         // 2.71828
std::cout << std::ceil(5.5);      // 6
std::cout std::floor(5.5);        // 5
std::cout << std::fmod(5.5, 2);   // 1.5

double intPart;
auto fracPart= std::modf(5.7, &intPart);
std::cout << intPart << " + " << fracPart;            // 5 + 0.7
std::div_t divresult= std::div(14, 5);
std::cout << divresult.quot << " " << divresult.rem;  // 2 4

// 종잣값 설정
std::srand(time(nullptr));
for (int i= 0;i < 10; ++i) std::cout << (rand()%6 + 1) << " ";
                                      // 3 6 5 3 6 5 6 3 1 5
```

11장

The   C ++   S t a n d a r d   L i b r a r y

# 문자열 라이브러리

문자열은 말 그대로 문자들의 열(순차열)이다. C++ 표준 라이브러리는 문자열을 분석하거나 변경하는 다양한 수단을 제공한다. std::string으로 대표되는 C++의 문자열은 const char*로 대표되는 C 문자열보다 안전하고 강력하다. 문자열 수단들을 사용하려면 <string> 헤더를 포함해야 한다.

그림 11.1 문자열의 예

---

✓ **std::string은 std::vector와 아주 비슷하다**

std::string으로 대표되는 C++ 문자열은 문자들을 담은 std::vector처럼 느껴진다. 둘 다 아주 비슷한 인터페이스를 지원한다. 좀 더 구체적으로 말하면, std::string 클래스만의 고유한 메서드들뿐만 아니라 표준 템플릿 라이브러리(p.101)의 알고리즘들도 C++ 문자열에 사용할 수 있다.

다음 예제 코드는 RainerGrimm(저자의 성명)이라는 값을 담은 std::string 객체 name에 대해 STL 알고리즘 std::find_if(p.105)를 적용해서 대문자의 위치를 알아내고, 그것을 이용해서 이름과 성을 추출해서 변수 firstName과 lastName에 넣는다. name.begin()+1이라는 표현식이 보여주듯이, C++ 문자열은 임의 접근 반복자(p.88)를 지원한다.

```
<algorithm>
<string>

std::string name{"RainerGrimm"};
auto strIt= std::find_if(name.begin()+1, name.end(),
                         [](char c){ return std::isupper(c); });
if (strIt != name.end()){
  firstName= std::string(name.begin(), strIt);
  lastName= std::string(strIt, name.end());
}
```

C++ 문자열(이하, 혼동의 여지가 없는 한 그냥 '문자열')의 실체는 문자 형식과 문자 특질, 할당자를 템플릿 매개변수로 하는 클래스 템플릿 std::basic_string이다. 문자 특질(character trait)과 할당자에는 기본 인수가 지정되어 있다.

```
template <typename charT,
          typename traits= char_traits<charT>,
          typename Allocator= allocator<charT> >
class basic_string;
```

이를 기초로, C++ 표준 라이브러리에는 문자 형식 char, wchar_t, char16_t, char32_t에 대응되는 문자열 클래스들이 미리 정의되어 있다.

```
         typedef basic_string<char> string;
         typedef basic_string<wchar_t> wstring;
C++ 11   typedef basic_string<char16_t> u16string;
C++ 11   typedef basic_string<char32_t> u32string;
```

 **std::string이 곧 문자열이다**

C++ 관련 논의에서 말하는 문자열은 std::basic_string 템플릿을 문자 형식 char로 인스턴스화한 클래스인 std::string을 뜻할 확률이 99%이다. 이 책에서도 마찬가지이다.

## 생성과 파괴

C++은 C 또는 C++ 문자열로부터 문자열을 생성하는 여러 수단을 제공한다. 내부적으로, C++ 문자열의 생성에는 거의 항상 C 문자열

이 관여한다. 그러나 C++14부터는 사정이 좀 다르다. C++14에서는
std::string에 직접 대응되는 C++ 고유의 문자열 리터럴이 생겼다. 이
를테면 std::string str{"string"s}가 그러한 리터럴을 사용하는 예이
다. C 문자열 리터럴 "string literal"에 접미사 s를 붙이면 "string
literal"s라는 C++ 문자열 리터럴이 된다.†

표 11.1은 C++ 문자열을 생성하거나 파괴하는 방법을 정리한 것
이다.

**표 11.1 문자열 생성 및 파괴 방법**

| 방법 | 예 |
| --- | --- |
| 기본 생성 | std::string str |
| C++ 문자열에서 복사 | std::string str(oth) |
| C++ 문자열에서 이동 | std::string str(std::move(oth)) |
| C++ 문자열 안의 한 범위로 생성 | std::string(oth.begin(), oth.end()) |
| C++ 문자열의 한 부분 문자열로 생성 | std::string(oth, otherIndex) |
| C++ 문자열의 한 부분 문자열로 생성 | std::string(oth, otherIndex, strlen) |
| C 문자열로 생성 | std::string str("C 문자열") |
| C 문자 배열로 생성 | std::string str(c_array, len) |
| 문자로 생성 | std::string str(num, 'c') |
| 초기치 목록으로 생성 | std::string str({'a', 'b', 'c', 'd'}) |
| 부문 문자열로 생성 | str= other.substring(3, 10) |
| 파괴(소멸자) | str.~string() |

(C++11 marks appear beside "C++ 문자열에서 이동" and "초기치 목록으로 생성" rows)

```
#include <string>
...
std::string defaultString;
std::string other{"123456789"};
std::string str1(other);            // 123456789
std::string tmp(other);             // 123456789
```

† (옮긴이) 이 접미사를 문자열의 문자 형식이나 부호화 방식을 지정하는 접두사(L, u8 등)와 함
께 사용할 수 있으며, 생 문자열 리터럴(R"( )")에도 적용할 수 있다. 예를 들어 u8R"###(헬로
R"(World)")###"s는 유효한 C++ 문자열 리터럴이다.

```
std::string str2(std::move(tmp));          // 123456789
std::string str3(other.begin(), other.end());  // 123456789
std::string str4(other, 2);                // 3456789
std::string str5(other, 2, 5);             // 34567
std::string str6("123456789", 5);          // 12345
std::string str7(5, '1');                  // 11111
std::string str8({'1', '2', '3', '4', '5'});   // 12345
std::cout << str6.substr();                // 12345
std::cout << str6.substr(1);               // 2345
std::cout << str6.substr(1, 2);            // 23
```

## C++ 문자열과 C 문자열 사이의 변환

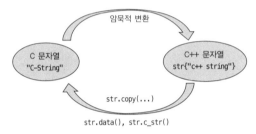

그림 11.2 C++ 문자열과 C 문자열 사이의 변환

C 문자열을 C++ 문자열로 변환하는 것은 암묵적으로 일어나지만, C++ 문자열을 C 문자열로 변환할 때에는 명시적인 단계가 필요하다. str.copy()는 C++ 문자열의 내용을 C 문자열에 복사한다. 단, 종료 널 문자(\0)를 자동으로 추가하지는 않음을 주의해야 한다. str.data()와 str.c_str()은 C 문자열을 돌려주는데, str.copy()와는 달리 종료 널 문자를 자동으로 추가한다.[†]

> **!** **str.data()와 str.c_str() 사용 시 주의할 점**
>
> str.data()나 std.c_str()을 호출한 후 str을 수정하면, 두 메서드가 반환한 문자열은 더 이상 유효하지 않게 된다.

---

C++ 11 † (옮긴이) C++11 이전에는 str.data()가 널 문자를 자동으로 추가하지 않았다. C++11부터 str.data()와 str.c_str()는 사실상 같은 멤버 함수가 되었는데, 그렇다고 둘 중 하나를 폐기되는 것은 아니다. str.data()의 현재 서명은 const 문자_형식* data() const(상수 C 문자열을 돌려주는 상수 멤버 함수)인데, C++17에서는 또 다른 버전인 문자_형식* data()(수정 가능한 C 문자열을 돌려주는 비상수 멤버 함수)가 추가된다.

```
#include <string>
...

std::string str{"C++-String"};
str += " C-String";
std::cout << str;                    // C++-String C-String
const char* cString= str.c_str();
char buffer[10];
str.copy(buffer, 10);
str+= "works";
// const char* cString2= cString; // 오류
std::string str2(buffer, buffer+10);
std::cout<< str2;                    // C++-String
```

## 크기 대 용량

일반적으로 문자열의 크기, 즉 문자열에 담긴 요소(문자)들의 개수 str.
size()는 문자열의 용량, 즉 현재 할당된 공간에 담을 수 있는 요소들의
개수보다 작다. 따라서, 문자열에 새 요소를 추가할 때마다 매번 메모리
할당이 일어나지는 않는다. std:max_size()는 주어진 시스템 또는 라이
브러리 구현에서 하나의 문자열이 담을 수 있는 최대 요소 개수이다. 이
세 수치는 str.size() <= str.capacity() <= str.max_size()라는 관계
를 만족한다.

　표 11.2는 문자열의 메모리 관리와 관련된 메서드들이다.

**표 11.2 문자열의 메모리 관리 관련 메서드들**

| 메서드 | 설명 |
| --- | --- |
| str.empty() | str이 비었는지(요소가 하나도 없는지)의 여부. |
| str.size(), str.length() | str에 담긴 요소들의 개수. |
| str.capacity() | 재할당 없이 str에 담을 수 있는 요소들의 개수. |
| str.max_size() | str이 담을 수 있는 최대 요소 개수. |
| str.resize(n) | $n$개의 요소를 담도록 str의 크기를 늘린다. |
| str.reserve(n) | 적어도 $n$개의 요소를 담을 메모리를 확보한다. |
| C++11　　str.shrink_to_fit() | 용량을 실제 크기에 맞게 줄인다. |

std::vector(p.58)에서처럼, str.shrink_to_fit()는 강제력이 없는(non-binding) 요청이다. 즉, 이를 호출해도 C++ 런타임이 반드시 용량을 줄이고 메모리를 해제한다는 보장은 없다.

```cpp
#include <string>
...

void showStringInfo(const std::string& s){
  std::cout << "\"" << s << "\": ";
  std::cout << s.size() << " ";
  std::cout << s.capacity() << " ";
}

std::string str;
showStringInfo(str);   // "": 0 0 4611686018427387897

str +="12345";
showStringInfo(str);   // "12345": 5 5 4611686018427387897

str.resize(30);
showStringInfo(str);   // "12345": 30 30 4611686018427387897

str.reserve(1000);
showStringInfo(str);   // "12345": 30 1000 4611686018427387897

str.shrink_to_fit();
showStringInfo(str);   // "12345": 30 30 4611686018427387897
```

## 문자열 비교

문자열은 잘 알려진 비교 연산자 ==, !=, <, >, >=를 지원한다. 두 문자열의 비교는 같은 위치의 요소들을 비교하는 식으로 진행된다.

```cpp
#include <string>
...

std::string first{"aaa"};
std::string second{"aaaa"};

std::cout << (first < first) << std::endl;  // false
std::cout << (first <= first) << std::endl; // true
std::cout << (first < second) << std::endl; // true
```

# 문자열 연결

문자열에 대한 + 연산자는 두 문자열을 연결하도록 중복적재되어 있다. 구체적으로, + 연산자는 좌변 문자열의 끝에 우변 문자열을 덧붙인 새 문자열을 돌려준다.

---

> ❗ **+ 연산자는 C++ 문자열에만 중복적재되어 있다.**
>
> C++ 형식 시스템은 C++ 문자열에 C 문자열을 연결하거나 C 문자열에 C++ 문자열을 연결하는 연산은 허용하지만 C 문자열에 C 문자열을 연결하는 연산은 허용하지 않는다. 그래서 다음 예에서 둘째 행만 유효한 C++이다. 둘째 행이 유효한 것은, C 문자열이 암묵적으로 C++ 문자열로 변환되기 때문이다.
>
> ```cpp
> #include <string>
> ...
> std::string wrong= "1" + "1"; // 오류
> std::string right= std::string("1") + "1"; // 11
> ```

---

# 요소 접근

문자열이 임의 접근 반복자(p.88)를 지원하는 덕분에, 별 어려움 없이 문자열 안의 임의의 요소에 접근할 수 있다. 문자열의 첫 문자를 얻으려면 str.front()를, 마지막 문자를 얻으려면 str.back()을 사용한다. 색인 접근도 가능하다. str[n]이나 str.at(n)으로 *n*번째 요소를 얻을 수 있다.

표 11.3은 요소 접근 메서드들을 정리한 것이다.

표 11.3 문자열 요소 접근

| | 메서드 | 예 |
|---|---|---|
| C++11 | str.front() | str의 첫 문자를 돌려준다. |
| C++11 | str.back() | str의 마지막 문자를 돌려준다. |
| | str[n] | str의 *n*번째 문자를 돌려준다. 문자열 경계는 점검하지 않는다. |
| | str.at(n) | str의 *n*번째 문자를 돌려준다. 문자열 경계를 점검한다. 경계 바깥의 색인이 주어지면 std::out_of_range 예외가 발생한다. |

```
#include <string>
...

std::string str= {"0123456789"};
std::cout << str.front() << std::endl;          // 0
std::cout << str.back() << std::endl;           // 9
for (int i= 0; i <= 3; ++i){
  std::cout << "str[" << i << "]:" << str[i] << "; ";
} // str[0]: 0; str[1]: 1; str[2]: 2; str[3]: 3;

std::cout << str[10] << std::endl;              // 정의되지 않은 행동
try{
  str.at(10);
}
catch (const std::out_of_range& e){
  std::cerr << "예외: " << e.what() << std::endl;
} // 예외: basic_string::at

std::cout << *(&str[0]+5) << std::endl;         // 5
std::cout << *(&str[5]) << std::endl;           // 5
std::cout << str[5] << std::endl;               // 5
```

이 예제에서 한 가지 주목할 점은, C++ 실행 시점 모듈이 str[10]
에 대해 아무 문제도 제기하지 않는다는 점이다. 문자열 경계 바깥의 요
소에 접근하는 것은 **정의되지 않은 행동**(undefined behavior)이다. 반면
str.at(10)에 대해서는 C++ 실행 시점 모듈이 예외를 발생한다.

## 입력과 출력

>> 연산자를 이용해서 입력 스트림에서 문자열을 읽어 들일 수 있고, <<
연산자를 이용해서 문자열을 출력 스트림에 기록할 수 있다.

std::getline 함수는 **파일 끝**(end-of-file, EOF) 문자가 입력될 때까지
의 한 행(line)의 텍스트를 입력 스트림에서 읽어 들이는 편리한 함수이다.

getline에는 다음 네 가지 버전이 있다. 이 버전들 모두, 첫 매개변
수 is는 입력 스트림이고 둘째 매개변수 line은 입력된 텍스트가 담길
문자열 객체이다. 처음 두 버전은 파일 끝 문자 대신 임의의 문자를 행
구분자(한 행의 끝을 나타내는 문자)로 사용할 수 있게 한다. 네 버전 모
두, 입력 스트림에 대한 참조를 돌려준다.

```
istream& getline (istream& is, string& line, char delim);
istream& getline (istream&& is, string& line, char delim);
istream& getline (istream& is, string& line);
istream& getline (istream&& is, string& line);
```

getline은 빈칸을 포함해서 하나의 완전한 행을 소비한다. 오직 행 구분자만 무시된다. 이들을 사용하려면 <string> 헤더가 필요하다.

```
#include <string>
...

std::vector<std::string> readFromFile(const char* fileName){
  std::ifstream file(fileName);
  if (!file){
    std::cerr << "파일 열기 실패: " << fileName << ".";
    exit(EXIT_FAILURE);
  }
  std::vector<std::string> lines;
  std::string line;
  while (getline(file , line)) lines.push_back(line);
  return lines;
}

std::string fileName;
std::cout << "파일 이름: ";
std::cin >> fileName;
std::vector<std::string> lines= readFromFile(fileName.c_str());
int num{0};
for (auto line: lines) std::cout << ++num << ": " << line << std::endl;
```

이 예제 코드는 주어진 파일에 담긴 행들을 행 번호와 함께 콘솔에 표시한다. 표현식 std::cin >> fileName은 파일 이름을 스트림에서 읽어들인다. 함수 readFromFile은 getline을 이용해서 파일의 모든 행을 읽어서 벡터 객체에 추가한다.

## 검색

C++ 문자열은 문자열 안에서 뭔가를 검색하는 다양한 메서드를 제공한다. 또한, 메서드마다 여러 중복적재 버전들이 갖추어져 있다.

✅ **검색 메서드 이름은 find로 시작한다**

이상하게도, 문자열 검색 메서드들의 이름은 search가 아니라 find로 시작한다. 검색이 성공하면(원하는 것을 찾으면) 메서드들은 std::string::size_type 형식의 색인을 돌려주고, 성공하지 못하면 상수 std::string::npos를 돌려준다. 첫 문자의 색인은 0이다.

문자열 검색 메서드들을 이용해서 다음과 같은 다양한 방식으로 검색을 수행할 수 있다.

- 문자 하나나 C 문자열, C++ 문자열을 찾는다.
- C 문자열이나 C++ 문자열에 담긴 문자 중 임의의 하나를 찾는다.
- 검색을 후진 방향(역방향)으로 실행한다.
- C 문자열이나 C++ 문자열에 없는 임의의 문자를 찾는다.
- 문자열의 임의의 위치에서 검색을 시작한다.

문자열 검색 메서드는 총 6개인데, 여섯 메서드 모두 인수들이 비슷한 패턴을 따른다. 첫 인수는 검색어(문자 또는 C 문자열 또는 C++ 문자열)이고 둘째 인수는 검색을 시작할 위치, 셋째 인수는 둘째 인수로 지정한 위치부터 검색할 문자 개수이다.

표 11.4에 여섯 검색 메서드가 정리되어 있다.

**표 11.4 여섯 가지 문자열 검색 메서드**

| 메서드 | 설명 |
|---|---|
| str.find(...) | 주어진 검색 대상(문자 또는 C 문자열 또는 C++ 문자열)이 str에서 처음 출현하는 위치를 돌려준다. |
| str.rfind(...) | 주어진 검색 대상(문자 또는 C 문자열 또는 C++ 문자열)이 str에서 마지막으로 출현하는 위치를 돌려준다. |
| str.find_first_of(...) | 주어진 C 문자열 또는 C++ 문자열의 임의의 문자 하나가 str에서 출현하는 첫 위치를 돌려준다. |
| str.find_last_of(...) | 주어진 C 문자열 또는 C++ 문자열의 임의의 문자 하나가 str에서 출현하는 마지막 위치를 돌려준다. |

| | |
|---|---|
| str.find_first_not_of(...) | 주어진 C 문자열 또는 C++ 문자열에 없는 어떤 문자가 str 에서 출현하는 첫 위치를 돌려준다. |
| str.find_last_not_of(...) | 주어진 C 문자열 또는 C++ 문자열에 없는 어떤 문자가 str 에서 출현하는 마지막 위치를 돌려준다. |

```cpp
#include <string>
...

std::string str;

auto idx= str.find("no");
if (idx == std::string::npos) std::cout << "없음";   // 없음

str= {"dkeu84kf8k48kdj39kdj74945du942"};
std::string str2{"84"};

std::cout << str.find('8');                    // 4
std::cout << str.rfind('8');                   // 11
std::cout << str.find('8', 10);                // 11
std::cout << str.find(str2);                   // 4
std::cout << str.rfind(str2);                  // 4
std::cout << str.find(str2, 10);               // 18446744073709551615

str2="0123456789";

std::cout << str.find_first_of("678");          // 4
std::cout << str.find_last_of("678");           // 20
std::cout << str.find_first_of("678", 10);      // 11
std::cout << str.find_first_of(str2);           // 4
std::cout << str.find_last_of(str2);            // 29
std::cout << str.find_first_of(str2, 10);       // 10
std::cout << str.find_first_not_of("678");      // 0
std::cout << str.find_last_not_of("678");       // 29
std::cout << str.find_first_not_of("678", 10);  // 10
std::cout << str.find_first_not_of(str2);       // 0
std::cout << str.find_last_not_of(str2);        // 26
std::cout << str.find_first_not_of(str2, 10);   // 12
```

　　std::find(str2, 10)은 std::string::npos를 돌려준다. 이 상수를 저자의 플랫폼에서 출력하면 18446744073709551615가 나온다.[†]

---

[†] (옮긴이) 참고로, C++ 표준에서 이 상수는 -1로 정의된다. 이 상수의 형식은 부호 없는 정수 형식 size_type이며, 2의 보수 방식으로 음수를 표현하는 시스템에서 -1을 부호 없는 정수로 표현하면 해당 형식의 최댓값이 된다.

# 문자열 수정

C++ 문자열 클래스들은 문자열을 수정하는 다양한 메서드를 제공한다.
str.assign은 새 문자열을 문자열 객체 str에 배정한다. str.swap으로
는 두 문자열을 교환(맞바꿈)할 수 있다. 문자열에서 문자 하나를 제거
할 때에는 str.pop_back이나 str.erase를 사용한다. 한편, str.clear나
str.erase는 문자열 전체를 지운다. 문자열 끝에 다른 문자열 또는 문자
를 추가하려면 +=나 std.append, str.push_back을 사용하면 된다. 또한,
str.insert로 임의의 위치에 문자들을 삽입하거나 str.replace로 기존
문자들을 다른 문자들로 대체할 수도 있다.

표 11.5 문자열 수정 메서드들

| 메서드 | 설명 |
| --- | --- |
| str= str2 | str에 str2를 배정한다. |
| str.assign(...) | str에 새로운 문자열을 배정한다. |
| str.swap(str2) | str와 str2를 교환한다. |
| str.pop_back() | str의 마지막 문자를 제거한다. |
| str.erase(...) | str에서 임의의 문자들을 제거한다. |
| str.clear() | str를 지운다(빈 문자열로 만든다). |
| str.append(...) | str 끝에 문자들을 추가한다. |
| str.push_back(s) | 문자 s를 str 끝에 추가한다. |
| str.insert(pos, ...) | 문자들을 str의 pos 위치에 삽입한다. |
| str.replace(pos, len, ...) | str의 pos부터 len개의 문자들을 다른 문자들로 대체한다. |

(C++ 11 표기는 str.pop_back() 행 왼쪽 여백에 있음)

이러한 메서드들에는 다양한 중복적재 버전들이 갖추어져 있다.
str.assign과 str.append, str.insert, str.replace는 비슷한 점이 많다.
네 메서드 모두, C++ 문자열뿐만 아니라 문자나 C 문자열, 문자 배열,
범위, 초기치 목록으로도 호출할 수 있다. str.erase로는 하나의 문자를
지울 수 있을 뿐만 아니라 특정 범위의 문자들을 지울 수도 있고 특정
위치에서부터 임의의 개수의 문자들을 지울 수도 있다.

다음은 그러한 여러 버전을 보여주는 예제 코드이다. 간결함을 위
해 출력문들은 생략하고, 수정 후의 문자열을 주석에 표시했다.

```cpp
#include <string>
...

std::string str{"New String"};
std::string str2{"Other String"};

str.assign(str2, 4, std::string::npos);  // r String
str.assign(5, '-');                       // -----

str= {"0123456789"};
str.erase(7, 2);                          // 01234569
str.erase(str.begin()+2, str.end()-2);    // 012
str.erase(str.begin()+2, str.end());      // 01
str.pop_back();                           // 0
str.erase();                              //

str= "01234";
str+= "56";                  // 0123456
str+= '7';                   // 01234567
str+= {'8', '9'};            // 0123456789
str.append(str);             // 01234567890123456789
str.append(str, 2, 4);       // 012345678901234567892345
str.append(3, '0');          // 012345678901234567892345000
str.append(str, 10, 10);     // 0123456789012345678923450000123456789
str.push_back('9');          // 01234567890123456789234500001234567899

str= {"345"};
str.insert(3, "6789");                    // 3456789
str.insert(0, "012");                     // 0123456789

str= {"only for testing purpose."};
str.replace(0, 0, "0");                   // 0only for testing purpose.
str.replace(0, 5, "Only", 0, 4);          // Only for testing purpose.
str.replace(16, 8, "");                   // Only for testing.
str.replace(4, 0, 5, 'y');                // Onlyyyyyy for testing.
str.replace(str.begin(), str.end(), "Only for testing purpose.");
                                          // Only for testing purpose.
str.replace(str.begin()+4, str.end()-8, 10, '#');
                                          // Only##########purpose.
```

# 문자열과 수치 사이의 변환

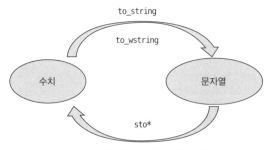

그림 11.3 문자열과 수치 사이의 변환

std::to_string(val)이나 std::to_wstring(val)을 이용해서 정수나 부동소수점 수를 std::string이나 std::wstring으로 변환할 수 있다. 또한, 이름이 sto로 시작하는 함수들을 이용하면 문자열을 그에 해당하는 정수나 부동소수점 수로 변환할 수도 있다. 이 함수들은 모두 <string> 헤더를 필요로 한다.

> 💡 **sto\* 함수들의 명명 관례**
>
> 문자열을 정수나 부동소수점 수로 변환하는 함수들의 이름은 간단한 패턴을 따른다. 이 함수들의 이름은 모두 sto로 시작하며, 그다음에 대상 수치 형식을 나타내는 접미사가 붙는다. 예를 들어 stol은 문자열을 long 형식으로 변환하고, stod는 double 형식으로 변환한다.

sto* 함수들은 인터페이스가 동일하므로, long 형식으로 변환하는 함수 하나만 설명하겠다.

std::stol(str, idx= **nullptr**, base= 10)

이 함수는 문자열을 하나 받고 그 문자열을 해석해서 밑(기수)이 base인 long 형식의 정수로 변환한다. stol은 선행 공백들을 무시한다. 둘째 인수(포인터)가 지정된 경우, 함수는 유효하지 않은(수치의 일부가 아닌) 첫 문자의 색인을 그 인수를 통해서 돌려준다. 밑(base)을 명시적으로 지정하지 않으면 기본적으로 10(즉, 십진수)이 쓰인다. 기수를 0

으로 지정하면 컴파일러는 문자열의 형태에 기초해서 기수를 자동으로 결정한다. 10을 넘는 기수가 지정된 경우, 함수는 문자열에 담긴 문자 a 에서 z까지를 적절한 숫자로 해석한다. 이는 16진수 리터럴에 쓰이는 것과 비슷한 방식이다.

표 11.6에 모든 수치 변환 함수가 나와 있다.

**표 11.6 문자열 수치 변환 함수**

| 함수 | 설명 |
| --- | --- |
| std::to_string(val) | val을 std::string으로 변환한다. |
| std::to_wstring(val) | val을 std::wstring으로 변환한다. |
| std::stoi(str) | int 값을 돌려준다. |
| std::stol(str) | long 값을 돌려준다. |
| std::stoll(str) | long long 값을 돌려준다. |
| std::stoul(str) | unsigned long 값을 돌려준다. |
| std::stoull(str) | unsigned long long 값을 돌려준다. |
| std::stof(str) | float 값을 돌려준다. |
| std::stod(str) | double 값을 돌려준다. |
| std::stold(str) | long double 값을 돌려준다. |

(각 행 왼쪽에 C++ 11 표시)

> ✓ **stou 함수가 없는 이유**
>
> 혹시 궁금해할 독자를 위해 언급하자면, C++의 sto* 함수들은 내부적으로 C의 strto* 함수들을 호출하는 역할만 한다. 그런데 C에는 strtou라는 함수가 없 다. 그래서 C++에도 stou 함수가 없는 것이다.

이 함수들은 변환이 불가능하면 std::invalid_argument 예외를 던진다. 그리고 변환된 값이 지정된 형식에 담을 수 없는 크기이면 std::out_of_range 예외를 던진다.

```
#include <string>
...
```

```cpp
std::string maxLongLongString=
            std::to_string(std::numeric_limits<long long>::max());
std::wstring maxLongLongWstring=
            std::to_wstring(std::numeric_limits<long long>::max());

std::cout << std::numeric_limits<long long>::max();     // 9223372036854775807
std::cout << maxLongLongString;                          // 9223372036854775807
std::wcout << maxLongLongWstring;                        // 9223372036854775807

std::string str("10010101");
std::cout << std::stoi(str);                             // 10010101
std::cout << std::stoi(str, nullptr, 16);                // 268501249
std::cout << std::stoi(str, nullptr, 8);                 // 2101313
std::cout << std::stoi(str, nullptr, 2);                 // 149

std::size_t idx;
std::cout << std::stod(" 3.5 km", &idx);                 // 3.5
std::cout << idx;                                        // 6

try{
  std::cout << std::stoi(" 3.5 km") << std::endl;        // 3
  std::cout << std::stoi(" 3.5 km", nullptr, 2) << std::endl;
}
catch (const std::exception& e){
  std::cerr << e.what() << std::endl;
}                                                        // stoi
```

# 12장

C++ 11

# 정규 표현식 라이브러리

정규 표현식(regular expression), 줄여서 정규식(regex)은 텍스트 패턴을 서술하는 언어이다. C++ 표준 라이브러리의 정규 표현식 수단들을 사용하려면 **<regex>** 헤더를 포함해야 한다.

정규 표현식은 다양한 과제를 해결하는 강력한 도구이다.

- 텍스트가 특정 패턴과 부합(match)하는지 점검한다: std::regex_match
- 텍스트에서 특정 패턴을 검색한다: std::regex_search
- 텍스트에서 특정 패턴과 부합하는 부분을 다른 문자열로 대체한다: std::regex_replace
- 텍스트에서 특정 패턴에 부합하는 모든 부분을 훑는다: std::regex_iterator와 std::regex_token_iterator

C++은 여섯 가지 정규 표현식 문법을 지원한다. 특정 문법을 명시적으로 지정하지 않으면 기본적으로 ECMAScript 문법이 쓰인다. 이 문법은 여섯 문법 중 가장 강력한 문법이며, Perl 5에 쓰이는 문법과 상당히 비슷하다. 다른 다섯 문법은 기본(basic), 확장(extended), awk, grep, egrep이다.

> 💡 **생 문자열 리터럴 활용**
>
> 정규 표현식에는 R"(...)" 형태의 생(raw; 미가공) 문자열 리터럴을 사용하는
> 것이 좋다. 보통의 문자열 리터럴로 정규 표현식의 패턴을 서술하려면 상당히
> 지저분해지기 쉽다. 예를 들어 C\\+\\+처럼 +에 반드시 역슬래시 두 개를 붙여
> 야 한다. +는 정규 표현식에서 특별한 의미가 있는 문자이며, 역슬래시는 문자열
> 안에서 특별한 의미가 있는 문자이다. 그래서 역슬래시 하나로 +를 탈출(통상적
> 인 해석 방식에서 벗어나는 것)시키고, 그 역슬래시를 또 다른 역슬래시 하나로
> 탈출시켜야 한다. 그러나 생 문자열 리터럴에서는 역슬래시가 특별한 의미가 없
> 으므로, + 앞에 역슬래시 하나만 붙이면 된다.
>
> ```
> #include <regex>
> ...
> std::string regExpr("C\\+\\+");
> std::string regExprRaw(R"(C\+\+)");
> ```

보통의 경우 정규 표현식을 사용하는 과정은 세 단계로 구성된다.
다음은 검색의 경우이다.

I. 정규 표현식을 정의한다.

```
std::string text="C++이냐 c++이냐, 그것이 문제로다.";
std::string regExpr(R"(C\+\+)");
std::regex rgx(regExpr);
```

II. 검색 결과를 저장한다.

```
std::smatch result;
std::regex_search(text, result, rgx);
```

III. 저장된 결과를 사용한다.

```
std::cout << result[0] << std::endl;
```

## 텍스트 문자 형식

텍스트의 형식은 정규 표현식 형식과 적용 결과 형식, 그리고 적용 결과
에 대해 할 수 있는 연산의 종류를 결정한다.

표 12.1은 검색의 경우에서 가능한 네 가지 조합을 정리한 것이다.

**표 12.1 텍스트 형식, 정규 표현식, 검색 결과, 연산의 조합**

| 텍스트 형식 | 정규 표현식 | 결과 형식 | 연산 종류 |
|---|---|---|---|
| const char* | std::regex | std::smatch | std::regex_search |
| std::string | std::regex | std::smatch | std::regex_search |
| const wchar_t* | std::wregex | std::wcmatch | std::wregex_search |
| std::wstring | std::wregex | std::wsmatch | std::wregex_search |

이번 장의 '검색' 절(p.169)에 이 네 조합의 사용법을 상세히 보여주는 예제 코드가 나온다.

## 정규 표현식 객체

정규 표현식을 나타내는 클래스들은 클래스 템플릿 template <class charT, class traits= regex_traits <charT>> class basic_regex를 특정한 문자 형식과 특질(trait) 클래스로 인스턴스화한 것이다. 특질 클래스는 정규식 문법의 속성들을 해석하는 구체적인 방식을 정의한다. C++ 표준 라이브러리에는 다음과 같은 두 가시 정규 표현식 클래스가 미리 정의되어 있다.

```
typedef basic_regex<char> regex;
typedef basic_regex<wchar_t> wregex;
```

클래스뿐만 아니라 정규 표현식 객체 수준에서도 추가적인 조율이 가능하다. 이를테면 객체 생성 시 특정 문법을 지정할 수 있다. 앞에서 이야기했듯이, C++은 ECMAScript 외에도 기본, 확장, awk, grep, egrep 문법을 지원한다. 또한, 특정 구문 규칙을 지정할 수 있다. 한 예로, std::regex_constants::icase 플래그를 지정해서 생성한 정규 표현식 객체는 검색 시 영문자의 대소문자를 구분하지 않는다. 구문 규칙을 지정하려면 문법도 반드시 명시적으로 지정해야 한다.

```
#include <regex>
...
using std::regex_constants::ECMAScript;
using std::regex_constants::icase;

std::string theQuestion="C++이냐 c++이냐, 그것이 문제로다.";
std::string regExprStr(R"(c\+\+)");

std::regex rgx(regExprStr);
std::smatch smatch;

if (std::regex_search(theQuestion, smatch, rgx)){
  std::cout << "대소문자 구분: " << smatch[0];        // C++
}

std::regex rgxIn(regExprStr, ECMAScript|icase);
if (std::regex_search(theQuestion, smatch, rgxIn)){
  std::cout << "대소문자 비구분: " << smatch[0];       // C++
}
```

대소문자를 구분하는 정규 표현식 객체 rgx로 theQuestion에 담긴 문자열을 검색하면 c++이라는 결과가 나온다. 그러나 대소문자를 구분하지 않는 rgxIn으로 검색하면 검색 결과는 C++이다.

## 부합 결과를 담는 match_results 객체

std::regex_match나 std::regex_search는 정규 표현식 부합 또는 검색 결과를 std::match_results 형식의 객체에 저장한다. std::match_results는 하나의 순차 컨테이너로, 부합 성공 시 이 객체는 적어도 하나의 std::sub_match 객체를 담는다. 각 std::sub_match 객체는 문자들의 순차열인데, 그 문자들은 텍스트 중 정규 표현식 전체 또는 정규 표현식의 특정 갈무리 그룹과 부합한 부분에 해당한다.

✓ **갈무리 그룹이란?**

갈무리 그룹(capture group 또는 capturing group)은 정규 표현식의 검색 결과를 좀 더 세분하는 수단이다. 정규 표현식에서 하나의 그룹은 괄호 쌍 ( ) 로 지정된다. 예를 들어 ((a+)(b+)(c+))라는 정규 표현식에는 ((a+)(b+) (c+)), (a+), (b+), (c+)라는 네 개의 그룹이 있다. 정규 표현식 전체는 0번 갈무리 그룹에 해당한다.

　　std::match_results는 여러 형식 매개변수를 가진 클래스 템플릿이다. C++ 표준 라이브러리에는 다음과 같은 네 개의 클래스가 미리 정의되어 있다.

```
typedef match_results<const char*> cmatch;
typedef match_results<const wchar_t*> wcmatch;
typedef match_results<string::const_iterator> smatch;
typedef match_results<wstring::const_iterator> wsmatch;
```

　　std::match_results는 강력한 인터페이스를 가지고 있다. 표 12.2는 그 인터페이스를 정리한 것이다. 표에서 sm은 미리 정의된 std::match_results 클래스 중 흔히 쓰이는 std::smatch의 한 객체이다.

표 12.2 std::match_results의 인터페이스

| 인터페이스 | 설명 |
| --- | --- |
| sm.size() | 갈무리 그룹에 부합한 부분 부합들의 개수를 돌려준다. |
| sm.empty() | 검색 결과에 부분 부합이 있는지의 여부를 돌려준다. |
| sm[i] | *i*번째 부분 부합을 돌려준다. |
| sm.length(i) | *i*번째 부분 부합의 길이를 돌려준다. |
| sm.position(i) | *i*번째 부분 부합의 첫 문자의 위치를 돌려준다. |
| sm.str(i) | *i*번째 부분 부합의 문자들로 이루어진 문자열을 돌려준다. |
| sm.prefix()와 sm.suffix() | 부분 부합 이전 문자열과 이후 문자열을 돌려준다. |
| sm.begin()과 sm.end() | 부분 부합의 시작 반복자와 끝 반복자를 돌려준다. |
| sm.format(...) | 출력을 위해 std::smatch 객체를 서식화(formatting)한다. |

　　다음 예제 코드는 여러 정규 표현식의 처음 네 부분 부합(submatch; 갈무리 그룹과 부합한 부분)출력한다.

```
#include <regex>
...
using namspace std;

void showCaptureGroups(const string& regEx, const string& text){
  regex rgx(regEx);
  smatch smatch;
```

```
  if (regex_search(text, smatch, rgx)){
    cout << regEx << text << smatch[0] << " " << smatch[1]
         << " "<< smatch[2] << " " << smatch[3] << endl;
  }
}

showCaptureGroups("abc+", "abccccc");
showCaptureGroups("(a+)(b+)", "aaabccc");
showCaptureGroups("((a+)(b+))", "aaabccc");
showCaptureGroups("(ab)(abc)+", "ababcabc");
...
```

| //정규 표현식 | text | smatch[0] | smatch[1] | smatch[2] | smatch[3] |
|---|---|---|---|---|---|
| abc+ | abccccc | abccccc | | | |
| (a+)(b+)(c+) | aaabccc | aaabccc | aaa | b | ccc |
| ((a+)(b+)(c+)) | aaabccc | aaabccc | aaabccc | aaa | b |
| (ab)(abc)+ | ababcabc | ababcabc | ab | abc | |

## std::sub_match

std::sub_match는 부분 부합을 대표하는 형식이다. std::match_results(p.164)처럼 이 형식도 클래스 템플릿이다. C++ 표준 라이브러리에는 이 형식에 기초한 다음 네 클래스가 미리 정의되어 있다.

```
typedef sub_match<const char*> csub_match;
typedef sub_match<const wchar_t*> wcsub_match;
typedef sub_match<string::const_iterator> ssub_match;
typedef sub_match<wstring::const_iterator> wssub_match;
```

표 12.3은 std::sub_match의 인터페이스를 정리한 것이다(cap은 하나의 부분 부합 객체).

표 12.3 std::sub_match의 인터페이스

| 인터페이스 | 설명 |
|---|---|
| cap.matched | 부합 성공 여부를 나타낸다. |
| cap.first와 cap.second | 부분 부합 문자 순차열의 시작 반복자와 끝 반복자를 돌려준다. |
| cap.length() | 부분 부합의 길이를 돌려준다. |
| cap.str() | 부분 부합의 문자들로 이루어진 문자열을 돌려준다. |
| cap.compare(other) | 현재 부분 부합과 다른 부분 부합을 비교한다. |

다음은 검색 결과를 담은 std::match_results 객체와 그에 담긴 부분 부합 std::sub_match 객체들을 함께 사용하는 방법을 보여주는 예제 코드이다.

```cpp
#include <regex>
...

using std::cout;

std::string privateAddress="192.168.178.21";
std::string regEx(R"((\d{1,3})\.(\d{1,3})\.(\d{1,3})\.(\d{1,3}))");
std::regex rgx(regEx);
std::smatch smatch;

if (std::regex_match(privateAddress, smatch, rgx)){
  for (auto cap: smatch){
  cout << "부분 부합: " << cap << std::endl;
  if (cap.matched){
    std::for_each(cap.first, cap.second, [](int v){
      cout << std::hex << v << " ";});
      cout << std::endl;
    }
  }
}
...

부분 부합: 192.168.178.21
31 39 32 2e 31 36 38 2e 31 37 38 2e 32 31

부분 부합: 192
31 39 32

부분 부합: 168
31 36 38

부분 부합: 178
31 37 38

부분 부합: 21
32 31
```

이 예에서 정규 표현식 regEx는 십진수와 마침표로 이루어진 IPv4 주소의 패턴을 나타낸다. 이 예제는 regEx와 갈무리 그룹들을 이용해서 한 주소의 여러 성분을 추출해서 각 갈무리 그룹에 부합한 부분 부합을 출력하고, 부분 부합의 개별 문자의 16진 ASCII 부호도 출력한다.

# 부합

std::regex_match 함수는 주어진 텍스트가 정규 표현식의 패턴과 부합하는지 판정한다. 부합 결과는 std::match_results 형식의 객체에 저장되며, 이 객체를 이용해서 부합 결과를 좀 더 분석할 수 있다.

다음 예제 코드는 std::regex_match의 간단한 용법 세 가지를 보여준다. 이 예제는 같은 정규식을 각각 C 문자열, C++ 문자열, 그리고 문자 순차열의 한 범위와 부합해서 그 결과(부울)에 따라 적절한 메시지를 출력한다. 이 예에서는 std::regex_match의 반환값(부합 여부를 뜻하는 부울 값)만 사용하지만, std::regex_match에는 상세한 부합 결과를 저장할 std::match_results 객체를 받는 버전도 있다. 이때 std::match_results의 구체적인 형식은 적용 대상(이 예에서는 C 문자열, C++ 문자열, 문자 순차열 범위)의 문자 형식에 따라 결정된다.

```cpp
#include <regex>
...

std::string numberRegEx(R"([-+]?([0-9]*\.[0-9]+|[0-9]+))");
std::regex rgx(numberRegEx);
const char* numChar{"2011"};

if (std::regex_match(numChar, rgx)){
  std::cout << numChar << "는(은) 수입니다." << std::endl;
}                                       // 2011는(은) 수입니다.

const std::string numStr{"3.14159265359"};
if (std::regex_match(numStr, rgx)){
  std::cout << numStr << "는(은) 수입니다." << std::endl;
}                                       // 3.14159265359는(은) 수입니다.

const std::vector<char> numVec{{'-', '2', '.', '7', '1', '8', '2',
                                '8', '1', '8', '2', '8'}};
if (std::regex_match(numVec.begin(), numVec.end(), rgx)){
    for (auto c: numVec){ std::cout << c ;};
    std::cout << "는(은) 수입니다." << std::endl;
}                                       // -2.718281828는(은) 수입니다.
```

# 검색

std::regex_search 함수는 주어진 텍스트에 정규 표현식의 패턴이 들어 있는지 판정한다. 이 함수 역시 std::match_results 객체를 받는 버전이 있으며, 적용 대상으로 C 문자열이나 C++ 문자열, 문자 순차열 범위를 지정할 수 있다.

다음 예제 코드는 const char*, std::string, const wchar_t*, std::wstring 형식의 텍스트에 대해 std::regex_search를 적용하는 방법을 보여준다.

```cpp
#include <regex>
...

// 시간 표현과 부합하는 정규 표현식
std::regex crgx("([01]?[0-9]|2[0-3]):[0-5][0-9]");

// const char*
std::cmatch cmatch;

const char* ctime{"현재 시각은 23:10."};
if (std::regex_search(ctime, cmatch, crgx)){
  std::cout << ctime << std::endl;                    // 현재 시각은 23:10.
  std::cout << "시각: " << cmatch[0] << std::endl;    // 시각: 23:10
}

// std::string
std::smatch smatch;

std::string stime{"현재 시각은 23:25."};
if (std::regex_search(stime, smatch, crgx)){
  std::cout << stime << std::endl;                    // 현재 시각은 23:25.
  std::cout << "시각: " << smatch[0] << std::endl;    // 시각: 23:25
}

// 시간 표현과 부합하는 정규 표현식
std::wregex wrgx(L"([01]?[0-9]|2[0-3]):[0-5][0-9]");

// const wchar_t*
std::wcmatch wcmatch;

const wchar_t* wctime{L"현재 시각은 23:25."};
if (std::regex_search(wctime, wcmatch, wrgx)){
  std::wcout << wctime << std::endl;                     // 현재 시각은 23:47.
  std::wcout << "시각: " << wcmatch[0] << std::endl      // 시각: 23:47
```

```
}

// std::wstring
std::wsmatch wsmatch;

std::wstring  wstime{L"현재 시각은 23:25."};
if (std::regex_search(wstime, wsmatch, wrgx)){
  std::wcout << wstime << std::endl;                 // 현재 시각은 00:03.
  std::wcout << "시각: " << wsmatch[0] << std::endl;  // 시각: 00:03
}
```

## 대체

std::regex_replace 함수는 텍스트 중 정규 표현식의 패턴과 부합하는 부분을 다른 문자열로 대체(치환)한다. 간단한 버전인 std::regex_replace(text, regex, replString)의 경우, 함수는 text 중 regex에 부합하는 부분을 replString으로 대체한 문자열을 돌려준다.

```
#include <regex>
...
using namespace std;

string unofficialName{"새 C++ 표준의 비공식 이름은 C++0x이다."};

regex rgxCpp{R"(C\+\+0x)"};
string newCppName{"C++11"};
string newName{regex_replace(unofficialName, rgxCpp, newCppName)};

regex rgxOff{"비공식"};
string makeOfficial{"공식"};
string officialName{regex_replace(newName, rgxOff, makeOfficial)};

cout << officialName << endl;
                    // 새 C++ 표준의 공식 이름은 C++11이다.
```

이 예제에 쓰인 간단한 버전 외에, std::regex_replace에는 범위들을 받는 버전도 있다. 그 버전을 이용하면 수정된 문자열을 다른 문자열에 직접 집어넣을 수 있다. 다음이 그러한 예이다.

```
typedef basic_regex<char> regex;
std::string str2;
std::regex_replace(std::back_inserter(str2),
                   text.begin(), text.end(), regex,replString);
```

std::regex_replace의 모든 버전에는 생략 가능한 매개변수가 있다. 그 매개변수에 상수 std::regex_constants::format_no_copy를 지정하면 함수는 텍스트 중 정규 표현식과 부합한 부분만 돌려주고, 부합하지 않은 부분은 돌려주지 않는다. 그 매개변수에 std::regex_constants::format_first_only를 지정하면 std::regex_replace는 첫 번째 부합만 대체한다.

## 서식화

갈무리 그룹 있는 정규 표현식을 std::regex_replace 또는 std::match_results.format과 함께 사용하면 상당히 복잡한 문자열 서식화가 가능하다. 특히, 서식 문자열 안에 부분 부합이 들어갈 자리를 특별한 표기를 이용해서 지정할 수 있다.

다음은 두 조합의 가능성을 시험해 보는 예제 코드이다.

```cpp
#include <regex>
...

const std::string unofficial{"비공식,C++0x"};
const std::string official{"공식,C++11"};

std::regex regValues{"(.*),(.*)"};
std::string standardText{"새 C++ 표준의 $1 이름은 $2이다."};
std::string textNow= std::regex_replace(unofficial, regValues, standardText);
std::cout << textNow << std::endl;
                    // 새 C++ 표준의 비공식 이름은 C++0x이다.

std::smatch smatch;
if (std::regex_match(official, smatch, regValues)){
  std::cout << smatch.str();                        // 공식,C++11
  std::string textFuture= smatch.format(standardText);
  std::cout << textFuture << std::endl;
}                    // 새 C++ 표준의 공식 이름은 C++11이다.
```

std::regex_replace(unoffical, regValues, standardText) 호출은 정규 표현식 regValues의 첫째, 둘째 갈무리 그룹과 부합하는 텍스트를 문자열 unofficial에서 추출하고, 텍스트 standardText의 자리표 $1과 $2를 추출한 값들로 대체한다. smatch.format(standardTest)를 이용한

서식화도 비슷한 방식으로 작동하지만, 차이점이 하나 있다. 바로, 부합 결과를 담은 smatch의 생성과 그것을 이용한 문자열 서식화가 분리되어 있다는 점이다.

갈무리 그룹이 들어갈 자리표 표기 외에도 C++ 표준 라이브러리는 여러 서식화 탈출열(escape sequence)을 지원한다. 표 12.4에 서식 문자열 안에서 사용할 수 있는 특별한 탈출 표기들이 정리되어 있다.

표 12.4 서식화 탈출열

| 서식화 탈출열 | 설명 |
| --- | --- |
| $& | 전체 부합(0번째 갈무리 그룹)으로 대체된다. |
| $$ | $ 문자로 대체된다. |
| $` (역틱) | 전체 부합 이전의 텍스트로 대체된다. |
| $´ (틱) | 전체 부합 이후의 텍스트로 대체된다. |
| $i | i번째 갈무리 그룹으로 대체된다. |

## 반복 검색

std::regex_iterator나 std::regex_token_iterator를 이용하면 부합들, 즉 텍스트에서 정규 표현식과 부합한 부분들을 차례로 훑는 작업을 손쉽게 수행할 수 있다. std::regex_iterator는 부합과 부분 부합들에 접근할 수 있으며, std::regex_token_iterator는 그 외의 부분에도 접근할 수 있다. 특히 std::regex_token_iterator로는 각 갈무리의 구성요소들에 접근할 수 있으며, 음수 색인을 이용하면 부합들 사이의 텍스트에도 접근할 수 있다.

### std::regex_iterator

std::regex_iterator는 하나의 클래스 템플릿이다. C++ 표준 라이브러리에는 다음과 같은 형식들이 미리 정의되어 있다.

```
typedef regex_iterator<const char*>                   cregex_iterator
typedef regex_iterator<const wchar_t*>                wcregex_iterator
typedef regex_iterator<std::string::const_iterator>  sregex_iterator
typedef regex_iterator<std::wstring::const_iterator> wsregex_iterator
```

다음은 std::regex_iterator를 이용해서 텍스트에 담긴 단어들의 출현 빈도를 세는 예이다.†

```
#include <regex>
...

using std::cout;
std::string text{"That's a (to me) amazingly frequent question. It may be the mo\
st frequently asked question. Surprisingly, C++11 feels like a new language: The\
 pieces just fit together better than they used to and I find a higher-level sty\
le of programming more natural than before and as efficient as ever."};

std::regex wordReg{R"(\w+)"};
std::sregex_iterator wordItBegin(text.begin(), text.end(), wordReg);
const std::sregex_iterator wordItEnd;
std::unordered_map<std::string, std::size_t> allWords;
for (; wordItBegin != wordItEnd; ++wordItBegin){
  ++allWords[wordItBegin->str()];
}
for (auto wordIt: allWords) cout << "(" << wordIt.first << ":"
                                 << wordIt.second << ")";
         // (as:2)(of:1)(level:1)(find:1)(ever:1)(and:2)(natural:1) ...
```

이 예제에서 '단어'를 정의하는 정규 표현식 (\w+)는 적어도 하나의 영문 대소문자 또는 숫자와 부합한다. 예제는 이 정규 표현식을 이용해서 시작 반복자 wordItBegin을 얻고, 기본 생성자로 끝 반복자 wordItEnd를 생성한다. 그런 다음 for 루프로 실제로 부합들을 훑는다. 루프의 반복마다 해당 단어를 키로 해서 그 단어의 빈도를 증가한다. ++allWords[wordItBegin]->str()가 바로 그러한 작업을 수행한다. allWords에 없던 단어이면 그 단어를 키로 하는 새 요소가 추가된다(새 요소의 기본값은 0이며, ++에 의해 1이 된다).

---

† (옮긴이) 참고로 예제 텍스트는 서문 'C++과 C++11'에 나온 비야네 스트롭스트룹의 인용구의 원문이다. 첫 부분은 서문에는 나오지 않는데, 간단하게 옮기자면 "(나로서는) 기막힐 정도로 자주 듣는 질문이다. 아마 가장 자주 물어보는 질문일 것이다" 정도이다.

## std::regex_token_iterator

C++ 표준 라이브러리에는 클래스 템플릿 std::regex_token_iterator에
기초한 네 가지 형식이 미리 정의되어 있다.

```
typedef regex_token_iterator<const char*>                cregex_token_iterator
typedef regex_token_iterator<const wchar_t*>             wcregex_token_iterator
typedef regex_token_iterator<std::string::const_iterator>  sregex_token_iterator
typedef regex_token_iterator<std::wstring::const_iterator> wsregex_token_iterator
```

　std::regex_token_iterator 객체 생성 시, 특정 갈무리 그룹들을 색
인들을 이용해서 지정할 수 있다. 그러면 해당 그룹들만 훑는 반복자가
만들어진다. 색인을 명시적으로 지정하지 않으면 모든 갈무리 그룹을
훑는 반복자를 얻게 되나, 그런 경우에도 색인을 이용해서 특정 갈무리
그룹에서 접근할 수 있다. -1이라는 색인은 특별하다. -1을 이용하면 부
합들 사이의 텍스트에 접근할 수 있다.

```cpp
using namespace std;

string text{"Pete Becker,The C++ Standard Library Extensions,2006:\
Nicolai Josuttis,The C++ Standard Library,1999"};

regex regBook(R"(((\w+)\s(\w+),([\w\s\+]*),(\d{4})))");
sregex_token_iterator bookItBegin(text.begin(), text.end(), regBook);

const sregex_token_iterator bookItEnd;
while (bookItBegin != bookItEnd){
  cout << *bookItBegin++ << endl;
}                        // Pete Becker,The C++ Standard Library Extensions,2006
                         // Nicolai Josuttis,The C++ Standard Library,1999

sregex_token_iterator bookItNameIssueBegin(text.begin(), text.end(),
                                           regBook, {{2,4}});
const sregex_token_iterator bookItNameIssueEnd;

while (bookItNameIssueBegin != bookItNameIssueEnd){
  cout << *bookItNameIssueBegin++ << ", ";
  cout << *bookItNameIssueBegin++ << endl;
}                                   // Becker, 1999
                                    // Josuttis, 2001

regex regBookNeg(":");
```

```
sregex_token_iterator bookItNegBegin(text.begin(), text.end(), regBookNeg, -1);

const sregex_token_iterator bookItNegEnd;
while (bookItNegBegin != bookItNegEnd){
  cout << *bookItNegBegin++ << endl;
}                          // Pete Becker,The C++ Standard Library Extensions,2006
                           // Nicolai Josuttis,The C++ Standard Library,1999
```

bookItBegin은 색인 없이 생성했고 bookItNegbegin은 음수 색인
을 지정해서 생성했다. 둘 다 모든 부분 부합을 훑는다. 반면 bookName
IssueBegin은 생성 시 {{2,4}}를 지정했기 때문에 둘째, 넷째 부분 부합
에만 접근한다.

# 13장

The  C++  Standard  Library

# 입출력 스트림 라이브러리

입출력 스트림 라이브러리는 프로그램이 외부 세계와 소통하는 데 쓰인다. 스트림$^{stream}$은 끝이 없는 문자들의 흐름으로, 프로그램은 이 스트림에 자료를 밀어 넣거나(push 또는 put) 스트림에서 자료를 뽑아낼(pull) 수 있다. 넣기를 쓰기(writing) 또는 기록이라고 부르고 뽑기를 읽기(reading) 또는 판독이라고 부른다.

다음은 입출력 스트림 라이브러리의 몇 가지 특징이다.

- 이 라이브러리는 C++98, 즉 1998년에 나온 최초의 C++ 표준 이전부터 쓰여온 유서 깊은 라이브러리이다.†
- 이 라이브러리는 확장성을 염두에 두고 설계되었다.
- 이 라이브러리는 객체 지향적 프로그래밍(OOP) 패러다임과 일반적 프로그래밍(generic programming) 패러다임을 따라 구현되었다.

---

C++11  † (옮긴이) C++11에서도 이 라이브러리는 거의 변하지 않았다. 입출력 스트림과 관련해서 C++11의 중요한 변경 사항은 스트림 객체의 배정과 교환이 가능해진 것이다. 스트림 객체의 복사는 그 의미를 제대로 정의하기 어렵기 때문에, C++03까지는 한 스트림 객체를 다른 스트림 객체에 배정(복사 배정)하는 연산을 아예 금지해 두었다. C++11에서 C++이 이동 의미론을 지원하게 되면서 한 스트림 객체를 다른 스트림 객체로 이동 배정할 수 있게 되었고, 멤버 함수 swap 또는 비멤버 함수 swap으로 두 스트림 객체를 교환할 수 있게 되었다.

## 클래스 계통구조

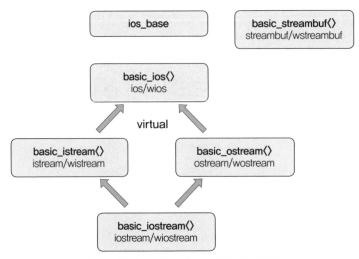

그림 13.1 입출력 스트림 라이브러리의 클래스 계통구조

basic_streambuf<>

　자료를 읽고 쓴다.

ios_base

　모든 스트림 클래스의 문자 형식과 무관한 속성들.

basic_ios<>

　모든 스트림 클래스의 문자 형식에 의존적인 속성들.

basic_istream<>

　자료를 읽는 스트림 클래스들의 기반 클래스.

basic_ostream<>

　자료를 쓰는 스트림 클래스들의 기반 클래스.

basic_iostream<>

　자료를 읽고 쓰는 스트림 클래스들의 기반 클래스.

이 계통구조의 클래스 템플릿마다, 문자 형식 char와 wchar_t로 인스턴스화한 형식들이 미리 정의되어 있다. w로 시작하지 않는 형식들은 char를 위한 클래스들이고 w로 시작하는 형식들은 wchar_t를 위한 클래스들이다.

클래스 std::basic_iostream<>의 두 기반 클래스(부모 클래스)는 더 상위의 std::basic_ios<> 클래스를 가상으로(virtual) 상속한다. 따라서 std::basic_iostream<>에는 std::basic_ios의 인스턴스가 하나만 존재한다.

## 입출력 함수

스트림에서 자료를 읽거나 기록할 때 흔히 std::istream과 std::ostream을 사용한다. std::istream 클래스를 사용하려면 <istream> 헤더가 필요하고, std::ostream 클래스를 사용하려면 <ostream> 헤더가 필요하다. 그냥 <iostream> 헤더를 포함하면 두 클래스 모두 사용할 수 있다. std::istream은 클래스 템플릿 basic_istream과 문자 형식 char로 정의된 형식이고 std::ostream은 클래스 템플릿 basic_ostream과 문자 형식 char로 정의된 형식이다.

```
typedef basic_istream<char> istream;
typedef basic_ostream<char> ostream;
```

C++ 표준 라이브러리에는 키보드와 모니터를 이용한 입출력에 바로 사용할 수 있는 편리한 스트림 객체 네 가지가 미리 정의되어 있다.

표 13.1 미리 정의된 네 가지 스트림 객체

| 스트림 객체 | 해당 C 표준 스트림 | 장치 | 버퍼링? |
|---|---|---|---|
| std::cin | stdin | 키보드 | 예 |
| std::cout | stdout | 모니터 | 예 |
| std::cerr | stderr | 모니터 | 아니요 |
| std::clog | | 모니터 | 예 |

**wchar_t를 위한 스트림 객체들도 마련되어 있다**

wchar_t를 위한 네 스트림 객체 std::wcin, std::wcout, std::wcerr, std::wclog는 해당 char 스트림 객체들만큼 널리 쓰이지는 않는다(적어도 최근까지는). 그래서 이 책에서는 이들을 자세히 다루지 않는다.

키보드와 콘솔로 사용자와 의사소통하는 프로그램을 작성하는 데에는 이 스트림 객체들로 충분하다. 다음은 입력된 수들의 합을 출력하는 예제 프로그램이다.

```
#include <iostream>

int main(){
  std::cout << "수치들을 입력하세요(끝에는 수가 아닌 문자를 입력): "
            << std::endl;

  int sum{0};
  int val;

  // 입력: <2000 [Enter 키] 11 a>
  while (std::cin >> val) sum += val;
  std::cout << "합: " << sum;                      // 합: 2011
}
```

이 예제는 스트림 연산자 <<, >>와 스트림 조작자(stream manipulator) std::endl을 사용한다.

이 예제에서 스트림 삽입 연산자 <<는 문자들을 출력 스트림 std::cout에 밀어 넣고, 스트림 추출 연산자 >>는 입력 스트림 std::cin으로부터 문자들을 뽑아낸다. 두 연산자 모두 해당 스트림에 대한 참조를 돌려주므로, 이 연산자들을 사슬처럼 여러 개 연결해서 사용하는 것이 가능하다.

std::endl은 std::cout에 \n 문자를 기록하고 출력 버퍼를 방출하는 (flush) 스트림 조작자이다.

가장 자주 쓰이는 스트림 조작자들이 표 13.2에 정의되어 있다.

표 13.2 가장 자주 쓰이는 스트림 조작자들

| 조작자 | 스트림 종류 | 설명 |
| --- | --- | --- |
| std::endl | 출력 | 개행(새 줄) 문자를 삽입하고 스트림을 방출한다. |
| std::flush | 출력 | 스트림을 방출한다. |
| std::ws | 입력 | 선행 공백들을 폐기한다. |

## 입력

C++에서, 입력 스트림에서 자료를 읽는 방법은 크게 두 가지이다. 하나는 추출 연산자 >>를 이용한 서식화 입력(formatted input)이고 또 하나는 개별 메서드를 이용한 비서식화 입력이다.

## 서식화 입력

추출 연산자 >>는

- 모든 내장 형식과 문자열에 대해 미리 정의되어 있고,
- 사용자 정의 자료 형식에 맞게 구현할 수 있고(p.194),
- 서식 지정자(format specifier)들을 이용해서 작동 방식을 변경할 수 있다(p.183).

> 💡 std::cin은 기본적으로 선행 공백들을 무시한다.
>
> ```
> #include <iostream>
> ...
> int a, b;
> std::cout << "정수 두 개를 입력하세요: " << std::endl;
> std::cin >> a >> b; // 입력: <   2000   11>
> std::cout << "a: " << a << " b: " << b; // a: 2000 b: 11
> ```

## 비서식화 입력

표 13.3은 입력 스트림 is로부터 서식화 없이 자료를 읽는 메서드들을 정리한 것이다.

표 13.3 입력 스트림의 비서식화 입력 메서드들

| 메서드 | 설명 |
|---|---|
| is.get(ch) | 문자 하나를 ch에 읽어 들인다. |
| is.get(buf, num) | 최대 num개의 문자를 버퍼 buf에 읽어 들인다. |
| is.getline(buf, num[, delim]) | 최대 num개의 문자를 버퍼 buf에 읽어 들인다. delim 매개변수를 이용해서 임의의 문자를 행 구분자로 지정할 수 있다(기본은 \n). |
| is.gcount() | 가장 최근 비서식화 입력 메서드를 이용해서 is에서 추출한 문자들의 개수를 돌려준다. |
| is.ignore(streamsize sz= 1, int delim= 파일 끝 문자) | delim이 나올 때까지 최대 sz개의 문자들을 폐기한다. |
| is.peek() | is에서 문자 하나를 얻되 소비하지는 않는다. |
| is.unget() | 마지막으로 읽은 문자를 다시 is에 넣는다. |
| is.putback(ch) | 문자 ch를 스트림 is에 넣는다. |

**💡 비멤버 함수 std::getline의 유용함**

istream의 getline 멤버 함수에 비해 비멤버 함수 std::getline(p.152)에는 string 객체(둘째 인수)가 메모리를 자동으로 관리해 준다는 커다란 장점이 있다. is.getline(buf, num)의 경우에는 버퍼 buf를 위한 메모리를 프로그래머가 직접 마련해야 한다.

```cpp
#include <iostream>
...
std::string line;
std::cout << "텍스트 한 줄을 입력하세요: " << std::endl;

std::getline(std::cin, line);               // <Only for testing purpose.>
std::cout << line << std::endl;             // Only for testing purpose.

std::cout << "수치들을 ;로 구분해서 입력하세요: " << std::endl;
while (std::getline(std::cin, line, ';') ) {
  std::cout << line << " ";
}                                           // <2000;11;a>
                                            // 2000 11
```

## 출력

삽입 연산자 <<를 이용해서 출력 스트림에 문자들을 밀어 넣을 수 있다.

삽입 연산자 <<는

- 모든 내장 형식과 문자열에 대해 미리 정의되어 있고,
- 사용자 정의 자료 형식에 맞게 구현할 수 있고(p.194),
- 서식 지정자(format specifier)들을 이용해서 작동 방식을 변경할 수 있다(p.183).

## 서식 지정자

서식 지정자는 자료의 입출력 방식을 명시적으로 조정하는 용도로 쓰인다.

---

✅ **조작자 형태의 서식 지정자**

서식 지정자는 스트림 조작자로 지정할 수도 있고 플래그로 지정할 수도 있다. 이 책에서는 스트림 조작자만 사용하는데, 그쪽이 다른 스트림 연산들과 비슷한 형태라서 사용하기 쉽기 때문이다.

```
#include <iostream>
...
int num{2011};

std::cout.setf(std::ios::hex, std::ios::basefield);
std::cout << num << std::endl; // 7db
std::cout.setf(std::ios::dec, std::ios::basefield);
std::cout << num << std::endl; // 2011

std::cout << std::hex << num << std::endl;  // 7db
std::cout << std::dec << num << std::endl;  // 2011
```

---

표 13.4에 중요한 서식 지정자들이 정리되어 있다. 필드 너비 지정자를 제외한 서식 지정자는 효과가 지속된다. 필드 너비 지정자는 각각의 입출력 연산마다 다시 지정해야 한다.

인수가 없는 조작자들은 <iostream> 헤더에, 인수를 받는 조작자들은 <iomanip> 헤더에 정의되어 있다.

표 13.4 부울 값 표현 서식 지정자

| 조작자 | 스트림 종류 | 설명 |
| --- | --- | --- |
| std::boolalpha | 입력 및 출력 | 부울 값을 단어로 표현한다. |
| std::noboolalpha | 입력 및 출력 | 부울 값을 수치로 표현한다(기본). |

(첫 번째 행 왼쪽: C++ 11, 두 번째 행 왼쪽: C++ 11)

표 13.5 필드 너비 및 채움 문자 서식 지정자

| 조작자 | 스트림 종류 | 설명 |
| --- | --- | --- |
| std::setw(val) | 입력 및 출력 | 필드 너비를 val로 설정한다. |
| std::setfill(c) | 출력 | 채움 문자를 c로 설정한다(기본은 빈칸 문자). |

표 13.6 텍스트 좌우 정렬(alignment) 서식 지정자

| 조작자 | 스트림 종류 | 설명 |
| --- | --- | --- |
| std::left | 출력 | 출력을 왼쪽으로 정렬한다. |
| std::right | 출력 | 출력을 오른쪽으로 정렬한다. |
| std::internal | 출력 | 수치의 부호는 왼쪽으로, 값은 오른쪽으로 정렬한다. |

표 13.7 양의 부호 및 대소문자 서식 지정자

| 조작자 | 스트림 종류 | 설명 |
| --- | --- | --- |
| std::showpos | 출력 | 양의 부호(+)를 표시한다. |
| std::noshowpos | 출력 | 양의 부호를 표시하지 않는다(기본). |
| std::uppercase | 출력 | 부동소수점 수와 16진수에 대문자를 사용한다(기본). |
| std::lowercase | 출력 | 부동소수점 수와 16진수에 소문자를 사용한다. |

표 13.8 진수 표현 서식 지정자

| 조작자 | 스트림 종류 | 설명 |
| --- | --- | --- |
| std::oct | 입력 및 출력 | 정수를 팔진수로 판독 또는 기록한다. |
| std::dec | 입력 및 출력 | 정수를 십진수로 판독 또는 기록한다(기본). |
| std::hex | 입력 및 출력 | 정수를 16진수로 판독 또는 기록한다. |

| std::showbase | 출력 | 기수(밑)를 표시한다. |
|---|---|---|
| std::noshowbase | 출력 | 기수를 표시하지 않는다(기본). |

부동소수점 수에 대해서는 다음과 같은 특별한 규칙들이 적용된다.

- 유효 자릿수(유효숫자들의 개수)의 개수는 기본적으로 6이다.
- 유효 자릿수가 충분하지 않으면 수치가 과학 표기법으로 표시된다.
- 선행, 후행 0들은 표시되지 않는다.
- 소수점을 생략해도 되는 수치이면 소수점을 표시하지 않는다.

표 13.9 부동소수점 서식 지정자

| 조작자 | 스트림 종류 | 설명 |
|---|---|---|
| std::setprecision(val) | 출력 | 출력의 정밀도를 val로 설정한다. |
| std::showpoint | 출력 | 소수점을 항상 표시한다. |
| std::noshowpoint | 출력 | 생략 가능한 소수점은 표시하지 않는다(기본) |
| std::fixed | 출력 | 고정소수점 표기법을 사용한다. |
| std::scientific | 출력 | 과학 표기법을 사용한다. |

```
#include <iomanip>
#include <iostream>
...

std::cout.fill('#');
std::cout << -12345;
std::cout << std::setw(10) << -12345;                // ####-12345
std::cout << std::setw(10) << std::left << -12345;   // -12345####
std::cout << std::setw(10) << std::right << -12345;  // ####-12345
std::cout << std::setw(10) << std::internal << -12345; // -####12345

std::cout << std::oct << 2011;  // 3733
std::cout << std::hex << 2011;  // 7db

std::cout << std::showbase;
std::cout << std::dec << 2011; // 2011
std::cout << std::oct << 2011; // 03733
std::cout << std::hex << 2011; // 0x7db

std::cout << 123.456789;                         // 123.457
std::cout << std::fixed;
```

```
std::cout << std::setprecision(3) << 123.456789;  // 123.457
std::cout << std::setprecision(6) << 123.456789;  // 123.456789
std::cout << std::setprecision(9) << 123.456789;  // 123.456789000

std::cout << std::setprecision(6) << 123.456789;  // 123.456789
std::cout << std::scientific;
std::cout << std::setprecision(3) << 123.456789;  // 1.235e+02
std::cout << std::setprecision(6) << 123.456789;  // 1.234568e+02
std::cout << std::setprecision(9) << 123.456789;  // 1.234567890e+02
```

## 스트림

스트림은 자료를 넣거나 뽑을 수 있는, 문자들의 끝 없는 흐름이다. 문
자열 스트림과 파일 스트림을 이용하면 문자열과 파일에 다양한 스트림
연산을 직접 적용할 수 있다.

### 문자열 스트림

문자열 스트림 클래스들을 사용하려면 <sstream> 헤더가 필요하다. 이
들은 다른 입출력 스트림(파일이나 콘솔)과 연결되지 않으며, 자료를
문자열에 저장한다.

　　C++ 표준 라이브러리에는 스트림의 종류(입력, 출력, 입출력)와 문
자 형식(char, wchar_t)의 여섯 가지 조합에 대응되는 문자열 스트림 형
식이 미리 정의되어 있다.

std::istringstream과 std::wistringstream

　　char 형식과 wchar_t 형식 문자들의 입력을 위한 문자열 스트림 클
래스들.

std::ostringstream과 std::wostringstream

　　char 형식과 wchar_t 형식 문자들의 출력을 위한 문자열 스트림 클
래스들.

std::stringstream과 std::wstringstream

　　char 형식과 wchar_t 형식 문자들의 입출력을 위한 문자열 스트림
클래스들.

다음은 문자열 스트림으로 흔히 수행하는 연산들이다.

• 자료를 문자열 스트림에 기록한다.

```
std::stringstream os;
os << "새 문자열";
os.str("또 다른 새 문자열");
```

• 문자열 스트림에서 자료를 읽는다.

```
std::string os;
std::string str;
os >> str;
str= os.str();
```

• 문자열 스트림을 지운다.

```
std::stringstream os;
os.str("");
```

문자열 스트림은 문자열과 수치 사이의 변환을 형식에 안전한 방식으로 수행하는 데 흔히 쓰인다.

```
#include <sstream>
...

template <typename T>
T StringTo ( const std::string& source ){
  std::istringstream iss(source);
  T ret;
  iss >> ret;
  return ret;
}

template <typename T>
  std::string ToString(const T& n){
  std::ostringstream tmp ;
  tmp << n;
  return tmp.str();
}

std::cout << "5= " << StringTo<int>("5");                       // 5
std::cout << "5 + 6= " << StringTo<int>("5") + 6;               // 11
std::cout << ToString(StringTo<int>("5") + 6 ));                // "11"
std::cout << "5e10: " << std::fixed << StringTo<double>("5e10"); // 50000000000
```

## 파일 스트림

파일 스트림으로는 파일의 자료를 읽고 쓸 수 있다. 파일 스트림 클래스들을 사용하려면 <fstream> 헤더가 필요하다. 파일 스트림 객체는 파일의 수명을 직접 관리한다(즉, 파일 스트림 객체 생성 시 파일이 열리고, 객체 파괴 시 파일이 닫힌다).

C++ 표준 라이브러리에는 스트림의 종류(입력, 출력, 입출력)와 문자 형식(char, wchar_t)의 여섯 가지 조합에 대응되는 파일 스트림 형식들이 미리 정의되어 있다. 또한, 파일 버퍼를 대표하는 클래스들도 정의되어 있다.

std::ifstream과 std::wifstream

> char 형식과 wchar_t 형식 문자들의 입력을 위한 파일 스트림 클래스들.

std::ofstream과 std::wofstream

> char 형식과 wchar_t 형식 문자들의 출력을 위한 파일 스트림 클래스들.

std::fstream과 std::wfstream

> char 형식과 wchar_t 형식 문자들의 입출력을 위한 파일 스트림 클래스들.

std::filebuf와 std::wfilebuf

> char 형식과 wchar_t 형식의 자료 버퍼.

---

**❗ 파일 위치 포인터의 무효화**

파일 스트림이 읽거나 쓰는 중인 파일의 내용이 바뀌면, 파일 스트림의 현재 파일 위치 포인터도 적절히 갱신해 주어야 한다.

---

표 13.10은 파일 스트림을 여는 방식을 결정하는 열기 모드(opening mode) 플래그들이다.

표 13.10 파일 스트림 열기 모드 플래그

| 플래그 | 설명 |
|---|---|
| std::ios::in | 파일 스트림을 읽기 모드로 연다(std::ifstream과 std::wifstream의 기본 모드). |
| std::ios::out | 파일 스트림을 쓰기 모드로 연다(std::ofstream과 std::wofstream의 기본 모드). |
| std::ios::app | 파일 스트림을 추가 모드로 연다(문자들이 파일 스트림의 끝에 추가된다). |
| std::ios::ate | 파일 위치 포인터의 초기 위치를 파일 스트림의 끝으로 설정한다. |
| std::ios::trunc | 원본 파일의 내용을 모두 삭제한다. |
| std::ios::binary | 파일 스트림을 이진 모드로 연다(개행 문자와 관련된 처리를 수행하지 않는다). |

다음 예제에서 보듯이, rdbuf 메서드를 이용하면 아주 짧은 코드로 한 파일(in)을 다른 파일(out)에 복사할 수 있다. 짧은 예제이므로 오류 처리는 생략했다.

```
#include <fstream>
...
std::ifstream in("inFile.txt");
std::ofstream out("outFile.txt");
out << in.rdbuf();
```

표 13.11은 C++의 파일 열기 모드 플래그들과 그 조합들을 C의 파일 열기 모드들†과 비교한 것이다.

표 13.11 C++와 C의 파일 열기 모드

| C++ 모드 | 설명 | C 모드 |
|---|---|---|
| std::ios::in | 파일 읽는다. | "r" |
| std::ios::out | 파일을 쓴다. | "w" |
| std::ios::out \| std::ios::app | 파일 끝에 추가한다. | "a" |

(다음 쪽으로 이어짐)

---

† (옮긴이) 이들은 C 표준 함수 fopen과 freopen에 쓰인다.

(앞쪽에서 이어짐)

| std::ios::in \| std::ios::out | 파일을 읽고 쓴다. | "r+" |
| std::ios::in \| std::ios::out \| std::ios::trunc | 파일을 읽고 쓴다. | "w+" |

모드 "r"과 "r+"는 이미 존재하는 파일에 대해서만 사용할 수 있다. 반면, "a"나 "w+" 모드에서는 파일이 존재하지 않으면 새로 생성된다. "w" 모드에서는 새 내용이 파일의 기존 내용을 덮어쓴다.

이미 생성된 파일 스트림 객체를 이용해서 파일을 명시적으로 열고 닫는 것도 가능하다. 표 13.12에 관련 메서드들이 나와 있다.

**표 13.12 명시적으로 파일 열고 닫기**

| 메서드 | 설명 |
|---|---|
| file.open(name) | name에 해당하는 파일을 적절한(해당 파일 스트림의 형식에 따른) 모드로 연다. |
| file.open(name, flags) | name에 해당하는 파일을 flags 플래그들을 지정해서 연다. |
| file.close() | 현재 열린 파일을 닫는다. |
| file.is_open() | 파일이 열려 있는지의 여부를 돌려준다. |

## 임의 접근

파일 위치 포인터를 설정함으로써 파일 안의 임의의 위치에 접근할 수 있다.

파일 스트림 객체의 생성 직후, 파일 위치 포인터는 기본적으로 파일의 시작을 가리킨다. 이후 표 13.13에 나온 여러 메서드를 이용해서 파일 위치 포인터의 위치를 변경할 수 있다.

**표 13.13 파일 스트림 임의 접근 관련 메서드†**

| 메서드 | 설명 |
|---|---|
| file.tellg() | 파일 스트림 객체 file의 현재 파일 읽기 위치를 돌려준다. |
| file.tellp() | file의 현재 파일 쓰기 위치를 돌려준다. |

† (옮긴이) 참고로, tellg와 seekg의(그리고 이전에 나온 gcount의) g는 get, 즉 읽기를 뜻하고 tellp와 seekp의 p는 put, 즉 쓰기를 뜻한다.

| | |
|---|---|
| file.seekg(pos) | file의 읽기 위치를 pos로 설정한다. |
| file.seekp(pos) | file의 쓰기 위치를 pos로 설정한다. |
| file.seekg(off, rpos) | file의 읽기 위치를 현재 위치에서 rpos가 나타내는 방향(파일의 시작 쪽 또는 끝쪽)으로 off만큼 떨어진 곳으로 설정한다. |
| file.seekp(off, rpos) | file의 쓰기 위치를, rpos로 지정된 기준 위치에서 off만큼 떨어진 곳으로 설정한다. |

off는 정수이고 rpos는 다음 세 값 중 하나이다.

std::ios::beg

파일의 시작.

std::ios::cur

현재 위치.

std::ios::end

파일의 끝.

> **❗ 파일의 경계를 지켜야 한다**
>
> 파일 임의 접근 시 C++ 실행 시점 모듈은 파일 경계를 점검하지 않는다. 파일 경계 바깥의 자료를 읽거나 쓰는 것은 **정의되지 않는 행동**이다.

```cpp
#include <fstream>
...

int writeFile(const std::string name){
  std::ofstream outFile(name);
  if (!outFile){
    std::cerr << name << " 파일을 열 수 없습니다." << std::endl;
    exit(1);
  }
  for (unsigned int i= 0; i < 10 ; ++i){
    outFile << i << "        0123456789" << std::endl;
  }
}

std::string random{"random.txt"};
writeFile(random);
```

```
std::ifstream inFile(random);

if (!inFile){
  std::cerr << random << " 파일을 열 수 없습니다." << std::endl;
  exit(1);
}

std::string line;

std::cout << inFile.rdbuf();
// 0        0123456789
// 1        0123456789
...
// 9        0123456789

std::cout << inFile.tellg() << std::endl;  // 200

inFile.seekg(0);  // inFile.seekg(0, std::ios::beg);와 같음
getline(inFile, line);
std::cout << line;                         // 0        0123456789

inFile.seekg(20, std::ios::cur);
getline(inFile, line);
std::cout << line;                         // 2        0123456789

inFile.seekg(-20, std::ios::end);
getline(inFile, line);
std::cout << line;                         // 9        0123456789
```

## 스트림의 상태

C++ 표준 라이브러리에는 스트림의 상태를 나타내는 플래그들이 정의 되어 있다. 표 13.14는 그러한 플래그들을 다루는 메서드들을 정리한 것이다. 이들을 사용하려면 <iostream> 헤더가 필요하다.

표 13.14 스트림의 상태

| 플래그 | 플래그 조회 메서드 | 설명 |
|---|---|---|
| std::ios::goodbit | stream.good() | 아무 비트도 설정되어 있지 않음. |
| std::ios::eofbit | stream.eof() | 파일 끝(end-of-file) 비트가 설정되었음. |
| std::ios::failbit | stream.fail() | 오류 비트가 설정되었음. |
| std::ios::badbit | stream.bad() | 정의되지 않은 행동 비트가 설정되었음. |

다음은 스트림의 각 상태를 유발하는 조건의 예이다.

std::ios::eofbit
- 유효한 마지막 문자 너머의 위치를 읽었음

std::ios::failbit
- 입력이 서식에 맞지 않음
- 유효한 마지막 문자 너머의 위치를 읽었음
- 파일 열기 실패

std::ios::badbit
- 스트림 버퍼의 크기를 조정할 수 없음
- 스트림 버퍼의 부호 변환이 잘못되었음
- 스트림의 일부가 예외를 던졌음

stream.fail()은 std::ios::failbit나 std::ios::badbit 중 하나라도 설정되어 있으면 true를 돌려준다.

스트림의 상태를 읽거나 설정하는 메서드들은 다음과 같다.

stream.clear()
플래그들을 초기화하고 스트림을 goodbit 상태로 설정한다.

stream.clear(sta)
플래그들을 초기화하고 스트림을 sta 상태로 설정한다.

stream.rdstate()
현재 상태를 돌려준다.

stream.setstate(fla)
현재 상태에 fla 플래그를 추가로 설정한다.

스트림에 대한 연산들은 스트림이 goodbit 상태일 때에만 실제로 작용한다. badbit 상태인 스트림은 goodbit 상태로 설정할 수 없다.

```
#include <iostream>
...
std::cout << std::cin.fail() << std::endl;     // false

int myInt;

while (std::cin >> myInt){                      // <a>
  std::cout << myInt << std::endl;              //
  std::cout << std::cin.fail() << std::endl;    //
}

std::cin.clear();
std::cout << std::cin.fail() << std::endl;     // false
```

사용자가 문자 a를 입력하면 스트림 std::cin은 std::ios::failbit 상태가 된다. 따라서 a와 std::cin.fail()의 값은 화면에 표시되지 않는다. std::cin을 다시 사용하려면 먼저 clear 메서드로 플래그들을 초기화해야 한다.

## 사용자 정의 자료 형식의 스트림 입출력

사용자 정의 자료 형식이라도 입력, 출력 연산자들을 적절히 중복적재하기만 하면 앞에서 본 내장 자료 형식들처럼 스트림에서 읽거나 쓸 수 있다.

```
friend std::istream& operator>> (std::istream& in, Fraction& frac);
friend std::ostream& operator<< (std::ostream& out, const Fraction& frac);
```

입력, 출력 연산자를 중복적재할 때에는 다음과 같은 규칙 몇 가지를 지켜야 한다.

- 입출력 연산들을 사슬처럼 이을 수 있으려면, 반드시 연산자가 입출력 스트림을 받아서 비상수 참조로 돌려주게 해야 한다.
- 사용자 정의 형식의 전용(private; 비공개) 멤버에 접근할 수 있으려면, 입출력 연산자들을 그 형식의 친구(friend)로 선언해야 한다.
- 입력 연산자 >>는 해당 사용자 정의 형식을 비상수 참조로 받아야 한다.

- 출력 연산자 <<는 해당 사용자 정의 형식을 상수 참조로 받아야
  한다.

```cpp
class Fraction{
public:
  Fraction(int num= 0, int denom= 0):numerator(num), denominator(denom){}
  friend std::istream& operator>> (std::istream& in, Fraction& frac);
  friend std::ostream& operator<< (std::ostream& out, const Fraction& frac);
private:
  int numerator;
  int denominator;
};

std::istream& operator>> (std::istream& in, Fraction& frac){
  in >> frac.numerator;
  in >> frac.denominator;
  return in;
}

std::ostream& operator<< (std::ostream& out, const Fraction& frac){
  out << frac.numerator << "/" << frac.denominator;
  return out;
}

Fraction frac(3, 4);
std::cout << frac;                    // 3/4

std::cout << "수치 두 개(분자와 분모)를 입력하세요: ";
Fraction fracDef;

std::cin >> fracDef;                  // <1 2>
std::cout << fracDef;                 // 1/2
```

# 14장

C++11

# 스레드 지원 라이브러리

C++11에서 드디어 C++도 공식적으로 스레드를 지원하게 되었다. C++ 표준의 스레드 지원은 크게 두 부분으로 구성되는데, 하나는 잘 정의된 (well-defined) 메모리 모형이고 또 하나는 표준화된 스레드 적용 인터페이스이다.

## 메모리 모형

다중 스레드 적용(multithreading)의 기초는 잘 정의된 메모리 모형이다. 그러한 메모리 모형(memory model)은 반드시 다음과 같은 사항을 지원해야 한다.

- 원자적(atomic) 연산: 가로채기(interrupt) 없이 수행할 수 있는 연산.
- 연산들의 부분 순서(partial ordering): 일련의 연산들의 순서를 바꾸지 않아야 한다.
- 연산의 가시적 효과: 공유 변수에 대한 연산의 결과를 다른 스레드에서도 볼 수 있음을 보장해야 한다.

　C++ 메모리 모형은 그보다 먼저 나온 Java의 메모리 모형과 공통점이 많다. 단, C++의 메모리 모형은 순서 일관성(sequential consistency)

위반을 허용한다. 원자적 연산들은 기본적으로 순서 일관성을 지킨다.

순서 일관성은 다음 두 가지를 보장한다.

1. 한 프로그램의 명령들이 소스 코드에 나온 순서대로 실행된다.
2. 모든 스레드의 모든 연산의 전역적인 순서가 존재한다.

## 원자적 자료 형식

C++에는 몇 가지 간단한 원자적 자료 형식들이 있다. 기본 자료 형식인 여러 부울, 문자, 수치, 포인터 형식들의 원자적 버전들이 존재한다. 이들을 사용하려면 <atomic> 헤더가 필요하다. 또한, 클래스 템플릿 std::atomic을 이용해서 사용자 정의 형식을 원자적으로 만드는 것도 가능하다. 단, 아무 형식이나 되는 것은 아니다.

사용자 정의 형식이 MyType이라 할 때, std::atomic<MyType>이 유효하려면 다음과 같은 조건을 만족해야 한다.

- MyType과 MyType의 모든 기반 클래스, 그리고 MyType의 모든 비정적 (non-static) 멤버의 복사 배정 연산자는 반드시 자명해야(trivial) 한다. 복사 배정 연산자 중 자명한 것은 **컴파일러가 작성한 복사 배정 연산자뿐이다.**
- MyType에 가상 메서드나 가상 기반 클래스가 있어서는 안 된다.
- MyType은 반드시 비트별로 복사, 비교할 수 있어야 한다. 즉, C 함수 memcpy나 memcmp를 적용할 수 있어야 한다.

원자적 자료 형식에는 원자적 연산을 수행하는 메서드들이 있다. 다음 예제에 나오는 load와 store가 그러한 메서드의 예이다.

```
#include <atomic>
...

std::atomic_int x, y;
int r1, r2;

void writeX(){
```

```
  x.store(1);
  r1= y.load();
}

void writeY(){
  y.store(1);
  r2= x.load();
}

x= 0;
y= 0;

std::thread a(writeX);
std::thread b(writeY);

a.join();
b.join();

std::cout << r1 << r2 << std::endl;
```

r1과 r2의 출력은 11일 수도 있고 10이나 01일 수도 있다.

## 스레드 적용

C++ 다중 스레드 인터페이스를 사용하려면 <thread> 헤더가 필요하다.

### 스레드 생성

스레드thread는 하나의 실행 단위이다. C++ 표준에서 스레드는 std::thread라는 클래스의 객체로 존재한다. 기본적으로 스레드 객체는 생성 즉시 실행을 시작한다. 스레드가 실행하는 코드는 생성자의 인수로 주어진 호출 가능 단위(p.97)이다. 호출 가능 단위는 함수일 수도 있고 함수 객체나 람다 함수일 수도 있다.

```
#include <thread>
...
using namespace std;

void helloFunction(){
  cout << "함수" << endl;
}
```

```
class HelloFunctionObject {
public:
  void operator()() const {
    cout << "함수 객체" << endl;
  }
};

thread t1(helloFunction);                      // 함수

HelloFunctionObject helloFunctionObject;
thread t2(helloFunctionObject);                // 함수 객체

thread t3([]{ cout << "람다 함수"; });          // 람다 함수
```

## 수명

스레드의 수명은 스레드를 생성한 코드('현재 스레드')에서 관리해야 한다. 생성된 스레드의 실행은 해당 호출 가능 단위의 실행이 끝나면 함께 끝난다. 생성된 스레드 객체가 t라고 할 때, t를 생성한 코드는 t의 실행을 마칠 때까지 기다릴 수도 있고(t.join()을 통해), 아니면 명시적으로 t를 자신으로부터 떼어낼 수도 있다(t.detach()를 통해). t.join()이나 t.detach()가 한 번도 수행되지 않은 스레드 t를 가리켜 **합류 가능**(joinable)이라고 부른다. 합류 가능 스레드는 자신의 소멸자에서 std::terminate를 호출하며, 그러면 기본적으로 프로그램이 종료된다.

```
#include <thread>
...

thread t1(helloFunction);                      // 함수

HelloFunctionObject helloFunctionObject;
thread t2(helloFunctionObject);                // 함수 객체

thread t3([]{ cout << "람다 함수"; });          // 람다 함수

t1.join();
t2.join();
t3.join();
```

자신을 생성한 코드에서 떨어진 스레드는 배경에서 독자적으로 실행된다. 그런 스레드를 흔히 데몬daemon 스레드라고 부른다.

> **⚠ 스레드를 이동할 때 주의할 점**
>
> 한 스레드에서 다른 스레드로 호출 가능 단위를 이동할 수 있다.
>
> ```
> #include <thread>
> ...
> std::thread t([]{ cout << "람다 함수"; });
> std::thread t2;
> t2= std::move(t);
>
> std::thread t3([]{ cout << "람다 함수"; });
> t2= std::move(t3);                          // std::terminate
> ```
>
> t2= std::move(t)가 수행되면 t2는 t의 호출 가능 단위를 가지게 된다. 스레드 t2에 이미 호출 가능 단위가 있으며 t2가 **합류 가능** 스레드이면 C++ 실행 시점 모듈은 std::terminate를 호출한다. t2= std::move(t3)에서 실제로 그런 일이 일어난다. 그 지점에서는 t2가 호출 가능 단위를 가지고 있으며, t2.join()이나 t2.detach()가 실행된 적이 없기 때문이다.

## 인수 전달

std::thread는 가변 인수 템플릿(variadic template)이다. 간단히 말해서 이는 클래스의 생성자가 임의의 개수의 인수들을 복사 또는 참조로 전달받을 수 있다는 뜻이다. std::thread의 경우 첫 인수는 스레드가 실행할 호출 가능 단위이고, 그 이후의 임의의 개수의 인수들은 그 호출 가능 단위에 전달된다. 호출 가능 단위가 람다 함수인 경우에는 생성자 인수 대신 람다 갈무리(capture)를 통해서 인수를 전달할 수도 있다. 다음 예제에서 tPerCopy2와 tPerReference2는 생성자 인수를 사용한다.

```
#include <thread>
...

using namespace std;

void printStringCopy(string s){ cout << s; }
void printStringRef(const string& s){ cout << s; }

string s{"C++"};

thread tPerCopy([=]{ cout << s; });          // C++
thread tPerCopy2(printStringCopy, s);        // C++
```

```
tPerCopy.join();
tPerCopy2.join();

thread tPerReference([&]{ cout << s; });        // C++
thread tPerReference2(printStringRef, s);       // C++
tPerReference.join();
tPerReference2.join();
```

처음 두 스레드는 인수 s를 복사로 전달받고, 그다음 둘은 참조로
전달받는다.

---

**！ 스레드 인수 전달은 복사를 기본으로 하라**

```
#include <thread>
...

using std::this_thread::sleep_for;
using std::this_thread::get_id;

struct Sleeper{
  Sleeper(int& i_):i{i_}{};
  void operator() (int k){
    for (unsigned int j= 0; j <= 5; ++j){
      sleep_for(std::chrono::milliseconds(100));
      i += k;
    }
    std::cout << get_id();          // 정의되지 않은 행동
  }
private:
  int& i;
};

int valSleeper= 1000;

std::thread t(Sleeper(valSleeper), 5);
t.detach();

std::cout << valSleeper;            // 정의되지 않은 행동
```

이 예제 코드에는 정의되지 않은 행동이 두 개나 있다. 첫 미정의 행동은
std::cout의 수명이 주 스레드의 수명에 묶여 있다는 점에서 비롯된다. 둘째
미정의 행동은 생성된 스레드가 자신의 매개변수 valSleeper를 참조로 전달
받는다는 점에서 비롯된다. 생성된 스레드가 그것을 생성한 주 스레드보다 오래
살아남기 때문에, 주 스레드가 종료된 상황에서 std::cout과 valSleeper는
더 이상 유효하지 않은 객체이다.

---

## 스레드 연산

표 14.1은 스레드 객체 t에 대해 수행할 수 있는 여러 연산을 정리한 것이다.

표 **14.1** 스레드 연산

| 메서드 | 설명 |
|---|---|
| t.join() | 스레드 t(의 호출 가능 단위)가 실행을 마칠 때까지 기다린다. |
| t.detach() | 생성된 스레드 t를 그것을 생성한 스레드와 독립적으로 실행되게 한다. |
| t.joinable() | 스레드 t에 대해 join이나 detach를 호출할 수 있는지의 여부를 돌려준다. |
| t.get_id()와 std::this_thread::get_id() | 스레드 식별자를 돌려준다. |
| std::thread::hardware_concurrency() | 병렬로 실행할 수 있는 스레드 개수를 돌려준다. |
| std::this_thread::sleep_until(absTime) | 스레드 t를 absTime(절대 시간)이 될 때까지 재운다(수면). |
| std::this_thread::sleep_for(relTime) | 스레드 t를 지금부터 relTime 시간이 흐를 때까지 재운다. |
| std::this_thread::yield() | 운영체제에게 실행권을 양보한다(다른 스레드를 실행할 수 있도록). |
| t.swap(t2)와 std::swap(t1, t2) | 두 스레드를 맞바꾼다(교환). |

t.join()과 t.detach()는 하나의 t에 대해 딱 한 번만 호출할 수 있다. 이 메서드들을 여러 번 호출하면 std::system_error 예외가 발생한다. std::thread::hardware_concurrency는 CPU 코어 개수를 돌려준다. 단, 실행 시점 모듈이 코어 개수를 알아낼 수 없는 상황이면 0을 돌려준다. sleep_until과 sleep_for 연산은 시점(time point; p.43) 또는 기간(p.44)을 받는다.

스레드는 복사할 수 없고 이동만 가능하다. swap 함수는 이동이 가능한 대상에 대해서는 이동을 수행한다.

```
#include <thread>
...

using std::this_thread::get_id;

std::thread::hardware_concurrency();        // 4

std::thread t1([]{ get_id(); });            // 139783038650112
std::thread t2([]{ get_id(); });            // 139783030257408
t1.get_id();                                // 139783038650112
t2.get_id();                                // 139783030257408

t1.swap(t2);

t1.get_id();                                // 139783030257408
t2.get_id();                                // 139783038650112
get_id();                                   // 140159896602432
```

## 공유 변수

하나의 변수를 둘 이상의 스레드가 공유한다면, 그 스레드들의 접근을 중재할 필요가 있다. 이를 위해 흔히 사용하는 것이 잠시 후 이야기할 뮤텍스<sup>mutex</sup>와 자물쇠<sup>lock</sup>이다.

### 경쟁 조건

경쟁 조건(race condition)은 적어도 두 개의 스레드가 동시에 하나의 공유 자료에 접근하되 둘 중 적어도 하나가 기록자(write)인 상황을 말한다. 경쟁 조건이 발생하면 프로그램의 행동은 정의되지 않는다.

다음 예제에서처럼, 여러 개의 스레드가 std::cout에 뭔가를 출력하게 하면 스레드들의 실행이 뒤섞이는 상황을 눈으로 관찰할 수 있다. 이 경우 출력 스트림 객체 std::cout이 공유 변수이다.

```
#include <thread>
...

using namespace std;

struct Worker{
  Worker(string n):name(n){};
  void operator() (){
```

```
    for (int i= 1; i <= 3; ++i){
      this_thread::sleep_for(chrono::milliseconds(200));
      cout << name << ": " << "일감 " << i << endl;
    }
  }
private:
  string name;
};

thread herb= thread(Worker("허브"));
thread andrei= thread(Worker("  안드레이"));
thread scott= thread(Worker("     스콧"));
thread bjarne= thread(Worker("        비야네"));
```

그림 14.1에 나온 출력 예에서 보듯이, 이 예제에서 std::cout에 대한 스레드들의 출력은 전혀 중재되지 않는다.

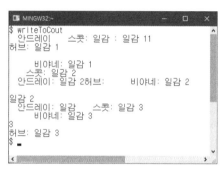

그림 14.1 예제 프로그램 writeToCout의 출력

> **스트림은 스레드에 안전하다**
>
> C++11 표준은 하나의 문자열 출력 연산이 원자적으로 실행됨을 보장한다. 따라서 개별 출력 자체는 프로그래머가 보호할 필요가 없다. 단, 여러 스레드가 여러 문자열을 출력하는 경우 문자열들이 제대로 된 순서로 나타나게 하려면 각 스레드의 출력 연산들을 적절히 보호해야 한다. 이는 입력의 경우에도 마찬가지이다.

이 예제에서 여러 스레드가 공유하는 변수는 std::cout이다. 제대로 된 결과를 얻으려면 각 스레드가 std::cout을 독점적으로 사용하게 해야 한다.

## 뮤텍스

뮤텍스(mutex)는 mutual exclusion(상호 배제)을 줄인 말이다. 뮤텍스는 한 번에 한 스레드만 임계 영역(critical region)에 접근할 수 있게 하는 수단이다. C++에서 뮤텍스를 사용하려면 <mutex> 헤더가 필요하다. m이 하나의 뮤텍스(std::mutex) 객체라고 할 때, m.lock()은 임계 영역을 잠그고 m.unlock()은 임계 영역을 푼다.

```
#include <thread>
#include <mutex>

...

using namespace std;

std::mutex mutexCout;

struct Worker{
  Worker(string n):name(n){};
  void operator() (){
    for (int i= 1; i <= 3; ++i){
      this_thread::sleep_for(chrono::milliseconds(200));
      mutexCout.lock();
      cout << name << ": " << "일감 " << i << endl;
      mutexCout.unlock();
    }
  }
private:
  string name;
};

thread herb= thread(Worker("허브"));
thread andrei= thread(Worker("  안드레이"));
thread scott= thread(Worker ("      스콧"));
thread bjarne= thread(Worker("        비야네"));
```

이제는 제대로 된 결과가 나온다. 스레드들이 std::cout을 동일한 뮤텍스 객체 mutexCout으로 보호하기 때문에, 한 스레드가 출력하는 도중 다른 스레드가 끼어들어서 출력이 엉망이 되는 일은 생기지 않는다.

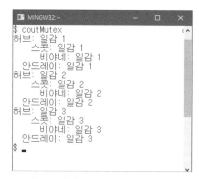

그림 14.2 예제 프로그램 coutMutex 출력

C++에는 다섯 종류의 뮤텍스가 있다. 이들은 재귀적 잠금, 시간 만료, 소유권 공유 능력이 각자 다르다.

표 14.2 여러 뮤텍스 클래스

| 메서드 | mutex | recursive_ mutex | timed_ mutex | recursive_ timed_mutex | shared_timed_ mutex |
|---|---|---|---|---|---|
| m.lock | 지원 | 지원 | 지원 | 지원 | 지원 |
| m.unlock | 지원 | 지원 | 지원 | 지원 | 지원 |
| m.try_lock | 지원 | 지원 | 지원 | 지원 | 지원 |
| m.try_lock_for |  |  | 지원 | 지원 | 지원 |
| m.try_lock_ until |  |  | 지원 | 지원 | 지원 |

C++ 11

std::shared_time_mutex를 이용하면 판독자-기록자 자물쇠(reader-writer lock; p.212)를 구현할 수 있다. m.try_lock_for(relTime) 메서드는 상대 시간(기간; p.44)을 받고, m.try_lock_until(absTime) 메서드는 절대 시간(시점; p.43)을 받는다.

## 교착

교착(deadlock)은 둘 이상의 스레드가 각자 다른 어떤 스레드가 가진 자원이 해제되어야 자신이 가진 자원을 해제할 수 있는(따라서 모든 스레드가 영원히 기다리는) 상황을 말한다.

m.unlock() 호출을 빼먹으면 교착이 아주 쉽게 발생한다. 다음 예에서 만일 getVar() 함수가 예외를 던지면 교착이 발생한다.

```
m.lock();
sharedVar= getVar();
m.unlock()
```

> **❗ 자물쇠가 잠긴 동안에는 잘 모르는 함수를 호출하지 말라**
>
> 위의 예제에서 함수 getVar가 m.lock()을 호출해서 동일한 자물쇠를 잠그려 하면 교착이 발생한다. getVar는 그 자물쇠를 잠글 수 없으므로, getVar() 호출이 영원히 차단되기 때문이다.

두 뮤텍스를 잘못된 순서로 잠그는 것도 교착의 흔한 원인이다. 다음이 그러한 예이다.

```
#include <mutex>
...

struct CriticalData{
  std::mutex mut;
};

void deadLock(CriticalData& a, CriticalData& b){
  a.mut.lock();
  std::cout << "첫 뮤텍스 획득\n";
  std::this_thread::sleep_for(std::chrono::milliseconds(1));
  b.mut.lock();
  std::cout << "둘째 뮤텍스 획득\n";
  a.mut.unlock(), b.mut.unlock();
}

CriticalData c1;
CriticalData c2;

std::thread t1([&]{ deadLock(c1, c2); });
std::thread t2([&]{ deadLock(c2, c1); }); // 이 스레드는 c2를 먼저 잠근다.
```

1밀리초(std::this_thread::sleep_for(std::chrono::milliseconds(1)))라는 짧은 시간 구간도 교착 발생 확률을 크게 높인다. 두 스레드가 각자 상대방이 잠근 뮤텍스가 풀리길 기다리기 때문에, 프로그램이 교착 상태에 빠진다.

그림 14.3 예제 프로그램 deadlock의 출력

> 💡 **뮤텍스를 자물쇠 객체 안에 캡슐화하라**
>
> 뮤텍스 푸는 것을 까먹거나 뮤텍스들을 잘못된 순서로 잠그기가 아주 쉽다. 뮤텍스를 자물쇠 안에 캡슐화하면 뮤텍스와 관련된 문제점의 대부분을 피할 수 있다.

## 자물쇠

뮤텍스를 자물쇠(lock) 안에 캡슐화해서 뮤텍스가 자동으로 잠기고 풀리게 하는 것이 바람직하다. 그러한 자물쇠 클래스는 RAII 관용구 (p.27)를 이용해서 뮤텍스의 수명을 자신의 수명에 묶는다. C++11에는 간단한 용도로 사용하는 std::lock_guard라는 자물쇠 클래스외 좀 더 고급 용도로 사용하는 std::unique_lock이라는 자물쇠 클래스가 있다. 둘 다 <mutex> 헤더를 포함시켜야 한다. C++14에는 std::shared_lock이라는 자물쇠 클래스가 추가되었는데, 이 자물쇠와 std::shared_time_mutex 뮤텍스를 조합하면 판독자-기록자 자물쇠를 구현할 수 있다.

### std::lock_guard

std::lock_guard는 주어진 뮤텍스를 생성자에서 잠그고 소멸자에서 해제하는 역할만 한다. 따라서 간단한 용도로만 사용할 수 있다. 다음은 coutMutex 예제(p.206)를 이 클래스를 이용해서 좀 더 간결하게 만든 것이다. 적절한 위치에서 std::lock_guard 객체를 생성하기만 하면 뮤텍스가 자동으로 잠기고 풀린다.

```
std::mutex coutMutex;

struct Worker{
  Worker(std::string n):name(n){};
  void operator() (){
    for (int i= 1; i <= 3; ++i){
      std::this_thread::sleep_for(std::chrono::milliseconds(200));
      std::lock_guard<std::mutex> myLock(coutMutex);
      std::cout << name << ": " << "일감 " << i << std::endl;
    }
  }
private:
  std::string name;
};
```

## std::unique_lock

std::unique_lock은 std::lock_guard보다 많은 기능을 제공하는, 따라서 좀 더 복잡한 용도로 사용할 수 있는 자물쇠이다. std::lock_guard와는 달리 std::unique_lock은 뮤텍스 없이도 생성할 수 있으며, 뮤텍스를 명시적으로 잠그고 푸는 기능과 일정 시간 동안 뮤텍스 잠금을 시도하는 기능도 제공한다.

표 14.3은 std::unique_lock 객체 lk에 사용할 수 있는 메서드들과 함수들이다.

**표 14.3** std::unique_lock의 인터페이스

| 메서드 | 설명 |
| --- | --- |
| lk.lock() | 연관된 뮤텍스를 잠근다 |
| std::lock(lk1, lk2, ...) | 연관된 임의의 개수의 뮤텍스들을 원자적으로 잠근다. |
| lk.try_lock(), lk.try_lock_for(relTime), lk.try_lock_until(absTime) | 연관된 뮤텍스의 잠금을 시도한다. |
| lk.release() | 뮤텍스를 lk에서 떼어낸다. 뮤텍스가 풀리지는 않는다. |
| lk.swap(lk2), std::swap(lk, lk2) | 두 자물쇠를 교환한다. |
| lk.mutex() | 연관된 뮤텍스를 가리키는 포인터를 돌려준다. |
| lk.owns_lock() | lk에 뮤텍스가 연관되어 있는지의 여부를 돌려준다. |

잠금 순서가 잘못되어서 교착이 발생하는 문제(p.212)는 std::lock 함수를 이용한 원자적 잠금(atomic locking) 기법으로 손쉽게 해결할 수 있다.

```
#include <mutex>
...

using namespace std;
struct CriticalData{
  mutex mut;
};

void deadLockResolved(CriticalData& a, CriticalData& b){
  unique_lock<mutex>guard1(a.mut, defer_lock);
  cout << this_thread::get_id() << ": 첫 자물쇠 획득" << endl;
  this_thread::sleep_for(chrono::milliseconds(1));
  unique_lock<mutex>guard2(b.mut, defer_lock);
  cout << this_thread::get_id() << ": 둘째 자물쇠 획득" << endl;
  cout << this_thread::get_id() << ": 원자적 잠금";
  lock(guard1, guard2);
}

CriticalData c1;
CriticalData c2;

thread t1([&]{ deadLockResolved(c1, c2); });
thread t2([&]{ deadLockResolved(c2, c1); });
```

std::unique_lock 호출 시 둘째 인수로 std::defer_lock을 지정했기 때문에, a.mut와 b.mut의 잠금이 지연된다. 두 뮤텍스는 이후 std::lock(guard1, guard2) 호출에서 비로소 잠긴다.

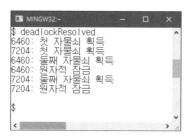

그림 14.4 예제 프로그램 deadlockResolved의 출력

### std::shared_lock

std::shared_lock은 std::unique_lock과 인터페이스가 같다. std::shared_lock만의 기능은, 여러 스레드가 같은 뮤텍스를 동시에 잠글 수 있게 한다는 것이다. 단, 이러한 '공유 잠금' 기능은 std::shared_lock과 std::shared_timed_mutex의 조합에서만 가능하다. 만일 std::shared_time_mutex를 std::unique_lock과 함께 사용하면 오직 하나의 스레드만 뮤텍스를 소유할 수 있다.

C++ 14

```
#include <mutex>
...

std::shared_timed_mutex sharedMutex;

std::unique_lock<std::shared_timed_mutex> writerLock(sharedMutex);

std::shared_lock<std::shared_time_mutex> readerLock(sharedMutex);
std::shared_lock<std::shared_time_mutex> readerLock2(sharedMutex);
```

이 예제는 전형적인 판독자-기록자 자물쇠(또는 읽기-쓰기 자물쇠)를 보여준다. std::unique_lock<std::shared_timed_mutex> 형식의 객체 writerLock은 sharedMutex를 독점적으로만 소유할 수 있다. 그러나 std::shared_lock<std::shared_time_mutex> 형식의 판독자 자물쇠 readerLock과 readerLock2는 같은 뮤텍스 sharedMutex를 공유할 수 있다.

## 스레드에 안전한 초기화

스레드들이 수정하지 않는 공유 자료는 그냥 초기화가 스레드에 안전한 (thread-safe) 방식으로 일어나게 하는 데에만 신경 쓰면 된다. C++에서 어떤 변수를 스레드에 안전한 방식으로 초기화하는 방법은 여러 가지이다. 그럼 상수 표현식을 이용하는 방법, 블록 범위 안의 정적 변수를 이용하는 방법, 그리고 std::call_once 함수와 std::once_flag 플래그의 조합을 사용하는 방법을 살펴보자.

## 상수 표현식

상수 표현식(constant expression)은 컴파일 시점에서 초기화된다. 따라서 그런 초기화는 그 자체로 스레드에 안전하다. 변수 초기화문 앞에 constexpr을 붙이면 그 변수는 상수 표현식이 된다. 사용자 정의 형식의 인스턴스도 상수 표현식이 될 수 있으며, 따라서 스레드에 안전한 방식으로 초기화할 수 있다. 단, 그러려면 그 형식의 메서드 선언들에도 constexpr을 붙여야 한다.

```
struct MyDouble{
  constexpr MyDouble(double v):val(v){}
  constexpr double getValue(){ return val; }
private:
  double val
};

constexpr MyDouble myDouble(10.5);
std::cout << myDouble.getValue();          // 10.5
```

## 블록 안의 정적 변수

C++11 실행 시점 모듈은 블록 안에 선언된 정적 변수의 초기화가 스레드에 안전한 방식으로 일어남을 보장한다.

```
void blockScope(){
  static int MySharedDataInt= 2011;
}
```

## std::call_once와 std::once_flag

std::call_once 함수가 받는 첫 인수는 std::once_flag 형식의 플래그이고 그다음 인수는 호출 가능 단위(p.97)이다. C++ 실행 시점 모듈은 주어진 호출 가능 단위를 그 플래그를 이용해서 단 한 번만 호출한다.

```
#include <mutex>
...

using namespace std;

once_flag onceFlag;
void do_once(){
  call_once(onceFlag, []{ cout << "단 한 번." << endl; });
```

```
}
thread t1(do_once);
thread t2(do_once);
```

두 스레드 모두 함수 do_once를 실행하려 하지만, 실제로 실행하는 것은 두 스레드 중 하나뿐이다. 따라서 람다 함수 []{cout << "단 한 번." << endl;}은 정확히 한 번만 실행된다.

그림 14.5 예제 프로그램 callOnce의 출력

같은 std::once_flag로 서로 다른 여러 호출 가능 단위를 등록하고 그중 하나만 실행되게 하는 것도 가능하다.

## 스레드 지역 자료

키워드 thread_local을 이용하면 객체를 스레드 지역 저장소(thread local storage)에 저장할 수 있다. 그런 객체를 스레드 지역 자료(thread local data)라고 부른다. 함수의 정적 변수와 비슷하게, 스레드 지역 자료는 처음 사용될 때 생성된다. 단, 함수의 정적 변수와는 달리 스레드 지역 자료는 스레드(의 호출 가능 단위) 바깥에서 선언되며, 스레드가 끝나면 함께 파괴된다.

```
thread_local std::string s("스레드 ");
std::mutex coutMutex;

void addThreadLocal(std::string const& s2){
  s+= s2;
  std::lock_guard<std::mutex> guard(coutMutex);
  std::cout << s << std::endl;
  std::cout << "&s: " << &s << std::endl;
  std::cout << std::endl;
}

std::thread t1(addThreadLocal, "t1");
```

```
std::thread t2(addThreadLocal, "t2");
std::thread t3(addThreadLocal, "t3");
std::thread t4(addThreadLocal, "t4");
```

스레드들은 각자 자신만의 스레드 지역 자료를 가진다. 이 예제에서는 thread_local이 지정된 문자열 s가 스레드 지역 자료이다. 네 스레드는 각자 개별적인 s 복사본을 가지며, 따라서 네 스레드는 서로 다른 문자열 주소를 출력한다.

그림 14.6 예제 프로그램 threadLocal의 출력

## 조건 변수

조건 변수(condition variable)를 이용하면 메시지를 통해서 스레드들을 동기화할 수 있다. C++에서 조건 변수를 사용하려면 <condition_variable> 헤더가 필요하다. 조건 변수를 이용한 동기화에서 한 스레드는 메시지 송신자(sender) 역할을 하고 다른 한 스레드는 메시지 수신자(receiver) 역할을 한다. 수신자는 송신자의 통지를 기다린다. 조건 변수의 전형적인 용도는 생산자-소비자(producer-consumer) 작업흐름을 구현하는 것이다.

하나의 조건 변수를 메시지 송신과 수신 모두에 사용할 수 있다.

**표 14.4 조건 변수의 메서드들**

| 메서드 | 설명 |
|---|---|
| cv.notify_one() | 대기 중인 한 스레드에 통지한다. |
| cv.notify_all() | 대기 중인 모든 스레드에 통지한다. |
| cv.wait(lock, ...) | 자물쇠(std::unique_lock)를 잠근 상태에서 통지를 기다린다. |
| cv.wait_for(lock, relTime, ...) | 자물쇠(std::unique_lock)를 잠근 상태에서 일정 기간이 흐를 때까지 통지를 기다린다. |
| cv.wait_until(lock, absTime, ...) | 자물쇠(std::unique_lock)를 잠근 상태에서 특정 시각이 될 때까지 통지를 기다린다. |

송신자와 수신자에는 자물쇠가 필요하다. 송신자는 그냥 자물쇠를 한 번만 잠그고 풀면 되므로 std::lock_guard로 충분하다. 그러나 수신자는 뮤텍스를 여러 번 잠그고 풀어야 하는 경우가 많으므로 std::unique_lock이 필요하다.

```
#include <condition_variable>
...

std::mutex mutex_;
std::condition_variable condVar;
bool dataReady= false;

void doTheWork(){
  std::cout << "공유 자료를 처리 중..." << std::endl;
}

void waitingForWork(){
  std::cout << "수신자: 일감을 기다리는 중..." << std::endl;
  std::unique_lock<std::mutex> lck(mutex_);
  condVar.wait(lck, []{ return dataReady; });
  doTheWork();
  std::cout << "작업 완료." << std::endl;
}

void setDataReady(){
  std::lock_guard<std::mutex> lck(mutex_);
  dataReady=true;
  std::cout << "송신자: 자료가 준비되었음." << std::endl;
  condVar.notify_one();
```

```
}

std::thread t1(waitingForWork);
std::thread t2(setDataReady);
```

그림 14.7 예제 프로그램 conditionVariable의 출력

조건 변수를 사용하는 것이 어렵지 않아 보이겠지만, 아주 주의할 점이 두 가지 있다.

### ❗ 가짜 깨어남 방지

수면(대기) 중인 수신자가 통지를 받지도 않았는데 깨어나서 실행을 재개하는 현상을 가짜 깨어남(spurious wakeup)이라고 부른다. 이를 방지하려면 조건 변수에 대한 wait 호출 시 추가적인 술어(p.97)를 지정해야 한다. 술어는 송신자가 실제로 통지를 보냈는지를 확인하는 역할을 한다. 앞의 예제에서는 람다 함수 []{ return dataReady; }가 바로 그러한 술어이다. dataReady는 송신자가 true로 설정한다.

### ❗ 깨우기 소실 방지

송신자가 통지를 보내도 수신자가 깨어나지 않는 것을 깨우기 소실(lost wakeup)이라고 부른다. 이를 방지하려면 조건 변수에 대한 wait 호출 시 추가적인 술어를 지정해야 한다. 그 술어는 송신자의 통지를 수신자가 놓쳐도 수면에서 깨어날 수 있게 한다. 만일 수신자가 아직 대기 상태로 들어가지도 않았는데 송신자가 통지를 보내면 수신자는 통지를 놓치게 되며, 이후 대기 상태로 들어간 수신자는 영원히 기다리게 된다. 추가적인 술어(예제의 []{ return dataReady; })가 있으면 수신자는 통지를 놓쳐도 깨어날 수 있다.

# 과제

C++은 스레드보다 좀 더 상위 개념의 비동기 작업 수단을 제공한다. 과제(task)가 바로 그것이다. 과제 기능을 사용하려면 <future> 헤더가 필요하다. 개념적으로 하나의 과제는 수행할 작업('일감')과, 그 작업의 실행 및 결과 조회를 위한 약속(promise) 객체와 미래(future) 객체로 구성된다. 이때 약속 객체와 미래 객체는 하나의 자료 채널로 연결된다. 약속 객체는 작업 패키지를 실행해서 그 결과를 자료 채널에 넣고, 연관된 미래 객체는 자료 채널에서 그 결과를 꺼낸다. 이러한 통신의 두 종점(endpoint)을 각자 개별적인 스레드에서 실행할 수 있다. 여기서 특기할 것은, 약속 객체로 작업을 실행하고 임의의 시간이 지난 후에 미래 객체로 그 결과를 조회할 수 있다는 점이다. 즉, 약속 객체를 이용한 계산 시점과 미래 객체를 이용한 결과 조회 시점을 분리할 수 있다.

---

**과제를 자료 채널로 간주하라**

과제는 자료 채널처럼 행동한다. 약속 객체는 작업 결과를 자료 채널에 밀어 넣고, 미래 객체는 작업이 끝나길 기다렸다가 자료 채널에서 결과를 꺼낸다.

---

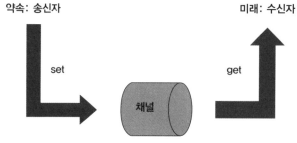

그림 14.8 자료 채널로서의 과제

## 스레드와 과제의 비교

과제는 스레드와 아주 다르다.

부모 스레드(다른 스레드를 생성한 스레드)와 자식 스레드(부모가 생성한 스레드)는 공유 변수를 이용해서 서로 통신한다. 과제에서 약속 객체와 미래 객체는 자료 채널을 통해서 통신하는데, 그 자료 채널은 자동으로 보호된다. 따라서 과제에서는 뮤텍스(p.206) 같은 보호 메커니즘을 사용하지 말아야 한다.

부모 스레드는 자식 스레드의 join 메서드를 이용해서 자식 스레드의 완료를 기다린다. 그에 대응되는 미래 객체의 메서드는 get이다. fut이 하나의 미래 객체라고 할 때, fut.get() 호출은 약속 객체가 결과를 자료 채널에 넣을 때까지 차단된다.

자식 스레드에서 예외가 발생하면 자식 스레드의 실행이 끝나며, 그러면 부모 스레드의(그리고 전체 프로세스의) 실행도 끝난다. 반면 과제에서는 약속 객체가 예외를 미래 객체에 전달해서 미래 객체에서 처리하게 할 수 있다.

하나의 약속 객체가 여러 개의 미래 객체에게 자료를 공급할 수 있다. 약속 객체는 하나의 값을 보낼 수도 있고, 예외를 보내거나 통지만 보낼 수도 있다. 이는 과제를 조건 변수의 안전한 대체물로 사용할 수 있음을 뜻한다.

```cpp
#include <future>
#include <thread>
...

int res;
std::thread t([&]{ res= 2000+11;});
t.join();
std::cout << res << std::endl;          // 2011

auto fut= std::async([]{ return 2000+11; });
std::cout << fut.get() << std::endl;     // 2011
```

이 예제에서 자식 스레드 t와 비동기 함수 호출 std::async는 2000과 11의 합을 계산한다. 부모 스레드는 공유 변수 res를 통해서 자식 스레드 t의 결과를 얻는다. 반면 std::async 호출은 송신자(약속)와 수신자(미래) 사이에 자료 채널을 하나 생성한다. 미래 객체는 fut.get()을 이용해서 약속 객체의 계산 결과를 얻는다. fut.get 호출은 약속 객체가 결과를 제공할 때까지 차단된다.

## std::async

std::async 함수는 비동기 함수 호출을 구현하는 수단이다. 이 함수는
호출 가능 단위(p.97)와 그 호출 가능 단위에 전달할 인수들을 받는
다. std::async는 가변 인수 템플릿 함수이다. 즉, 임의의 개수와 형식의
인수들을 받을 수 있다. std::async를 호출하면 미래 객체가 반환된다.
그 미래 객체가 fut라고 할 때, fut.get()을 호출하면 호출 가능 단위
의 결과를 얻게 된다. std::async 호출 시 비동기 호출의 시작 방침(start
policy)을 지정할 수도 있다. std::launch::deferred를 지정하면 비동기
호출이 현재 스레드에서 실행되고, std::launch::async를 지정하면 다
른 스레드에서 실행된다.

　　auto fut= std::async(std::launch::deferred, ... ) 형태의 호출
에서 특기할 점은, 해당 약속 객체가 즉시 실행되는 것이 아니라는 것이
다. 약속 객체는 이후 fut.get()이 호출되면 비로소 실행된다. 이러한
지연(deferred) 실행 방식을 '게으른(lazy)' 실행이라고 부르기도 한다.

```cpp
#include <future>
...
using std::chrono::duration;
using std::chrono::system_clock::now;
using std::launch;

auto begin= now();

auto asyncLazy= std::async(launch::deferred, []{ return now(); });
auto asyncEager= std::async(launch::async, []{ return now(); });
std::this_thread::sleep_for(std::chrono::seconds(1));

auto lazyStart= asyncLazy.get() - begin;
auto eagerStart= asyncEager.get() - begin;

auto lazyDuration= duration<double>(lazyStart).count();
auto eagerDuration= duration<double>(eagerStart).count();

std::cout << lazyDuration << "초";            // 1.00018초
std::cout << eagerDuration << "초";           // 0.00015489초
```

　　주석에 나온 출력 예에서 보듯이, 미래 객체 asyncLazy에 연관된 약
속 객체는 미래 객체 asyncEager에 연관된 약속 객체보다 1초 늦게 실행

된다. 이 1초는 현재 스레드가 미래 객체 asyncLazy의 결과를 조회하기
전에 std::sleep_for를 이용해서 기다린 시간에 해당한다.

---

**🔆 가장 먼저 std::async를 선택하라**

std::async를 개별적인 스레드에서 실행할 것인지의 여부는 C++ 실행 시점
모듈이 결정한다. 이 결정에는 시스템의 코어 개수, 현재 시스템 사용량, 작업 패
키지의 크기 등이 영향을 미친다.

---

## std::packaged_task

std::packaged_task 클래스는 호출 가능 단위를 하나의 '과제'로 감싸서
나중에 개별적인 스레드에서 실행하는 수단이다.

다음은 이 클래스를 활용하는 과정이다. 네 단계가 모두 필요하다.

I. 실행할 일감을 감싼 과제를 만든다.

```
std::packaged_task<int(int, int)> sumTask([](int a, int b){ return a+b; });
```

II. 미래 객체를 생성한다.

```
std::future<int> sumResult= sumTask.get future();
```

III. 과제를 실행한다.

```
sumTask(2000, 11);
```

IV. 결과를 조회한다.

```
sumResult.get();
```

std::package_task 객체나 std::future 객체를 다른 스레드로 이동
할 수도 있다. 다음이 그러한 예이다.

```
#include <future>
...
```

```
using namespace std;

struct SumUp{
  int operator()(int beg, int end){
    for (int i= beg; i < end; ++i ) sum += i;
    return sum;
  }
private:
  int beg;
  int end;
  int sum{0};
};

SumUp sumUp1, sumUp2;

packaged_task<int(int, int)> sumTask1(sumUp1);
packaged_task<int(int, int)> sumTask2(sumUp2);

future<int> sum1= sumTask1.get_future();
future<int> sum2= sumTask2.get_future();

deque< packaged_task<int(int, int)>> allTasks;
allTasks.push_back(move(sumTask1));
allTasks.push_back(move(sumTask2));

int begin{1};
int increment{5000};
int end= begin + increment;

while (not allTasks.empty()){
  packaged_task<int(int, int)> myTask= move(allTasks.front());
  allTasks.pop_front();
  thread sumThread(move(myTask), begin, end);
  begin= end;
  end += increment;
  sumThread.detach();
}

auto sum= sum1.get() + sum2.get();
cout << sum;                              // 50005000
```

이 예제는 과제(std::packaged_task 인스턴스; 앞에서 말한 약속 객체와 같은 역할을 한다)들을 대기열(std::deque) allTasks로 이동하고, while 루프로 과제들을 훑으면서 각 과제를 개별적인 스레드로 실행한다. 각 과제는 배경에서(sumThread.detach()) 덧셈을 수행한다. 최종 결과는 0에서 100,000까지의 합이다.

## std::promise와 std::future

std::promise와 std::future의 조합으로 과제의 모든 측면을 제어할 수 있다.

표 14.5 std::promise의 인터페이스

| 메서드 | 설명 |
| --- | --- |
| prom.swap(prom2)와<br>std::swap(prom, prom2) | 두 약속 객체를 교환한다. |
| prom.get_future() | 연관된 미래 객체를 돌려준다. |
| prom.set_value(val) | 결과 값을 설정한다. |
| prom.set_exception(ex) | 전달할 예외를 설정한다. |
| prom.set_value_at_thread_exit(val) | 결과 값을 설정하고, 스레드 종료 시에만 그 값이 통지되게 한다. |
| prom.set_exception_at_thread_exit(ex) | 예외를 저장하고, 스레드 종료 시에만 그 예외가 전달되게 한다. |

하나의 약속 객체는 결과 값이나 예외를 한 번만 설정해야 한다. 두 번 이상 설정하면 std::future_error 예외가 발생한다.

표 14.6 std::future의 인터페이스

| 메서드 | 설명 |
| --- | --- |
| fut.share() | 이 미래 객체 fut와 상태를 공유하는 공유 미래 객체<br>(std::shared_future)를 돌려준다. |
| fut.get() | 약속 객체가 설정한 결과(값 또는 예외)를 돌려준다. |
| fut.valid() | 결과가 준비되었는지 점검한다. fut.get()이 이미 호출되었으면 이 메서드는 false를 돌려준다. |
| fut.wait() | 결과를 기다린다. |
| fut.wait_for(relTime) | 일정 기간 결과를 기다린다. |
| fut.wait_until(absTime) | 특정 시간이 될 때까지 결과를 기다린다. |

하나의 미래 객체는 결과를 한 번만 요청해야 한다. 두 번 이상 요청하면 std::future_error 예외가 발생한다. fut.share()는 미래 객체

fut와 상태를 공유하는 또 다른 미래 객체를 돌려준다. 공유된 미래 객체는 개별적인 약속 객체와 연관되며, 따라서 원래의 미래 객체와는 독립적으로 결과를 요청할 수 있다. 공유 미래 클래스 std::shared_future의 인터페이스는 std::future와 동일하다.

다음은 약속 객체와 미래 객체의 조합을 활용하는 예이다.

```
#include <future>
...

void product(std::promise<int>&& intPromise, int a, int b){
  intPromise.set_value(a*b);
}

int a= 20;
int b= 10;

std::promise<int> prodPromise;
std::future<int> prodResult= prodPromise.get_future();

std::thread prodThread(product, std::move(prodPromise), a, b);
std::cout << "20*10= " << prodResult.get();                 // 20*10= 200
```

이 예제는 약속 객체 prodPromise를 개별적인 스레드로 이동해서 계산을 수행한다. 이후 미래 객체 prodResult를 이용해서 그 결과를 얻는다(prodResult.get()).

---

**스레드 동기화에 약속-미래 조합을 사용하라**

미래 객체 fut가 있다고 할 때, 그냥 fut.wait()를 호출하기만 하면 연관된 약속 객체와의 동기화가 이루어진다. 조건 변수(p.215)를 사용할 때와는 달리 자물쇠나 뮤텍스가 필요 없으며, 가짜 깨어남이나 깨우기 소실이 일어날 여지도 없다.

```
#include <future>
...

void doTheWork(){
  std::cout << "공유 자료를 처리 중..." << std::endl;
}

void waitingForWork(std::future<void>&& fut){
  std::cout << "수신자: 일감을 기다리는 중..." <<
```

```
    std::endl;
    fut.wait();
    doTheWork();
    std::cout << "작업 완료." << std::endl;
}

void setDataReady(std::promise<void>&& prom){
    std::cout << "송신자: 자료가 준비되었음." <<
    std::endl;
    prom.set_value();
}

std::promise<void> sendReady;
auto fut= sendReady.get_future();

std::thread t1(waitingForWork, std::move(fut));
std::thread t2(setDataReady, std::move(sendReady));
```

prom.set_value()가 호출되면 미래 객체가 깨어나서 자신의 작업을 진행한다.

그림 14.9 예제 프로그램 promiseFutureSynch의 출력

# 부록

# C++17 표준 라이브러리 소개

글쓴이 류광

이 부록은 본문에서 다루지 않는 C++17 표준 라이브러리 변경 사항을 간략히 소개한다. 이 부록은 원서에는 없는 번역서만의 내용으로, 옮긴이가 작성했다.

C++17은 이 글을 쓰는 현재 아직 초안(working draft) 상태이지만, 그 내용은 이미 2017년 3월에 "동결"되었다. 현재의 최신 초안이 공식 표준으로 승격되기까지는 사실상 기계적인 절차만 남아 있을 뿐이다. 혹시라도 표준 제정 과정 막바지에 뭔가가 바뀌어서 이 부록의 일부 내용이 부정확해진다면, 출판사 사이트 또는 옮긴이 홈페이지(옮긴이의 글 참고)에 갱신된 내용을 올리도록 하겠다.

간결함을 위해, 본문에서나 예제에서나 std:: 등의 이름공간 접두사들을 대부분 생략했다. 혹시 예제 코드를 시험해 보고 싶다면, 컴파일러의 종류나 버전에 따라서는 특별한 옵션을 적용해야 C++17 표준 라이브러리의 구성요소들을 사용할 수 있으며, 또한 여러 구성요소가 std가 아니라 std::experimental 이름공간에 들어 있을 수 있음을 주의하기 바란다. 그런 경우 예를 들어 #include <string_view>와 std::string_view 대신 #include <experimental/string_view>와 std::experimental:: string_view를 사용해야 한다.

# 문자열에 대한 비소유 참조, std::string_view

std::string_view는 문자열을 읽기 전용으로 사용할 때 불필요한 메모리 할당과 복사를 피하기 위한 클래스로, std::basic_string_view<char>의 한 별칭이다. C++17 표준 라이브러리에는 std::basic_string_view 템플릿에서 비롯된 다음과 같은 형식들이 미리 정의되어 있다. 필요한 헤더는 <string_view>이다.

```
typedef std::basic_string_view<char>     std::string_view
typedef std::basic_string_view<wchar_t>  std::wstring_view
typedef std::basic_string_view<char16_t> std::u16string_view
typedef std::basic_string_view<char32_t> std::u32string_view
```

흔히 const string&를 사용할 만한 곳에 string_view를 대신 사용함으로써 코드의 효율성을 높일 수 있다. 예를 들어 다음과 같은 함수가 있다고 하자.

```
void println(const string& str)
{
    cout << str << endl;
}
```

println은 상수 참조를 받으므로, s가 어떤 string 객체라 할 때 println(s)라는 호출에서는 문자열이 복사되거나 문자열을 위한 메모리가 새로 할당되는 일이 없다. 그러나 다음 경우는 사정이 다르다.

```
println("Hello, world!");
```

string에는 const char*를 받는 생성자가 있으므로 호출이 성공하지만, 그 생성자 때문에 메모리 할당이 발생한다. 이는 궁극적인 목표인 cout << "Hello, world!" << endl;에 비하면 불필요한 비용이다. 사실 이 경우 cout에(그리고 문자열을 읽기 전용으로 다루는 여러 함수에) 필요한 것은 문자열의 시작 위치와 문자열 길이뿐이다(물론 문자의 형식도 필요하지만, 그건 컴파일 시점의 이야기이다). string_view는 실제 문자열 자료를 소유하지 않고(그래서 string_view를 문자열에 대한 비

소유 참조(non-owing reference)라고 부른다) 그 두 정보만으로 하나의 문자열을 지칭한다. 앞의 println 함수를 다음과 같이 바꾸면,

```
void println(const string_view& str)
{
    cout << str << endl;
}
```

이제는 println을 string 객체로 호출하든 const char*로 호출하든 복사나 메모리 할당이 일어나지 않는다.

앞의 예제에서 짐작하겠지만 string_view는 스트림 삽입 연산자 <<를 지원하며, =, ==, !=, <, >, <=, >=도 지원한다. 사실 string_view는 std::string의 비수정 인터페이스를 거의 다 지원한다. 주목할 만한 차이는 string_view에는 멤버 함수 c_str이 없다는 점과 멤버 함수 data가 돌려주는 것이 널 종료 문자열이 아니라는 점이다. (string의 data도 예전에는 널 종료 문자열을 돌려주지 않았지만, C++11부터는 널 종료 문자열을 돌려주도록 바뀌었다.)

그리고 string_view만의 인터페이스도 추가되었는데, 대표적인 것이 멤버 함수 remove_prefix와 remove_suffix이다.

```
constexpr void remove_prefix(size_type n);
constexpr void remove_suffix(size_type n);
```

이름만 봐서는 바탕 문자열을 수정할 것 같지만, 이들은 그냥 string_view가 가진 유일한 정보인 문자열 시작 위치와 길이만 수정할 뿐이다. remove_prefix는 문자열 시작 위치를 주어진 문자 개수만큼 문자열 끝쪽으로 옮기고, remove_suffix는 문자열의 길이를 주어진 개수만큼 줄인다. 결과적으로 전자는 문자열의 앞부분, 즉 '접두사(prefix)'를 제거하는(remove) 효과를 내고, 후자는 문자열의 '접미사(suffix)'를 제거하는 효과를 낸다.

C++17에는 string_view를 위한 문자열 리터럴도 추가되었다. "Hello, world!"sv처럼 끝에 접미사 sv가 붙은 문자열 리터럴은 상수

string_view 객체가 된다. (이 접미사를 사용하려면 using namespace std::literals;나 using namespace std::string_view_literals;가 필요하다.)

## 없을 수도 있는 값을 나타내는 std::optional

프로그래밍을 하다 보면 "함수의 연산이 성공했으면 그 결과를 사용하고, 실패했으면 다시 시도하거나 오류로 처리한다."라는 시나리오를 흔히 만나게 된다. 이러한 시나리오를 구현하려면 함수가 두 가지 결과를 돌려주어야 한다. 하나는 연산의 성공 여부이고, 또 하나는 연산의 결과(성공의 경우)이다. 그런데 C++에서 함수는 많아야 하나의 값만 돌려줄 수 있다. 물론 T&나 T* 형태의 소위 '출력 매개변수'를 이용하거나 여러 개의 값을 하나의 객체(이를테면 std::pair)에 담아서 돌려주는 방법이 있지만, 전자는 코드가 좀 장황해지고 후자는 불필요한 비용이 발생할 수 있다.

좀 더 편하고 효율적인 수단이 바로 C++17에서 표준 라이브러리에 추가된 std::optional이다(필요한 헤더는 <optional>). 다음 예를 보자.

```cpp
std::optional<int> get_option(const std::string& name)
{
    // options는 이름-값 쌍들을 담은 전역 std::map 객체라고 가정.
    auto match = options.find(name);
    if(match != options.end()) {
        return match->second;
    } else {
        return {};
    }
}

void f()
{
    auto val = get_option("WIDTH");
    if (val) {
        std::cout << "창 너비:" << *val << std::endl;
    } else {
        // ... 오류 처리 ...
    }
}
```

이 예에서 get_option 함수는 주어진 이름에 해당하는 옵션을 찾으면 그 값(int)을 돌려주는데(return match->second;), optional<T>에는 const T&&를 받는 생성자가 있으므로 결과적으로 그 값을 담은 std::optional<int> 객체가 반환된다. 찾지 못한 경우에는 else 절의 return {}이 실행되며, 그러면 빈(자료가 없는) optional 객체가 반환된다. 이때 자료(지금 예에서는 int 값)는 생성되지 않는다. pair<bool, T>를 사용했다면 T의 기본 생성자가 호출되었을 것이다(이것이 앞에서 말한 '불필요한 비용'이다).

f의 if (val) ...에서 보듯이, 부울 값을 요구하는 문맥에서 optional 객체 자체는 하나의 부울 값(실제로 자료가 있는지의 여부를 나타내는 )으로 평가된다. 객체에 담긴 자료는 앞의 예제의 *val처럼 역참조를 통해서 얻을 수도 있고, val.value()처럼 멤버 변수 value로 얻을 수도 있다. 부울 값을 요구하는 문맥이 아닌 상황에서 명시적으로 부울 값을 얻고 싶다면(이를테면 형식 연역을 위해) 멤버 함수 has_value를 사용하면 된다. 다음이 그러한 예이다.

```
auto val = get_option("WIDTH");
auto r1 = val; // r1은 val의 복사본(std::optional<int> 객체).
auto r2 = val.has_value(); // r2는 bool.
```

앞의 예에 나온 방식과는 달리, 필요하다면 기본 생성자를 이용해서 빈 optional 객체를 직접 생성할 수도 있다. 그리고 std::make_optional이라는 함수는 형식 연역을 이용해서 적절한 형식의 optional 객체를 생성해 준다. optional 객체에 값을 배정할 때 배정 연산자 대신 멤버 함수 emplace를 이용하면 값이 optional 객체 안에서('제자리에서(inplace)') 직접 생성되므로 임시 객체의 생성과 복사에 따른 부담을 피할 수 있다. 멤버 함수 reset은 기존 자료를 삭제한다.

```
optional<string> opt1; // string 값을 담을 수 있는 빈 optional 객체.
                       // 이 경우에는 string을 명시적으로 지정해야 함.

opt1.emplace<string>("hello"); // string 객체가 opt1 안에서 직접 생성된다.
```

```
auto opt2 = make_optional(10); // 인수 10으로부터 int가 연역되므로
                               // int를 명시적으로 지정할 필요가 없다.

opt2.reset()          // 값을 삭제.

cout << opt2.value(); // 값이 없는 optional 객체에 대해 value()를 호출하면
                      // std::bad_optional_access 예외가 발생한다.
```

*val 같은 역참조 외에, operator->를 통해서 자료의 멤버들에 접근할 수도 있다. opt_str이 optional<string> 객체라고 할 때, opt_str->size()는 opt_str에 담긴 문자열의 길이를 돌려준다. 그렇다고 포인터의 모든 의미론을 지원하는 것은 아니다. 예를 들어 opt_str++는 불가능하다.

앞에서 말한 시나리오와는 조금 다르게, 연산 실패 시 다시 시도하거나 오류로 처리하는 것이 아니라 미리 설정된 기본 값을 적용하는 경우도 흔하다. 사실 앞의 예제처럼 설정 파일에서 옵션 값을 가져오는 상황이라면 기본 값을 적용하는 것이 더 자연스러울 것이다. optional은 이런 상황을 위한 수단도 제공하는데, 바로 멤버 함수 value_or이다. 이를테면 다음과 같은 코드가 가능하다.

```
// 설정 파일에서 창의 너비 값을 가져와서 설정하되,
// 만일 설정된 값이 없으면 기본값인 800으로 설정한다.
window.set_width(
    get_option("WIDTH").value_or(800)
);
```

## 아무 형식이나 담을 수 있는 std::any

std::any 형식의 객체에는 말 그대로 '아무(any)' 형식의 값을 담을 수 있다. 단, 복사가 가능한(copyable) 형식이어야 한다. 필요한 헤더는 <any>이다.

```
struct Position { double x, y, z; };

void f()
{
```

```
any a = std::string("C++ 문자열");

a = 123;                    // 새 값이 배정되기 전에 기존 값(string 객체)이
                            // 파괴된다(소멸자 호출 및 메모리 해제).

a = Position{1, 2, 3};   // 복사할 수 있는 형식이면 어떤 형식도 가능.
}
```

이런 식으로 한 변수에 임의의 형식의 값을 담아야 할 때 흔히 쓰이는 수단은 무형식 포인터(typeless pointer) void*와 reinterpret_cast(또는 C 스타일 캐스팅)이다. 그러나 그 둘만으로는 형식 안전성을 보장하기 힘들다. 형식 안전성을 위해서는 any 객체에 새 값이 배정되기 전에 기존 값이 제대로 파괴되어야 하는데, void*만으로는 그것을 보장하기 힘들다. 그러나 앞의 예제의 주석에서 보듯이 any는 객체의 적절한 파괴(소멸)를 보장한다. 이런 측면 때문에 std::any를 "형식에 안전한(typesafe) void*"라고 표현하기도 한다.

any 객체에 담긴 값을 꺼낼 때는 std::any_cast라는 함수를 사용한다.

```
any a = string("C++ 문자열");

cout << any_cast<string>(a) << endl // C++ 문자열

int i = any_cast<int>(a);           // 형식이 일치하지 않음:
                                    // bad_any_cast 예외 발생.
```

위의 예처럼 any 객체 자체를 인수로 받는 any_cast는 만일 요청된 형식과 자신에 담긴 자료의 형식이 일치하지 않으면 std::bad_any_cast 형식의 예외를 던진다. 이러한 형식 점검은 std::any를 "형식에 안전한 void*"라고 부르는 또 다른 이유이다.

형식이 일치하지 않을 때 예외가 발생하는 것을 원하지 않는다면, 다음처럼 포인터를 받고 포인터를 돌려주는 버전의 any_cast를 호출하면 된다. 이 버전은 형식이 일치하지 않으면 널 포인터(nullptr)를 돌려준다.

optional처럼 any에도 빈 객체를 생성하는 기본 생성자가 있으며, 멤버 함수 has_value, emplace, reset도 있다. any의 멤버 함수 type은

any 객체에 담긴 자료의 형식을 나타내는 type_info 객체(에 대한 참조)를 돌려준다. 빈 any 객체의 경우 그 type_info 객체는 typeid(void)에 해당한다.

```
any a;                          // 빈 객체

cout << a.has_value() << endl;   // false

a.emplace<string>("Hello, world!"); // 제자리 생성.

cout << a.type().name << endl;   // 구체적인 형식 이름은
                                 // 컴파일러마다 다를 수 있음.

opt2.reset();                    // 이제 has_value()는 false.
```

## 형식에 안전한 공용체, std::variant

std::any가 형식에 안전한 void*라면, std::variant는 형식에 안전한 공용체(union)라 할 수 있다. 필요한 헤더는 <variant>이다. 다음은 variant의 형식 안전성을 보여주는 예이다.

```
void f()
{
    variant<int, double, string> v = 123;

    cout << v << endl; // 123

    cout << std::get<int>(v) << endl; // 명시적으로 int를 요청.
                                      // 앞의 행과 같은 결과를 낸다.
    cout << std::get<0>(v) << endl;   // 첫 번째 형식(int)의 값을 요청.
                                      // 역시 같은 결과를 낸다.

    auto f = std::get<float>(v);      // (1) 컴파일 오류

    auto cond = std::get<string>(v);  // (2) 실행 시점 예외 발생
}
```

이 예제에서 v는 int나 double, bool을 담을 수 있는 variant 객체인데, (1)은 엉뚱하게 float 값을 요구했다. 이런 오류는 컴파일러가 잡아낼 수 있으므로 컴파일 오류가 발생한다. (2)는 v가 가질 수 있는 세 형

식 중 하나인 string을 요구했으므로 컴파일 오류는 발생하지 않지만, 대신 실행 시점에서 std::bad_variant_access라는 예외가 발생한다. 이는 v가 현재 가지고 있는 값, 즉 마지막으로 설정된 값의 형식(int)이 요청된 형식(string)과 일치하지 않기 때문이다. 둘 다 union을 사용할 때 프로그래머들이 흔히 하는 실수인데, variant는 이런 실수들을 컴파일 시점에서 방지하거나 실행 시점에서 보고해준다. 이런 측면 때문에 variant를 "형식에 안전한 공용체"라고 부른다. 또한, (1)과 같은 컴파일 시점 점검 능력은 std::any에 비한 장점이기도 하다.

앞의 예제의 (2)에서 보듯이 variant를 사용할 때에는 "이 variant 객체에 어떤 형식의 값을 담을 수 있는가?"도 중요하지만 "현재 이 variant 객체에 어떤 형식의 값이 담겨 있는가?"도 중요하다. 이와 관련해서 variant는 다음과 같은 멤버·비멤버 인터페이스들을 제공한다. 다음 예를 보자.

```cpp
void g()
{
    variant<int, double, bool> v = 123;

    // (1)
    auto pv = std::get_if<bool>(&v);          // pv는 nullptr

    // (2)
    auto cond = std::holds_alternative<int>(v) // cond는 true

    // (3)
    auto i = v.index();                        // i는 0
}
```

1. std::get과는 달리 std::get_if는 포인터를 받으며, 형식 불일치 시 예외를 던지는 대신 널 포인터를 돌려준다.
2. std::holds_alternative<T>(v)는 현재 v 객체의 형식이 T인지의 여부를 뜻하는 bool 값을 돌려준다.
3. 멤버 변수 index는 현재 형식의 색인을 돌려준다. 지금 예에서 int가 0, double이 1, bool이 2이다. 이 색인은 std::get<i>(v) 형태로 활용할 수 있다.

공용체는 형식 안전성이 떨어질 뿐만 아니라, 소위 POD(plain old data) 형식들만 담을 수 있다. 반면 variant는 첫 예제(f(x))의 variant <int, double, string>에서 보듯이 POD가 아닌 본격적인 클래스도 담을 수 있다. 이 덕분에 성격이 크게 다른 형식들을 하나의 variant 객체로 공유할 수 있는데, 이러한 능력은 소위 '방문자 패턴(Visitor pattern)'의 구현에 도움이 된다. 실제로, 이를 위해 variant는 아예 std::visit이라는 비멤버 함수를 제공한다.

## 파일 시스템 라이브러리

C++14까지 C++ 표준 라이브러리에는 파일 입출력을 위한 수단은 있었지만 파일 시스템을 위한 수단은 없었다. C++17에서 드디어 C++도 파일 시스템 라이브러리를 가지게 되었다. 이 파일 시스템 라이브러리는 원래 boost.filesystem으로 출발해서 TS(Technical Specification) 단계를 거쳐서 표준 라이브러리에까지 들어오게 된 것이다. C++ 파일 시스템 라이브러리의 모든 형식과 함수는 std::filesystem 이름공간에 속하며, 필요한 헤더는 <filesystem>이다.

파일 시스템 라이브러리에는 파일의 경로를 나타내는 path와 디렉터리의 한 항목(보통의 파일뿐만 아니라 하위 디렉터리, 기호 링크, 소켓, 파이프 등도 포함)을 나타내는 directory_entry, 파일의 종류와 상태를 나타내는 file_status, 가용 디스크 용량을 위한 space_info, 파일 시간을 위한 file_time_type 등 다양한 클래스가 있으며, 디렉터리 반복(운행)을 위한 두 반복자 클래스 directory_iterator와 recursive_directory_iterator도 제공한다. 또한, 파일 접근 권한, 파일 종류, 복사 옵션, 디렉터리 반복 운행) 옵션을 위한 열거형들(perms, file_type 등)도 갖추어져 있다.

이러한 형식들 외에, 실질적인 파일 시스템 연산들을 수행하는 다양한 비멤버 함수들이 있다. 예를 들어 directory_entry 클래스에는 디렉터리를 생성하거나 파일을 복사하는 멤버 함수가 없다. 디렉터리 생성은 비멤버 함수 create_directory와 create_directories가, 복사는 비멤버 함수 copy와 copy_file이 담당한다. 그밖에 rename, resize_file, current_path, exits 등 경로와 파일, 디렉터리를 다루는 데 필요한 다양한 함수가 있다. 또한, is_directory, is_empty, is_regular_file 등 주어진 디렉터리 항목의 종류를 판정하는 술어 함수들도 있다. 표 1은 파일 시스템 라이브러리의 구성요소들을 나열한 것이다.

```cpp
void h()
{
    namespace fs = std::filesystem;

    fs::create_directory("foo");

    // create_directories는 경로 중간의 디렉터리들까지 생성해준다.
    fs::create_directories("foo/bar/abc/123")

    // 보통의 파일을 생성하려면 파일 입출력 라이브러리가 필요하다.
    std::ofstream("foo/bar/abc/file.txt");

    // 반복자를 이용해서 foo 디렉터리와 그 하위 디렉터리의
    // 모든 항목을 훑는다.
    for(auto&& x: fs::recursive_directory_iterator('foo')) {
        cout << x.path() << endl;
    }
}
```

표 1 파일 시스템 라이브러리의 구성

| 형식 | | |
|---|---|---|
| path | recursive_directory_iterator | perms |
| filesystem_error | file_status | copy_options |
| directory_entry | space_info | directory_options |
| directory_iterator | file_type | file_time_type |
| 함수 | | |
| absolute | create_directories | permissions |
| system_complete | create_hard_link | read_symlink |
| canonical | create_symlink | remove |
| weakly_canonical | create_directory_symlink | remove_all |
| relative | current_path | rename |

(다음 쪽으로 이어짐)

(앞쪽에서 이어짐)

| | | |
|---|---|---|
| proximate | exists | resize_file |
| copy | equivalent | space |
| copy_file | file_size | status |
| copy_symlink | hard_link_count | symlink_status |
| create_directory | last_write_time | temp_directory_path |
| **파일 종류 및 상태 판정 술어** | | |
| is_block_file | status_known | is_regular_file |
| is_character_file | is_fifo | is_socket |
| is_directory | is_other | is_symlink |
| is_empty | | |

## 알고리즘의 병렬화

C++17은 표준 라이브러리의 여러 알고리즘에 '병렬 실행'을 지원하는
중복적재 버전을 추가하며, 병렬 실행을 지원하는 새 알고리즘도 여럿
추가한다. 예를 들어 기존 알고리즘인 std::transform에는 다음과 같은
중복적재 버전들이 추가되었다.

```
FwdIt2 transform( ExePolicy&& policy, FwdItIt1 first1, FwdItIt1 last1,
                  FwdIt2 d_first, UnFunc func);

FwdIt3 transform( ExePolicy&& policy, FwdIt1 first1, FwdIt1 last1,
                  FwdIt2 first2, FwdIt3 d_first, BiFunc func );
```

모든 병렬 버전에서 템플릿 매개변수 ExePolicy는 실행 방침
(execution policy)을 뜻하는 어떤 클래스로, 주된 용도는 중복적재 해
소 과정에서 알고리즘의 병렬 버전이 선택되게 하는 것이다. C++17 표
준 라이브러리의 std::execution 이름공간에는 다음과 같은 세 가지 구
체적 실행 방침 클래스가 정의되어 있다(필요한 헤더는 <execution>).

- sequenced_policy 클래스
- parallel_policy 클래스

• parallel_unsequenced_policy 클래스

또한, 편의를 위해 std::execution::seq, std::execution::par, std::execution::par_unseq라는 인스턴스들(각각 sequenced_policy, parallel_policy, paralllel_unsequenced_policy의 인스턴스)이 미리 생성되어 있으므로, 특별한 이유가 없는 한 따로 객체를 생성할 필요 없이 이들을 바로 사용하면 된다(마치 cout을 사용할 때처럼).

병렬 알고리즘을 호출할 때 첫 인수로 seq를 지정하면 병렬 실행이 금지된다. 즉, 구현은 요소들을 반드시 현재 스레드(알고리즘을 호출한 스레드)에서 처리해야 한다. 이 방침에서 요소들이 반드시 원래 순서대로(in order) 처리된다는 보장은 없지만, 요소들이 순차적으로 처리된다(sequenced)는 보장은 있다. 다른 말로 하면, 한 스레드에서 어떤 한 요소의 처리가 끝나기 전에 다른 요소의 처리가 시작되는 일은 없다.

par를 지정하면 병렬 실행이 허용된다. 즉, 병렬 알고리즘 구현은 현재 스레드 이외의 스레드를 따로 생성해서 요소들을 처리할 수 있다. 이 경우에도 각 스레드는 요소들을 반드시 순차적으로 처리한다. 이 방침에서는 다중 스레드 상황이 벌어지므로 경쟁 조건이나 교착 상태가 발생할 수 있는데, 사용자가 지정한 호출 가능 단위로 요소에 접근하는 알고리즘의 경우 석절한 동기화로 그런 문제를 방지하는 것은 프로그래머의 몫이다. 예를 들어 다음은 C++17 표준 명세서 초안에 나오는 예로, 공유 변수 x에 대한 접근을 뮤텍스로 보호한다.

```
int x = 0;
std::mutex m;
int a[] = {1,2};
std::for_each(std::execution::par, std::begin(a), std::end(a), [&]
(int) {
  std::lock_guard<mutex> guard(m);
  ++x;
});
```

마지막으로, par_unseq를 지정한다는 것은 병렬 실행을 허용할 뿐만 아니라 순차 처리도 강제하지 않는다는 뜻이다. 순차 처리가 필수가

아니면 구현이 벡터화(vectorization)를 이용해서 좀 더 빠른 코드를 생성할 여지가 생긴다. 사용자가 지정한 호출 가능 단위로 요소에 접근하는 알고리즘의 경우, 벡터화에 따른 위험(교착 상태 등)은 프로그래머가 방지해야 한다. 다음은 앞의 예에서 par만 par_unseq로 대체한 코드로, 역시 C++17 초안에 나온 것이다.

```
int x = 0;
std::mutex m;
int a[] = {1,2};
std::for_each(std::execution::par_unseq, std::begin(a), std::end(a),
  [&](int) {
    std::lock_guard<mutex> guard(m); // 올바르지 않음: lock_guard 생성자는
                                     // m.lock()을 호출함.
    ++x;
});
```

구현이 for_each 루프를 하나의 스레드로 실행하기로 해도(par나 par_unseq는 병렬 실행을 허용하는 것일 뿐 강제하는 것은 아니므로, 필요하다면 구현은 그냥 하나의 스레드에서 알고리즘을 실행할 수 있다), 앞의 par 예제에서는 순차 처리가 요구되므로 루프가 m.lock(); ++x; m.unlock(); m.lock(); ++x; m.unlock(); 형태로 실행된다. 따라서 교착 상태는 벌어지지 않는다. 그러나 이번 예제의 par_unseq 방침 하에서는 순차 처리가 필수가 아니므로 구현이 m.lock(); m.lock(); ++x; ++x; m.unlock(); m.unlock(); 형태의 코드를 생성할 수 있다. 그러면 한 스레드에서 같은 뮤텍스를 연달아 잠그려 해서 교착 상태가 발생한다.

표 2는 병렬 버전이 추가된 알고리즘들이다. 알고리즘 자체가 C++17에서 새롭게 추가된 경우는 굵은 글씨로 표시했다.

**표 2 병렬 실행을 지원하는 표준 알고리즘**

| | | | |
|---|---|---|---|
| adjacent_ difference | adjacent_find | all_of | any_of |
| copy | copy_if | copy_n | count |
| count_if | equal | exclusive_scan | fill |
| fill_n | find | find_end | find_first_of |

| | | | |
|---|---|---|---|
| find_if | find_if_not | for_each | **for_each_n** |
| generate | generate_n | includes | **inclusive_scan** |
| inner_product | inplace_merge | is_heap | is_heap_until |
| is_partitioned | is_sorted | is_sorted_until | lexicographical_ compare |
| max_element | merge | min_element | minmax_element |
| mismatch | move | none_of | nth_element |
| partial_sort | partial_sort_copy | partition | partition_copy |
| reduce | remove | remove_copy | remove_copy_if |
| remove_if | replace | replace_copy | replace_copy_if |
| replace_if | reverse | reverse_copy | rotate |
| rotate_copy | search | search_n | set_difference |
| set_intersection | set_symmetric_ difference | set_union | sort |
| stable_partition | stable_sort | swap_ranges | transform |
| **transform_ exclusive_scan** | **transform_ inclusive_scan** | **transform_reduce** | uninitialized_ copy |
| uninitialized_ copy_n | uninitialized_fill | uninitialized_ fill_n | unique |
| unique_copy | | | |

병렬화의 이득을 볼 만한 기존 알고리즘 accumulate, inner_product, partial_sum에 병렬 버전이 추가되지 않은 점을 의아하게 생각하는 독자도 있을 텐데, 이 세 알고리즘의 병렬화는 다음 절에 나오는 reduce, transform_reduce, inclusive_scan의 병렬 버전으로 대신할 수 있다.

## 새로 추가된 알고리즘

C++17에서 새로 추가된 알고리즘들을 간략하게만 소개하겠다. 이들은 모두 std 이름공간에 속한다.

- for_each_n: for_each와 같되 [first, last)가 아니라 [first, first+n)을 입력 범위로 사용하며, first+n을 돌려준다(참고로 for_each의 직렬 버전은 사용자 지정 함수를 돌려주고 병렬 버전은 아무것도 돌려주지 않는다). 필요한 헤더는 <algorithm>이며, 병렬 버전도 있다.

- sample: 주어진 범위의 요소 n개를 주어진 확률 분포에 따라 무작위로 선택한다. 필요한 헤더는 <algorithm>이다.

- uninitialized_move와 uninitialized_move_n: 주어진 요소들을 초기화되지 않은 메모리 영역으로 이동한다. 필요한 헤더는 <memory>이며, 병렬 버전도 있다.

- clamp: 주어진 값이 하한보다 작으면 하한을, 상한보다 크면 상한을 돌려준다. 그 외에는 주어진 값을 돌려준다. 비교 함수를 지정할 수 있다. 필요한 헤더는 <algorithm>이다.

- reduce: 분산 처리나 병렬 처리 관련 프레임워크 또는 언어에서 흔히 볼 수 있는 Map-Reduce(사상-축약) 패턴의 Reduce 단계에 해당하는 알고리즘이다. 필요한 헤더는 <numeric>이며, 병렬 버전도 있다. 참고로 Map에 해당하는 표준 라이브러리 알고리즘은 transform이다. 기존 accumulate 알고리즘에 병렬 버전이 추가되지 않았는데, 대신 reduce의 병렬 버전을 사용하면 된다.

- transform_reduce: Map-Reduce에 해당하는 알고리즘으로, 요소들을 먼저 변환한 후에 축약한다. 필요한 헤더는 <numeric>이며, 병렬 버전도 있다. 기존 inner_product 알고리즘에 병렬 버전이 추가되지 않았는데, 대신 이 transform_reduce의 병렬 버전을 사용하면 된다.

- inclusive_scan과 exclusive_scan: 요소들의 구간 합(prefix sum; 또는 부분합)들을 구한다. inclusive_scan은 $i$번째 요소를 $i$번째 부분합에 포함하고, exclusive_scan은 포함하지 않는다. 예를 들어 덧셈과 초기치 0을 사용한다고 할 때 {1, 1, 0, 2, 3}의 inclusive_scan 결과는 {1, 2, 2, 4, 7}이고 exclusive_scan 결과는 {0, 1, 2, 2, 4}이다. 덧셈 이외의 합산 함수를 지정할 수 있으며, 부분합의 초기치도 다르게 지정할 수 있다(기본은 0). 필요한 헤더는 <numeric>이며, 병렬 버전도 있

다. 기존 partial_sum 알고리즘에 병렬 버전이 추가되지 않았는데, 대신 inclusive_scan의 병렬 버전을 사용하면 된다.

- transform_inclusive_scan과 transform_exclusive_scan: 요소들을 먼저 변환한 후 구간 합을 구한다. 필요한 헤더는 <numeric>이며, 병렬 버전도 있다.

## 기타 변경 사항

그 외에 C++17 표준 라이브러리의 변경 사항을 정리하자면 다음과 같다.

- random_shuffle, auto_ptr, result_of, bind1st, unxepected 등 이전의 표준들이 폐기 예정으로 분류했던 구성요소들이 실제로 폐기되었다 (표 3).
- 활성 예외 객체 검출 함수 uncaught_exception이 폐기 예정으로 분류되고, 이를 대신하는 uncaught_exceptions가 추가되었다. 전자는 현재 스레드에 활성 예외 객체(던져졌지만 아직 해당 catch 절에 도달하지 않은 예외 객체)가 있는지의 여부(bool)를 돌려주지만, 후자는 현재 스레드의 활성 예외 객체 개수(int)를 돌려준다(<exception> 헤더).
- map과 unordered_map에 try_emplace와 insert_or_assign이라는 새로운 멤버 함수가 추가되었다. 이들은 주어진 키가 컨테이너에 없는 경우에만 새 요소를 생성 또는 삽입한다.
- 컨테이너 멤버 함수 size, empty, data의 비멤버 함수 버전인 std::size, std::empty, std::data가 추가되었다(<iterator> 헤더).
- 메모리를 구성하는 바이트[byte]의 개념을 좀 더 명시적으로 표현하기 위해 std::byte라는 형식이 추가되었다. 내부적으로 std::byte는 하나의 열거형 클래스(enum class)인데, 바탕 자료 형식은 unsigned char이다. unsigned char와는 달리 std::byte는 문자 형식으로도, 수치(산술) 형식으로도 간주되지 않는다. 개념적으로 std::byte는 단

지 비트들의 집합일 뿐이며, 산술 연산자들은 지원하지 않고 비트별 논리 연산자들과 자리이동(shift) 연산자들만 지원한다. 어떤 수치 $n$을 std::byte 객체로 변환하려면 std::byte{n} 형태의 표현식을 사용하고(C++17부터는 이런 식으로 열거형 객체를 생성할 수 있게 되었다), 그 반대의 변환은 std::to_integer 함수(역시 C++17에서 추가되었다)를 사용하면 된다.

- 컴파일 시점에서 형식 특질들의 논리합, 논리곱, 부정을 산출하는 메타 함수 conjunction, disjunction, negation이 추가되었으며, is_aggregate, is_invocable, is_swappable 등 다양한 컴파일 시점 형식 판정 함수가 추가되었다(<type_traits> 헤더).

- 최대공약수와 최소공배수를 돌려주는 수학 함수 gcd와 lcm이 추가되었으며(<numeric> 헤더), 타원적분, 베셀 함수, 르장드르 함수, 노이만 함수, 리만 제타 함수 등 다양한 특수 수학 함수가 추가되었다(<cmath> 헤더). 표 4에 특수 수학 함수들이 나열되어 있다.

표 3 폐기된 구성요소들

| | | |
|---|---|---|
| auto_ptr | const_mem_fun_t | pointer_to_binary_function |
| binary_function | get_unexpected | pointer_to_unary_function |
| bind1st | mem_fun1_ref_t | ptr_fun |
| bind2nd | mem_fun1_t | random_shuffle |
| binder1st | mem_fun_ref_t | set_unexpected |
| binder2nd | mem_fun_ref | unary_function |
| const_mem_fun1_ref_t | mem_fun_t | unexpected |
| const_mem_fun1_t | mem_fun | unexpected_handler |
| const_mem_fun_ref_t | | |

표 4 특수 수학 함수

| | | | |
|---|---|---|---|
| assoc_laguerre | comp_ellint_3f | ellint_1l | legendre |
| assoc_laguerref | comp_ellint_3l | ellint_2 | legendref |

| | | | |
|---|---|---|---|
| assoc_laguerrel | cyl_bessel_i | ellint_2f | legendrel |
| assoc_legendre | cyl_bessel_if | ellint_2l | riemann_zeta |
| assoc_legendref | cyl_bessel_il | ellint_3 | riemann_zetaf |
| assoc_legendrel | cyl_bessel_j | ellint_3f | riemann_zetal |
| beta | cyl_bessel_jf | ellint_3l | sph_bessel |
| betaf | cyl_bessel_jl | expint | sph_besself |
| betal | cyl_bessel_k | expintf | sph_bessell |
| comp_ellint_1 | cyl_bessel_kf | expintl | sph_legendre |
| comp_ellint_1f | cyl_bessel_kl | hermite | sph_legendref |
| comp_ellint_1l | cyl_neumann | hermitef | sph_legendrel |
| comp_ellint_2 | cyl_neumannf | hermitel | sph_neumann |
| comp_ellint_2f | cyl_neumannl | laguerre | sph_neumannf |
| comp_ellint_2l | ellint_1 | laguerref | sph_neumannl |
| comp_ellint_3 | ellint_1f | laguerrel | |

# 참고자료

위키백과 기여자들, "C++17," *Wikipedia, The Free Encyclopedia, https://
en.wikipedia.org/wiki/C%2B%2B17* (2017년 4월 15일에 접근).

cpprererence.com, *C++ reference, http://en.cppreference.com/w/cpp*.

C++ 표준 위원회, *N4659: Working Draft, Standard for Programming
Language C++*(C++17 표준 명세서 초안), *https://github.com/cplusplus/
draft/blob/master/papers/n4659.pdf*.

Grimm, Rainer, "C++ 17 - What's New in the Library?," *Modernes C++,
http://www.modernescpp.com/index.php/c-17-what-s-new-in-the-library*.

# 찾아보기

**기호**

:: 범위 해소 연산자　10

<< 추출 연산자　181

>> 삽입 연산자　183

**ㄱ**

가름　122

가변 인수 템플릿　201

가우스 분포　141

가짜 깨어남　217

갈무리 그룹　164, 166

값　71, 76

검색　72, 169

경쟁 조건　204

고른 분포　141

　난수발생기　121

고해상도 시스템 시간　46

공유

　변수　204

　소유권　27

　잠금　212

과제　218

과학 표기법　185

교집합　129

교착　207

교환　19

　*cf.* swap

균등분포　141

기간　42, 44

기본 난수발생기　140

기본 형식 범주　37

기원　43

깨우기 소실　217

끝 반복자　50, 91

**ㄴ**

난수　139

난수 분포　140

　가우스　141

　고른(균등)　121, 141

　베르누이　141

　연속　141

　이산　141

　정규　141

난수발생기　139

　고른 분포　121

　기본　140

　메르센 트위스터　140

내적　136

내포된 이름공간　10

누산　135

**ㄷ**

다중 스레드 적용　197

단일 연결 목록　63

단일 형식　57

단항 술어　97

대기열　83

　*cf.* queue

대칭차집합　129

데크　61

　*cf.* deque

독점 소유권　27

동종 컨테이너　57

똑똑한 포인터　26

　*cf.* shard_ptr, unique_ptr

　auto_ptr　28

　weak_ptr　33

**ㄹ**

람다 함수   100

**ㅁ**

메르센 트위스터   140
메르센 트위스터 난수 발생 알고리즘   140
메모리 모형   197
목록   62
   *cf.* list, forward_list
문자 특질   146
문자열   145
   *cf.* string
   검색   154
   라이브러리   145
   리터럴   147
   비교   150
   생성 및 파괴   147
   수정   156
   수치 변환   158
   스트림   186
   연결   151
   용량   149
   임의 요소 접근   151
   크기   149
   C 문자열 변환   148
뮤텍스   206
   *cf.* mutex
미래 객체   218
   *cf.* future
   약속 객체와 조합   224
미리 정의된 스트림 객체   179
미리 정의된 함수 객체 템플릿   100

**ㅂ**

반개구간   51, 104
반복자   87
   끝   50, 91
   삽입   92
   스트림   93
   시작   50, 91
   양방향   88
   역방향   89
   임의 접근   88

   입력   89
   전진   88
   출력   89
   후진   64
반복자 적응자   92
배열   56
   *cf.* array
범위   50
   검색   110
   교환   117
   대체   112
   뒤섞기   120
   뒤집기   119
   반개구간   51, 104
   변환   118
   복사   111
   비교   108
   순열   134
   이동   116
   정렬   124
   제거   113
   조건 점검   107
   채우기   115
   회전   119
범위 해소 연산자   10
범주   88
   기본 형식   37
   복합 형식   38
   판정 구조체   37
   합성 형식   38
베르누이 분포   141
벡터   58
   *cf.* vector
병합   62, 65, 128
보편 참조   19
복사   111
   배정   52
   배정 가능   25
   생성 가능   25
   의미론   17
복합 형식 범주   38
부동소수점 수   185
부분 부합   165, 166

*cf.* sub_match

부분 순서   197

부분 정렬   125

부분합   136

부합 결과   164

  *cf.* smatch, match_results

분포 ☞ 난수 분포

분할   122

  지점   123

비교 기준   71

비서식화 입력   181, 182

비수정 알고리즘   105

비한정 이름   10


**ㅅ**

사용자 정의 자료 형식   194

삭제자   28

삽입

  반복자   92

  연산자 〉〉   183

상수 표현식   213

상수성   40

생 문자열 리터럴   162

서식 지정자   183

서식화   165, 171

  입력   181

  탈출열   172

선입선출   83

선행 공백   181

성능   76

수치 라이브러리   139

수치 연산 알고리즘   135

수학 함수   143

순서 없는 연관 컨테이너   67, 75

  키   76

순서 일관성   197

순서 있는 연관 컨테이너   67, 70

  검색 함수   72

  비교   71

  키   71

  count   72

  equal_range   72

  find   72

  insert   73

  lower_bound   72

  upper_bound   72

순약 순서   71

순열   134

  다음   135

  이전   134

순차 컨테이너   55

순환 참조   34

술어   16, 97

  단항   97

  이항   97

스레드   199

  *cf.* thread

  과제   218

  다중 스레드 적용   197

  동기화   224

  생성   199

  수명   200

  안전한 초기화   212

  연산   203

  인수 전달   202

  지역 자료   214

  지역 저장소   214

스칼라 곱   136

스택   82

스트림   177, 186

  문자열   186

  미리 정의된 객체   179

  반복자   93

  입력   181

  조작자   181

  파일   188

  표준   179

스트림 상태   192

  bad   192

  eof   192

  eofbit   192

  fail   192

  failbit   192

  good   192

  goodbit   192

시간
  고해상도 시스템 시간  46
  기간  42, 44
  시스템 시간  46
  시점  42
  클록  42, 46
시간 라이브러리  42
  *cf.* chrono
시작 반복자  50, 91
시점  42
쌍  21
쓰기 모드  189

**ㅇ**

알고리즘  101
  병렬화  238
약속 객체  218
  *cf.* promise
  미래 객체와 조합  224
양방향 반복자  88
역방향 반복자  89
연관 배열  74
연관 컨테이너  67
  *cf.* 순서 없는 연관 컨테이너,
    순서 있는 연관 컨테이너
  성능  76
연산의 복잡도  56
연속 난수 분포  141
오른값 참조  17
요소
  개수  107
  검색  105
  대체  112
  복사  111
  생성  115
  수정  111
  제거  113
용량  59, 78, 149
우선순위 대기열  84
  *cf.* priority_queue
원자적
  연산  197
  자료 형식  198

잠금  211
유리수  45
유효 자릿수  185
이동
  배정  52
  의미론  17
이름공간  10
  내포(중첩)  10
  별칭  12
이산 난수 분포  141
이중 연결 목록  62
이진 검색  126
이진 모드  189
이항 술어  97
읽기 모드  189
임계 영역  206
임시 소유권  27
임의 접근 반복자  88
입력 반복자  89
입력 스트림  181
  *cf.* istream
입출력 스트림 라이브러리  177
  미리 정의된 스트림 객체  179
  클래스 계통구조  178
입출력 연산자 중복적재  194
입출력 함수  179

**ㅈ**

자물쇠  209
  관독자-기록자  207
  shared_lock  212
  unique_lock  210
자원 획득은(이) 초기화이다(RAII)  27
잠금  211
  공유  212
  원자적  211
재해싱  79
적재율  78
전달 참조  19
전진 목록  63
  *cf.* forward_list
전진 반복  51
  반복자  88

정규 분포   141
정규 표현식   161
  *cf.* regex
  객체   163
  패턴 부합   168
  ECMAScript 문법   161
정규분포   141
정렬   124
  범위 전체   124
  부분   125
  여부   125
조건 변수   215
  *cf.* condition_variable
종잣값   139
중복 요소 제거   121
중첩된 이름공간   10
집합 초기화   49

★

차집합   129
참조 래퍼   25
채움 문자   184
최댓값   133
최솟값   133
추가 모드   189
추출 연산자 <<   181
출력 반복자   89

ㅋ

컨테이너
  동종   57
  비교   53
  생성자와 소멸자   48
  순서 없는 연관   75
  순서 있는 연관   70
  순차   55
  연관   67
  요소 교환   52
  요소 배정   52
  요소 접근   50
  적응자   81
  크기   49
  begin   51

cbegin   51
cend   51
crbegin   51
crend   51
empty   49
end   51
max_size   50
rbegin   51
rend   51
size   49
swap   52
컴파일 시점 유리수 산술   45
클록   42, 46
키   67, 71, 76

ㅌ

튜플   23
특수 수학 함수   244
틱   43

ㅍ

파일
  경계   191
  끝   152
  쓰기 위치   190
  열고 닫기   190
  읽기 위치   190
  포인터   190
파일 스트림   188
  열기 모드   189
  close   190
  is_open   190
  open   190
  seekg   191
  seekp   191
  tellg   190
파일 시스템 라이브러리   236
판독자-기록자 자물쇠   207
팩토리 함수   18
편의 수단 라이브러리   15
폐기된 구성요소   244
표준 스트림   179
필드 너비   184

**ㅎ**

한정되지 않은 이름   10

한정된 이름   10

함수 객체   98

   미리 정의된 함수 객체 템플릿   100

함수 적응자   19

합류 가능   200

합성 형식 범주   38

합집합   130

해시

   값   77

   재해싱   79

   함수   77

헤더 파일   10

형식

   범주 판정 구조체   37

   비교   40

   속성 점검 구조체   39

   수정   40

형식 특질 라이브러리   36

호출 가능 단위   20, 97

후입선출   82

후진 반복   51

   반복자   64

휘발성   41

힙   131

**A**

accumulate   135

adjacent_find   106

advance   91

aggreate initialization   49

algorithm   101

all_of   108

any   232

any_cast   233

any_of   108

append   156

array   57

   초기화   49

assign   60, 156

associative array   74

associative container ☞ 연관 컨테이너

async   220

at   60, 151

atomic ☞ 원자적

auto_ptr   28

**B**

back   60, 83, 151

back_inserter   93

backward iteration ☞ 후진 반복

bad   192

basic_ios   178

basic_iostream   178

basic_istream   178

basic_ostream   178

basic_streambuf   178

basic_string   146

before_begin   64

begin   51, 91, 165

begin iterator   50

bidirectional iterator   88

binary predicate   97

binary search   126

binary_search   127

bind   20

bit_and   100

bit_xor   100

boolalpha   184

**C**

C 문자열 리터럴   147

C++ 문자열 ☞ 문자열

C++ 표준 라이브러리   1-245

   역사   1

   C++17   227

call_once   213

callable unit   20, 97

capacity   59, 78, 149

capture(capturing) group   164

category ☞ 범주

cbegin   51, 91

cend   51, 91

cerr   179

character trait   146

chrono
  high_resolution_clock   46
  steady_clock   46
  system_clock   46
chrono library   42
cin   179
clear   60, 156
clock   42
clog   179
close   190
compare   166
comparision criterion   71
composite type category   38
condition_variable
  cf. 조건 변수
  notify_all   216
  notify_one   216
  wait   216
  wait_for   216
  wait_until   216
constant expression   213
constness   40
container ☞ 컨테이너
copy   111, 148
copy semantics   17
copy-assignable   25
copy-constructible   25
copy_backward   111
copy_if   111
copy_n   111
count   72, 107
count_if   107
cout   179
crbegin   51, 91
cref   26
crend   51, 91
critical region   206

**D**

data   148
deadlock   207
dec   184
default_random_engine   140

deleter   28
deque   61
  emplace_front   61
  pop_front   61
deque   61
deque(doubel-ended queue)   ☞ 데크
detach   200, 203
distance   91
distribution ☞ 분포
doubly linked list   62
duration   44

**E**

ECMAScript 문법   161
element ☞ 요소
emplace   60
emplace_after   64
emplace_back   60
emplace_front   61, 65
empty   49, 149, 165
enable_shared_from_this   32
end   51, 91, 165
end iterator   50
endl   181
eof   192
EOF(end-of-file)   152
cofbil   192
epoch   43
equal   108
equal_range   72, 127
equal_to   100
erase   60, 156
erase_after   65
escape sequence   172
exclusive ownership   27

**F**

factory function   18
fail   192
failbit   192
FIFO(First In First Out)   83
file ☞ 파일
file stream ☞ 파일 스트림

filebuf   188

fill   115

fill_n   115

find   72, 106, 154

find_end   110

find_first_not_of   155

find_first_of   154

find_if   106

find_if_not   106

find_last_not_of   155

find_last_of   154

first   166

fixed   185

flush   181

for_each   104

format   165

format specifier   183

formatted input   181

formatting   165

forward   18

forward iteration ☞ 전진 반복

forward_list   63

  before_begin   64

  emplace_after   64

  emplace_front   65

  erase_after   65

  insert_after   65

  merge   65

  splice_after   65

  unique   65

forwarding reference   19

front   60, 83, 151

front_inserter   92

fstream   188

function   20

function object ☞ 함수 객체

future   218, 223

  get   223

  share   223

  valid   223

  wait   223

  wait_for   223

  wait_until   223

**G**

gcount   182

generate   115

generate_n   115

get   23, 182, 223

get_future   223

get_id   203

getline   152, 182

good   192

goodbit   192

**H**

half-open interval   104

hash ☞ 해시

heap   131

hex   184

homogeneous container   57

**I**

ifstream   188

ignore   24, 182

includes   129

inner product   136

inner_product   136

inplace_merge   129

input iterator   89

input stream   181

insert   60, 156

insert_after   65

inserter   93

internal   184

invalid_argument   159

ios

  app   189

  ate   189

  badbit   192

  binary   189

  eofbit   192

  failbit   192

  goodbit   192

  in   189

  out   189

  trunc   189

ios_base  178

iota  136

is_heap  132

is_heap_until  132

is_open  190

is_partitioned  123

is_sorted  125

is_sorted_until  126

istream  179

  gcount  182

  get  182

  getline  182

  ignore  182

  peek  182

  putback  182

  unget  182

istream_iterator  93

iterator adapter  92

iterator ☞ 반복자

## J

join  200, 203

joinable  200

## K

key  67

## L

lambda function  100

left  184

length  165, 166

less  100

less_equa  100

lexicographical_compare  109

LIFO(Last In First Out)  82

list  62

  merge  62

  remove  63

  remove_if  63

  splice  63

  unique  63

load factor  78

lock  209

lock, locking ☞ 자물쇠, 잠금

lock_guard  209

logical_and  100

logical_not  100

lost wakeup  217

lower_bound  72, 127

lowercase  184

## M

make_heap  132

make_pair  22

make_shared  31

make_tuple  23

make_unique  30

map  68, 70, 74

match_results  164

  *cf.* smatch

matched  166

max  16

max_element  133

max_size  50, 149

memory model  197

merge  62, 65, 129

merge  128

Mersenne Twister 난수 발생 알고리즘  140

mersenne_twister_engine  140

min  16

min_element  133

minmax  16

mismatch  109

modulus  100

move  17, 116

move semantics  17

move_backward  116

mt19937  141

mulitset  70

multimap  68, 70

multiplies  100

multiset  68

multithreading  197

mutex  206

  lock  207

  try_lock  207

try_lock_for   207
try_lock_until   207
unlock   207

**N**

namespace ☞ 이름공간
negate   100
next   91
next_permutation   135
noboolalpha   184
non-modifying   105
none_of   108
normal distribution   141
noshowbase   185
noshowpoint   185
noshowpos   184
notify_all   216
notify_one   216

**O**

oct   184
ofstream   188
once_flag   213
open   190
optional   230
ordered associative container
   ☞ 순서 있는 연관 컨테이너
osteram_iterator   93
ostream   179
ostringstream   186
out_of_range   159
output iterator   89
owns_lock   210

**P**

packaged_task   221
pair   21
partial ordering   197
partial sum   136
partial_sort   125
partition   123
partition point   123
partition   122

partition_copy   123
partition_point   123
peek   182
permutation   134
plus   100
pop   83, 84
pop_back   60, 156
pop_front   61
pop_heap   132
position   165
predicate ☞ 술어
prefix   165
prev   91
prev_permutation   134
primary type category   37
priority_queue   84
   pop   84
   push   84
   top   84
promise   218, 223
   get_future   223
   set_exception   223
   set_value   223
   set_value_at_thread_exit   223
   swap   223
push   83, 84
push_back   60, 156
push_front   61
push_heap   132
putback   182

**Q**

qualified name   10
queue   83
   back   83
   front   83
   pop   83
   push   83

**R**

race condition   204
RAII(Resource Acquisition Is Initialization)
   27

random access iterator   88

random number   139

random number distribution ☞ 난수 분포

random_shuffle   120

range ☞ 범위

ratio   45

rbegin   51, 91

reader-writer lock   207

ref   26

reference wrapper   25

regex   163

   *cf.* 정규 표현식

  format   171

  repeated search   172

  replace   170

  search   169

regex_iterator   172

regex_match   168

regex_replace   170

regex_search   169

regex_token_iterator   174

regular expression ☞ 정규 표현식

rehashing   79

release   210

remove   63, 114

remove_copy   114

remove_copy_if   114

remove_if   63, 114

rend   51, 91

replace   112, 156

replace_copy   113

replace_copy_if   113

replace_if   112

reserve   59, 149

resize   59, 149

reverse   119

reverse iterator   89

reverse_copy   119

rfind   154

right   184

RNG(random number generator)

    ☞ 난수발생기

rotate   120

rotate_copy   120

rvalue reference   17

**S**

scala product   136

scientific   185

scope resolution operator   10

search   110

search_n   110

second   166

seed   139

seekg   191

seekp   191

sequential consistency   197

sequential container   55

set   68, 70

set_difference   129

set_exception   223

set_intersection   129

set_symmetric_difference   130

set_union   130

set_value   223

set_value_at_thread_exit   223

setfill   184

setprecision   185

setw   184

share   223

shared ownership   27

shared_from_this   33

shared_lock   212

shared_ptr   31

  get   31

  get_deleter   31

  reset   31

  swap   31

  unique   31

  use_count   31

showbase   185

showpoint   185

showpos   184

shrink_to_fit   59, 149

shuffle   120

singly linked list   63

size   49, 59, 149, 165

smart pointer ☞ 똑똑한 포인터

smatch   165

  begin   165

  empty   165

  end   165

  format   165

  length   165

  position   165

  prefix   165

  size   165

  str   165

  suffix   165

sort   125

sort_heap   132

sorting ☞ 정렬

splice   63

splice_after   65

spurious wakeup   217

sregex_iterator   173

sregex_token_iterator   174

stable_partition   123

stable_sort   125

stack   82

static_assert   36

stod   159

stof   159

stoi   159

stol   159

stold   159

stoll   159

stoul   159

stoull   159

str   165, 166

stream ☞ 스트림

strict weak ordering   71

string

  cf. 문자열

  append   156

  assign   156

  at   151

  back   151

  capacity   149

clear   156

copy   148

data   148

empty   149

erase   156

find   154

find_first_not_of   155

find_first_of   154

find_last_not_of   155

find_last_of   154

front   151

insert   156

max_size   149

pop_back   156

push_back   156

replace   156

reserve   149

resize   149

rfind   154

shrink_to_fit   149

size   149

swap   156

string_view   228

stringstream   186

sub_match   164, 166

  compare   166

  first   166

  length   166

  matched   166

  second   166

  str   166

submatch   165

suffix   165

swap   19, 52, 117, 156, 203, 210, 223

swap_ranges   117

## T

task   218

tellg   190

temporary ownership   27

this_thread

  get_id   203

  sleep_for   203

sleep_until   203

yield   203

thread   199

  *cf.* 스레드

detach   200, 203

get_id   203

hardware_concurrency   203

join   200, 203

joinable   203

swap   203

tick   43

tie   24

time ☞ 시간

to_string   159

to_wstring   159

top   84

TR1   2

transform   118

try_lock   207, 210

try_lock_for   207, 210

try_lock_until   207, 210

tuple   23

type ☞ 형식

type trait library   36

## U

unary predicate   97

unget   182

uniform distribution ☞ 고른 분포

unique   63, 65, 121

unique_copy   122

unique_lock   210

  lock   210

  mutex   210

  owns_lock   210

  release   210

  swap   210

  try_lock   210

  try_lock_for   210

  try_lock_until   210

unique_ptr   28

  get   28

get_deleter   28

release   29

reset   29

swap   29

universal referece   19

unlock   207

unordered associative container

        ☞ 순서 없는 연관 컨테이너

unordered_map   68, 75

unordered_multimap   68, 75

unordered_multiset   68, 75

unordered_set   68, 75

unqualified name   10

upper_bound   72, 127

uppercase   184

using

  선언   11

  지시문   11

utility   15

## V

valid   223

variadic template   201

variant   234

vector   58

  assign   60

  at   60

  back   60

  capacity   59

  clear   60

  emplace   60

  emplace_back   60

  erase   60

  front   60

  insert   60

  pop_back   60

  push_back   60

  reserve   59

  resize   59

  shrink_to_fit   59

  size   59

volatile   41

## W

wait   216, 223

wait_for   216, 223

wait_until   216, 223

weak_ptr   33

wfilebuf   188

wfstream   188

wifstream   188

wistringstream   186

wofstream   188

wostringstream   186

ws   181

wstringstream   186